Qiye Jingying Shizhan Moni

企业经营实战模拟

主　编　蒋兰
副主编　张展　刘懿　高峻峰

西南财经大学出版社

图书在版编目(CIP)数据

企业经营实战模拟/蒋兰主编 .—成都:西南财经大学出版社,2009.9
(2020.1 重印)
ISBN 978-7-81138-514-4

Ⅰ.企… Ⅱ.蒋… Ⅲ.企业管理—高等学校—教材 Ⅳ.F270

中国版本图书馆 CIP 数据核字(2009)第 156198 号

企业经营实战模拟

主　编:蒋兰

副主编:张展　刘懿　高峻峰

责任编辑:于海生　黄惠英

封面设计:杨红鹰

责任印制:朱曼丽

出版发行	西南财经大学出版社(四川省成都市光华村街 55 号)
网　址	http://www.bookcj.com
电子邮件	bookcj@foxmail.com
邮政编码	610074
电　话	028-87353785
照　排	四川胜翔数码印务设计有限公司
印　刷	郫县犀浦印刷厂
成品尺寸	185mm×260mm
印　张	14.75
字　数	335 千字
版　次	2009 年 9 月第 1 版
印　次	2020 年 1 月第 16 次印刷
印　数	45401— 48400 册
书　号	ISBN 978-7-81138-514-4
定　价	28.00 元

序言

当前，竞争激烈的社会对当代大学生提出了严酷的要求。即将跨出校园的学生们为就业而四处奔波，深感“就业难”；然而，在学生为工作而发愁、苦恼的同时，企业却抱怨找不到适合的人才……现实所需与学校所教知识的矛盾日益凸显，企业与高校急需找到一个结合点：如何改变传统的教学模式，把教育与企业经营实践相结合，增强学生的工作实践能力？作为努力将我院建设成为全国一流的本科学院的教育工作者，作为教学改革先锋的我们也一直在反思：怎样才能真正使学生做到学以致用？怎样才能将教学和实践紧密相联，真正使同学们站在就业浪潮的前沿？

我们一直在探索。从建院之初，我们就明确了“一个头脑，两个工具”的办学理念，高度重视教育观念和教学方法的更新，大力推进课程内容及体系国际化进程，利用新的机制和模式与国外大学开展多层次联合办学，与企业联手进行复合型、实践性人才的培养，努力把我院学生培养成为具有国际竞争力的创新型实用型人才！

2007年开始，我院与金蝶公司合作，建立了“企业经营实战模拟”专业实验室，开发了“体验式”实践教学课程——“企业经营实战模拟”，建立了“金蝶CLUB”社团，大力推广企业经营实战沙盘的模拟教学。该教学采用哈佛流行的沙盘情景教学模式，并借鉴了Management Group公司及同类培训课程公司的相关理念和教学方式，让参与的每个学生置身商业实战场景，实地体验商业竞争的激烈性，大家同舟共济，一起去寻找市场机会，分析市场规律、制定经营策略、实施全面管理，在各种决策的成功和失败的体验中，学习管理知识，掌握管理技巧，同时深刻充分体验团队协同、信息共享的重要性。经过实训课程洗礼的学生，其企业经营中所需的实际操作能力、全局协调观念、团队合作能力、战略规划能力等有了显著的提高，毕业后得到了用人单位的极大肯定，同时也为学生个人职业发展提供良好的机会。

我院学生自2007年就参加了由教育部和金蝶公司主办的全国大学生创业大赛，并多次取得了地区性和全国性的大奖，获得的奖项有：2007年7月，“金蝶杯”全国高校企业经营实战模拟大赛华南区一等奖；2008年5月，“金蝶杯”全国高校企业经营实战模拟精英赛总决赛一等奖；2009年5月，全国大学生创业大赛四川省赛区一等奖；2009年5月，全国大学生创业大赛西部区一等奖。

在教学与竞赛过程中，我们的老师积累了丰富的企业经营实战模拟经验，获取了许多企业经营实战的第一手资料，为该实训课程的开展做出了不懈的努力，为这本迟来的实训教材的出版奠定了坚实的基础。同时，参与教材编写的老师们来自汽车、金融、航空、教育等不同的行业，从事生产、物流、财务、投资、人力等不同的工作，他们多年在企业工作的经验增加了本教材的实用性。

我们有理由相信：增强校内实训，提高学生的就业竞争力是大势所趋！

我们有理由相信：参与校内实训，经过企业经营实战洗礼的学生能飞的更高，飞的更远！

我们有理由相信：一本优秀的实训教材的出版一定会为高校的实训教学增添无限能量，锦上添花！

西南财经大学天府学院院长、博士

蒲果泉

前言

随着企业实战的经营理念不断深入，企业与高校急需找到一个结合点：如何改变传统的教学模式，快速培养具有企业实战的经营理念的人才？如何把教育与企业经营实践相结合，增强学生的工作实践能力？无论是企业管理人员的培训，还是在校大学生企业综合技能的实训教学，都需要尝试一种全新的教学模式与方法。“企业经营实战模拟”的系列课程正是这种尝试的成果。它完全不同于传统的课堂灌输授课方式，以其独特的教学设计理念、新颖的教学模式、体验式教学方法得到了专业培训讲师、企业内训人员和高校教师的大力支持。它既能调动参与者的主观能动性，又可以让学员身临其境，真正感受一个企业经营者面对的市场竞争的精彩与残酷，承担经营风险与责任，在此过程中体悟企业经营管理的关键。

随着企业经营实战沙盘的推广与运用，大家对这种教学模式产生了浓厚的兴趣，期望能更加系统、深入了解企业经营沙盘实战，探索其内在的奥秘。但目前市场上这方面的资料少之又少。而且，编者在多年企业经营实战沙盘教学过程及比赛中，对企业经营实战沙盘有了深刻的了解，积累了一定的实战经验，并获得许多的第一手实战资料，为本书的编写提供了大量的素材，也迫切希望与大家分享。市场的需求与编者的愿望相结合，因此，才有了今天的这本《企业经营实战模拟》教材。

全书分为十章和两个附录。前面两章首先介绍了企业经营实战沙盘和实战准备，接着第三章到第十章分别由对应的8个模块有机组成：总体战略与环境分析、市场营销战略、生产管理、财务报表分析和财务比率的运用、成本核算方法、投融资问题、杜邦分析、基于EVA的企业评价，涉及企业战略、市场营销、生产运作管理、财务管理等企业经营的几个重要方面。为了让读者更好掌握这8个模块的内容，每个模块以经营实战中出现的经营陷阱开始分析，接着对涉及到的理论进行了严格的梳理与归纳，并介绍了经典案例辅助理解，最后布置有相应的思考习题予以巩固。每个章节既相对独立又紧密联系，使用者可根据实战教学过程的特点进行选择与组合。另外，附录给出了企业经营实战中的学员手册，利于学员直接操作，填写相关的表格数据。这样，通过本书的系统学习，使读者熟悉企业经营沙盘实战的全过程，通过直观的企业沙盘模拟，在分析市场、制定战略、组织生产、整体营销和财务结算等一系列活动中体会企业经营运作的全过程，认识企业资源的有限性，从而深刻理解企业经营实战的管理思想，领悟科学的管理规律，提升管理能力，促进企业团队的协调力与凝聚力，培养和增强企业的核心竞争力。

本书作为企业经营实战模拟类型的教材，既有相关理论的梳理，又有企业经营实战的精髓。因此，本书除了为即将进入职场的在校大学生服务外，企业的各层管理者，包括企业高层管理者、中层经理、一线主管也是本书服务的极佳对象。同时任何对企业经营实战管理有兴趣的读者也是本书的服务对象。

全书由蒋兰任主编，张展、刘懿、高峻峰任副主编。其中第一、第二、第三、第四章及附录由蒋兰撰写，第五、第八章由高峻峰撰写，第六、第七章由张展撰写，第九、第十章由刘懿撰写，全书由蒋兰总纂定稿。本书在编写过程中得到了金蝶软件（中国）有限公司成都分公司王小兰女士、西南财经大学天府学院院长助理吕峻闽先生的大力支持与帮助，为本书编写体例的完善和出版提出许多宝贵意见与建议，在此表示由衷的谢意！

需要说明的是，由于本书的编写是一种全新的尝试，加上我们的知识和时间有限，书中难免有疏漏之处，恳请各位读者不吝赐教。如果对本书内容有任何改进意见或其他建议，或有使用电子沙盘者，可直接发邮件至 jianglanzx@126.com 进行交流和联系。

蒋　兰

2009 年 7 月于天府学院

目 录

第一章　企业经营实战沙盘简介

在不同的岗位的每位员工，如何体会真实企业中不同角色的功能？如何学会真实企业的运营模式？如何增强自身的竞争力？通过“企业经营实战模拟培训”，您将会获得很多很多。

“企业经营实战模拟培训”是管理者经营理念的“实验田”，是管理者变革模式的“检验场”，即便失败，也不会给企业和个人带来任何伤害！

这是一场商业实战，它将把每个团队的经营潜力发挥得淋漓尽致，在这里可以看到激烈的市场竞争、部门间的密切协作、团队的高度团结。

在模拟训练过程中，胜利者自会有诸多经验与感叹，而失败者会在遗憾中感悟并总结。

这就是企业经营实战模拟沙盘的魅力！

对企业中不同部门、不同职位的管理者而言，您是不是常常被以下的问题所困扰？

如何增强研发、生产、市场营销、销售、服务人员对工作的支持和理解？

如何使高级管理团队中拥有丰富经验的“经验派”与经过系统管理训练的“学院派”取得交流，以便给企业提供更合理的决策建议？

如何改变各个部门缺乏全局观念，只强调自身重要性，抢夺资源的现状？

如何增强部门间的沟通与协调？

面对激烈的市场竞争，如何合理分配有限的资源？

如何合理地调动资金、控制成本、争取最大的经济利益？

如何通过培训使团队成员快速地掌握管理理论，并能真正应用于实际管理工作中？

如何使企业各部门以全局的观点和共同的语言来处理问题？

解决以上问题的有效方法：

在信息时代，解决问题的有效方法是：在信息系统支持下，以“平衡供需”为目的，以将企业资源做合理规划。

加入企业经营实战模拟吧！

第一节　什么是企业经营实战模拟沙盘

企业的目标之一就是在资源给定的情况下，追求尽可能大的产出。从外延上来看，这是追求利润，从本质上来看，是资源的合理利用。企业资源的范围很广，不但包括厂房、设备、物料，而且还包括人力资源、资金、信息，甚至还包括企业上下游的供应商和客户。企业的生产经营过程就是对企业资源的管理过程。

企业经营实战（ERP）模拟，又名“ERP沙盘实战”，是一门理论联系实践的综合性实训课程。培训内容源自战地指挥的沙盘，沙盘就是通过实物模型，了解战争时的战场全貌。而“企业经营实战模拟培训”就是通过沙盘这个载体，再现企业经营中的现金流量、产品库存、生产设备、人员实力、银行借贷等企业运营指标。学员通过在实战中扮演各种角色，连续从事企业经营活动，挑战企业经营过程中各种问题，从而掌握企业战略的制订、企业经营所要考虑的因素、企业核心竞争力形成的过程等一系列问题。

企业经营实战模拟对抗课程的基础背景设定为一家已经经营了若干年的生产型企业。此课程把参加训练的学员分成4～6组，每组4～6人，每组各代表一个不同的模拟公司。在这个训练中，每个小组的成员将分别担任公司中的重要职位，如首席执行官（Chief Executive Officer，简称CEO）、财务总监（Chief Financial Officer，简称CFO）、营销总监（Chief Marketing Officer，简称CMO）、生产总监（Chief Producing Officer，简称CPO）、研发总监（Chief Technology Officer，简称CTO）和信息总监（Chief Information Officer，简称CIO）等。每队要亲自经营一家拥有1亿资产的销售良好，资金充裕的企业，连续从事6～8个会计年度的经营活动，过程中要不断地面对同行的竞争对手、产品老化、市场单一化等挑战，而“公司要如何保持成功及不断的成长”是每位成员面临的重大挑战。具体经营时，以“筹码”为“价值载体”和“价值标记”，通过沙盘模拟体现企业 的现金流量、产品库存、生产设备、人员实力、银行借贷等企业运营指标。学员通过移动“筹码”和其他道具来表现企业经营。

学员要在模拟的过程中，在客户、市场、资源及利润等方面进行一番真正的较量。这种模拟有助于员工形成宏观规划、战略布局的思维模式。通过这一模拟，各层面的员工对公司业务都会达成一致的感性及理性认识，形成共通的思维模式，以及促进沟通的共同语言。

每一轮模拟之后，都会进行综述与分析，同时讲解在下一轮中应用的业务工具，所有的工具都对竞争的结果有直接的影响，在真实商战中，同样如此。模拟训练具有令人兴奋的驱动力，又真实地反映了“决策是如何影响结果的”。

从企业经营实战模拟中，各层管理者都能获得不同的培训效果：

（1）企业高层管理者。企业高层管理者的收获在于认清企业资源运营状况，建立企业运营的战略视角，了解企业中物流、资金流、信息流如何做到协同，认识到ERP系统对于提升公司管理的价值。

（2）中层经理。中层经理的收获在于了解整个公司的运作流程，提高全局的、长远的策略意识，了解各部门的决策对企业业绩产生的影响。同时，理解如何用ERP系统处理各项业务和由此带来的决策的准确性。

（3）一线主管。一线主管将认识到企业资源的有限性和企业一线和生产研发等部门之间的紧密联系，从而提升其策略性思考的能力，以及与下属沟通的技巧。

此外，企业经营实战模拟对抗课程可以帮助模拟公司的所有重要员工学会：

（1）了解市场导向基础上的战略管理与财务管理；
（2）学会战略决策的基本原则和简明方法；
（3）审视您的每一次行动，认识到每一次投资与决策的市场效果；
（4）培养统观全局的能力，学习像公司决策者一样面对全局思考问题；
（5）认识到公司任一部门的行为对公司全局的影响；
（6）了解资金在公司内如何流动，以及资金分配的重要原则；
（7）认识变现计划与投资计划的重要性；
（8）学习重要的财务知识，更好的解读财务报表，快速建立“关注结果的经营思维”；
（9）学习如何控制成本；
（10）学会库存管理与规划；
（11）理解并学会沟通与协作，培养团队精神。

第二节　企业经营实战模拟课程内容

企业经营实战模拟课程涉及诸多公司经营管理知识，包括整体战略、产品研发、设备投资改造、生产能力规划与排程、物料需求计划、资金需求规划、市场与销售、财务经济指标分析、团队沟通与建设等多个方面。

该课程的主要内容有：

1. 整体战略方面

（1）评估内部资源与外部环境，制定长、中、短期策略；
（2）预测市场趋势、调整既定战略。

2. 产品研发方面

（1）产品研发决策；
（2）必要时做出修改研发计划，甚至中断项目决定。

3. 生产方面

（1）选择获取生产能力的方式（购买或租赁）；
（2）设备更新与生产线改良；
（3）全盘生产流程调度决策，匹配市场需求、交货期和数量及设备产能；
（4）库存管理及产销配合；
（5）必要时选择清偿生产能力的方式。

4. 市场营销与销售方面

（1）市场开发决策；
（2）新产品开发、产品组合与市场定位决策；
（3）模拟在市场中的竞标过程；
（4）刺探同行敌情，抢攻市场；

（5）建立并维护市场地位、必要时做退出市场决策。

5. 财务方面

（1）制定投资计划，评估应收账款金额与回收期；

（2）预估长、短期资金需求，寻求资金来源；

（3）掌握资金来源与用途，妥善控制成本；

（4）洞悉资金短缺前兆，以最佳方式筹措资金；

（5）分析财务报表、掌握报表重点与数据含义；

（6）运用财务指标进行内部诊断，协助管理决策；

（7）如何以有限资金转亏为盈、创造高利润；

（8）编制财务报表、结算投资报酬、评估决策效益。

6. 团队协作与沟通方面

（1）实地学习如何在立场不同的各个部门间沟通协调；

（2）培养不同部门人员的共同价值观与经营理念；

（3）建立以整体利益为导向的组织。

第三节　企业经营实战模拟课程特色

“企业经营实战模拟”是一种全新的教学方法，完全不同于传统的课堂灌输授课方式。它通过直观的企业经营沙盘来模拟企业运行状况，让学员在分析市场、制定战略、组织生产、整体营销和财务结算等一系列活动中体会企业经营运作的全过程，认识企业资源的有限性，从而深刻理解 ERP 的管理思想，领悟科学的管理规律，提升管理能力。这样，既能调动参与者的主观能动性，又能让他们身临其境，真正地感受一个企业经营者直面的市场竞争的精彩与残酷，承担经营风险，在此过程中体悟企业经营管理的关键，了解 ERP 对企业管理的解决之道。

该训练融角色扮演、案例分析和专家诊断于一体，最大的特点是在参与中学习。学员的学习过程接近企业现状，在训练中，会遇到企业经营中经常出现的各种典型问题。他们必须一起去寻找市场机会、分析规律、制定策略、实施全面管理，在各种决策的成功和失败的体验中、学习管理知识、掌握管理技巧、提高管理素质。

一、课程特点

1. 看得见，摸得着

本课程剥开经营理念的复杂外表，直探经营本质。企业结构和管理的操作全部展示在模拟沙盘上，将复杂、抽象的企业管理理论以最直观的方式让学员体验、学习。完整生动的视觉感受将极为有效地激发学员的学习兴趣，增强学习能力。在课程结束时，学员们会对所学的内容理解更透、记忆更深。

2. 想得到，做得到

把平日工作中尚存疑问的决策带到课程中印证。学习期间，学员有充足的时间来尝试企业经营的重大决策，并且能够直接看到结果。在现实工作中他们可能在相当长的时间里都没有这样的体验机会。

3. 体验实战

这种培训方式是让学员通过“做”来“学”。参与者以切实的方式体会深奥的商业思想——他们看到并触摸到商业运作的方式。体验式学习使参与者学会收集信息并在将来应用于实践。

4. 团队合作

这种模拟是互动的。当参与者对游戏过程中产生的不同观点进行分析时，需要不停地进行对话。除了学习商业规则和财务语言外，参与者增强了他们的沟通技能，并学会了如何以团队的方式工作。

5. 生动有趣

管理课程一般都以理论结合案例为主，学员学习时会感觉比较枯燥，而且很难把这些理论迅速掌握并应用到实际工作中。而通过模拟沙盘进行培训增强了娱乐性，使枯燥的课程变得生动有趣。通过游戏进行模拟可以激起参与者的竞争热情，让他们有学习的动机——获胜。

二、教师的作用

在这种体悟式的课程中，教师的作用十分独特，他不再单单是讲解者，而在不同阶段扮演着不同角色：调动者、观察家、引导者、分析评论员、业务顾问等。

1. 调动者

为了让学员能充分投入，在模拟操作过程加深体验，教师在课程中担任多个角色，为学员创造逼真的模拟环境。如：代表股东的董事会提出发展目标；代表客户洽谈供货合同；代表银行提供各项贷款服务；代表企业发布各项经营政策；等等。

2. 观察家

在课程进行过程中，教师通过观察每个学员在模拟过程中的表现，判断哪些知识是学员最欠缺的，并根据学员的特点选择最有利于其快速吸收的讲授方法。

这种独特的，切实关注学员收获的教学方法得到了以往学员的高度赞扬。

3. 引导者

由于该课程中一半以上的时间是学员在进行模拟操作，大多数学员都会把模拟过程与实际工作联系起来，并且会把实际工作中的一些经验方法、思维方式展现出来。

教师会充分利用这些机会，帮助学员进行知识整理，并引导学员进入更高层面的思考。

4. 顾问

由于学员们具有不同的经验、知识背景和兴趣。所以“企业经营实战模拟对抗课程”摒弃了按照固定的程序、灌输特定理论或是教授特定工具的教学方式。教师的角色更倾向于顾问。教师不仅局限在课程中触发学员的学习兴趣，还要提供必要的建议，讲解理论知识和软件应用，并进一步根据学员的需要，帮助学员系统整理已掌握的知识和经验，解答由课程引发的关于实际工作中的问题。

三、学员感言

倾听参加企业经营实战模拟培训的学员的心声，您会更加坚信参加企业经营实战模拟培训是正确的选择。

一位刚走上工作岗位不久的管理专业的学生说："以前上管理类的课程，听到的是枯燥的理论，昏昏欲睡，参加了企业经营实战模拟培训之后，才对企业经营管理有了新的认识，企业经营实战模拟培训让我们把书本上的知识和实际工作中的问题很快链接起来，并且提供了解决问题的方法和工具，今后这样的培训应该经常开展。"

一个做管理工作十几年，掌管着公司最重要的业务部门，每年管理着数亿元资产的资深管理者参加企业经营实战模拟培训时，眼睁睁地看着自己模拟的公司破产。通过课程，他认为企业经营最重要的是各方面的协同性。他说："我们都太关注局部了，每个人都只从自己的具体工作角度看问题，根本没有把自己的行动和企业整体的长远发展联系在一起。而实际上利润的产生、资产的增加或减少，市场占有的变化，都不能看作是某个环节的问题。ERP 的产生就是源于这样的原因吧。"结业后，他写道：

我真的没有想到"企业经营实战模拟"课程能给我带来这么大的收获。

我做管理工作已将近 10 年了，在公司里分管一个重要的业务部门，每年管理着数亿元的资产，业绩也持续在接近 2 亿元的水平。我一直自认为我很具有全局意识，并能从公司整体出发。

最近一年以来，由于我们公司所处行业的不景气，公司需要做出一些调整，我们也为此讨论了将近一年的时间，但是至今没有做出决定。因为每次讨论，几大业务部门的老总都会争论不休，都认为自己的部门比较重要，对公司的贡献比较大。

以前，我每次也会加入战团，也会强调我的部门给公司带来了多么大的贡献，我的团队具备的奉献精神，我们的客户如何忠诚，公司应该如何为我们提供更多的资源，保证我们的发展。

两周前参加的"企业经营实战模拟"，让我的想法产生了重大改变。这种触动是从眼睁睁地看着我们模拟的公司破产开始的，我一直在想，明明我们的每一项决策都是积极地为将来考虑的，为什么会出现这样的结果？结论就是：我们（我和我课程中的同伴，也包括我现实工作中的同事）都太关注局部了，每个人都只从自己的具体工作角度看问题，根本没有把自己的行动和企业整体的长远发展联系在一起——对于一个掌握着重要资源的经营者来说，不能仅凭"好"的愿望，"好心"可不一定能做好经理——知识和方法才能让我们有真正的市场判断力。

另外让我感受很深的是，当我们发现问题已经很严重时，还无法从细节中跳出来，各种信息不分层次地混杂在一起，根本无法做出决策。

课程结束后一上班，我就开始利用课程中掌握的方法分析我部门的实际经营情况，看到下面这些结果时，我已经不吃惊了：

去年我们的销售额虽然还略有上升，但利润已经大幅度下降；

我们认为应该维护的忠诚客户，已经不能给我们贡献利润，可我们却将客户服务的大部分力量都投入在他们身上；

公司赖以起家的老产品，多卖一件就要多赔钱，可是我们这个产品的销售队伍还是最大的。

现在我知道该采取哪些行动了。

第二章　实战准备

第一节　破冰起航

我们即将接手的公司是一家经营情况良好的本地企业，目前的主打产品是 Beryl，该产品的技术含量较低，竞争不激烈，在市场上的发展还不错。原管理层的风格比较保守，特别是在技术开发和市场开发方面投入比较少，倾向于保持现状，使得企业一直处于小规模经营状况。

根据权威市场咨询公司的信息，在未来几年，市场竞争将越来越激烈，目前公司的主力产品 Beryl 的销量将持续下降。而且，公司目前主要投入的本地市场容量有限，缺乏成长性。如果继续目前的经营模式，很可能会被市场淘汰。

由于现有公司管理层的风格过于保守，公司董事会认为在日益变化的市场环境下，现有高层管理人员需要作出调整。在座的各位被公司管理层选中，组成公司在未来几年的管理团队，希望各位能对企业的经营模式进行变革，使企业发展成为更有潜力的实体。

公司管理团队现有以下几个角色：

· 首席执行官　CEO　－战略决策

· 财务总监　CFO　－资金运作

· 营销总监　CMO　－市场与销售

· 生产总监　CPO　－采购、生产

· 研发总监　CTO　－ISO、产品

· 信息总监　CIO　－企业信息化

具体而言，

CEO，首席执行官负责整体战略的制定，协调小组成员之间的不同意见。

CFO，负责资金的运作，特别需要关注公司现金流，每次现金的变动都需要登记入账，同时承担财务报表的制作工作，主要职责是不能出现现金流枯竭，同时控制成本。

CMO，负责市场和销售工作，主要工作包括“抢单”和向其他竞争对手销售自己公司的产品，主要工作成果是销售出尽量多的产品。

CPO，负责公司产品制作工作，包括制定原料的采购和产品的制造计划，主要职责是按照销售计划和预测按时制造出成品，同时控制库存和在制品的数量。

CTO，负责质量管理体系认证和产品方面的投入时机，同时协助 CPO 制定生产计划。

CIO，负责企划部，主要对竞争对手的情报分析，为企业决策提供依据。

新的管理层上任之后，对市场未来的发展趋势应当有所了解，因为这将影响管理层对企业未来的战略规划和运作管理。

以下是关于市场发展的一些预测，主要包括未来几年的产品、市场和技术发展的预测。这些预测来自于一家业内公认的市场调研咨询公司，它针对市场发展前景的预测有较高的可信度，不过应当记住的是，这毕竟是预测，有可能不准确。

一、产品发展

市场未来几年内除了 Beryl 产品外，将出现以下三种新兴产品：Crystal、Ruby、Saphire。四种产品的发展如下所述：

Beryl 产品目前在市场上的销路还不错，但是可以预见，激烈的竞争即将开始，一方面是来自于国内同行的纷纷仿效，另一方面是外国竞争者所构成的重大威胁。这些外国竞争者拥有更先进的研发技术和生产技术，如果企业不在产品上进行创新，将很容易落伍。

Crystal 产品是 Beryl 产品的技术改进版，它继承了 Beryl 产品的很多优良特性，在一段时间内可以为企业带来可观的利润。

Ruby 产品是一个完全重新设计的产品，采用了最新技术，在技术创新及环保方面有很大的飞跃。但目前很难评估客户针对这种新技术的态度。

Saphire 产品被视为一个未来技术的产品，大家都存在着期望，然而它的市场何时才能形成是一个完全未知的因素。

二、市场分析

市场除了本地市场外，还存在有以下四类市场：区域市场、国内市场、亚洲市场、国际市场。每个市场的预测略有不同，具体情况如下所述：

本地市场针对 Beryl 产品的需求开始减弱，而且利润空间也开始下滑。不过在未来几年中，还是有不少 Beryl 的需求。而对 Crystal 产品的需求开始慢慢多起来。

在市场预测中可以看到，在未来几年，在区域市场，Beryl 产品有一定销量，而 Crystal 产品销量较多。不过，相比本地市场和国内市场而言，区域市场的容量还是要低一些。

亚洲市场的开拓需要 3 年时间。因此针对其需求量的预测不能特别确定。该市场可能会有较高的容量，对于高技术含量的产品有较多的倾向性。

国际市场的开拓需要 4 年的时间。对于那些研发技术和设备相对落后的企业来说，该市场应该是一个比较理想的发展空间，对于 Beryl 产品的需求较多，而且利润空间较高。

三、市场预测

参与竞争的企业在未来的发展中，将主要参考以下的市场预测。图 2.1 表示了未来几个产品的发展趋势。

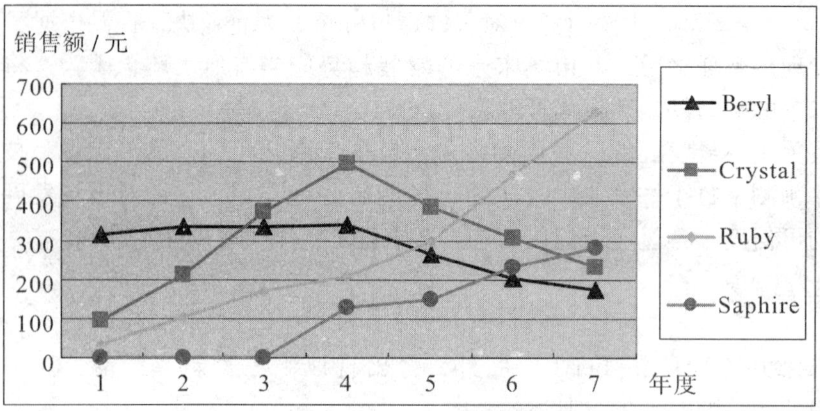

图 2.1　四种产品的市场容量发展趋势图

总体来看，根据企业的实际情况可以比较准确地预计 1～3 年的销售情况，但由于市场存在很大的不确定性，4～7 年的销售预计只能作为一个参考，可能蕴涵很大的变化。同时，该市场调研咨询公司也给出了各大市场的市场预测表，并根据调研结果绘制了具体的销量与单价预测图。其中，表 2.1 为五大市场的市场预测表。图 2.2～图 2.11 则分别为几种产品本地市场、区域市场、国内市场、亚洲市场、国际市场的销量预测图与单价预测图。

表 2.1　　五大市场的市场预测表

分类	销量预测	单价预测
本地市场	Beryl 是一个成熟的产品，在未来 3 年内本地市场上需求量较大，但随着时间的推移，需求量可能迅速下降。 Crystal 在本地市场的需求量呈上升趋势。 Ruby 和 Saphire 的需求量不明确。 未来，不管哪种产品，可能会要求企业具有 ISO 认证资格。	Beryl 的单价逐年下滑，利润空间越来越小。 随着 Ruby 和 Saphire 的完善，它们的价格会逐步提高。
区域市场	区域市场的需求量相对本地市场来讲，容量不大，而且对客户的资质要求相对较严格，供应商可能要求具备 ISO 资格认证（包括 ISO9000 和 ISO14000）才可以允许接单。	由于对供应商的资格要求较严，竞争的激烈性相对较低，价格普遍比本地市场高。
国内市场	Beryl、Crystal 的需求量逐年上升，第 4 年达到顶峰，之后开始下滑。Ruby、Saphire 需求量预计呈上升趋势。 同时供应商也可能要求具备 ISO9000 认证。	与销售量相类似，Beryl、Crystal 的价格逐年上升，第 4 年达到顶峰，之后开始下滑。Ruby、Saphire 单价逐年稳步上升。
亚洲市场	所有产品几乎都供不应求。	Beryl 在亚洲市场的价格相对于本地市场来说，没有竞争力。
国际市场	Beryl 的需求量非常大，其他产品需求不甚明朗。	受各种因素影响，价格变动风险较大。

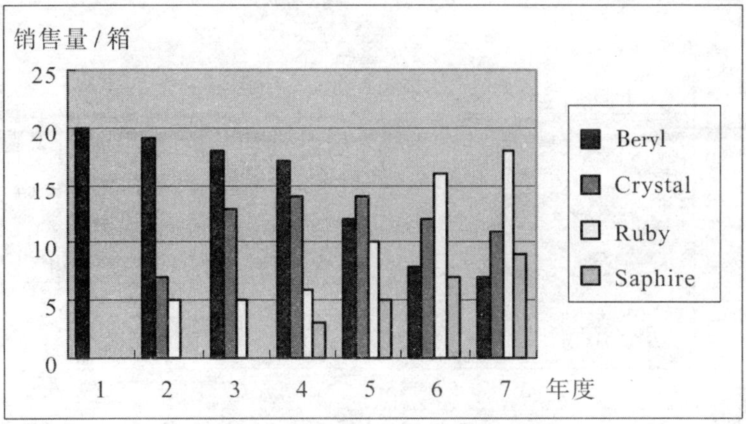

图 2.2 本地市场销量预测图

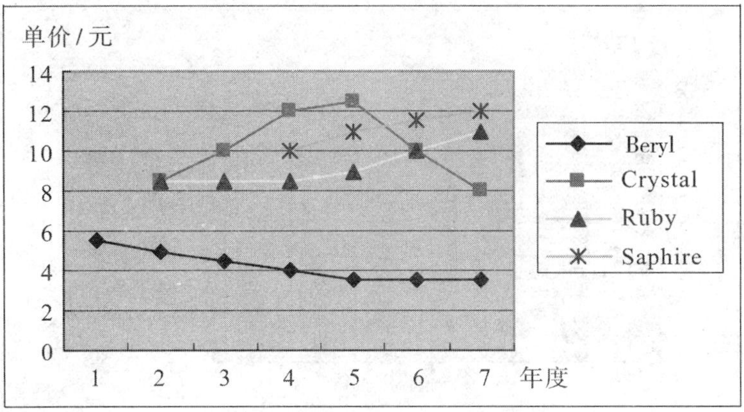

图 2.3 本地市场单价预测图

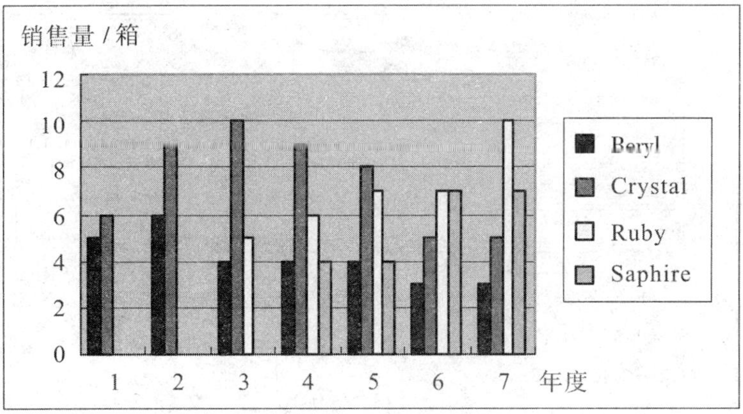

图 2.4 区域市场销量预测图

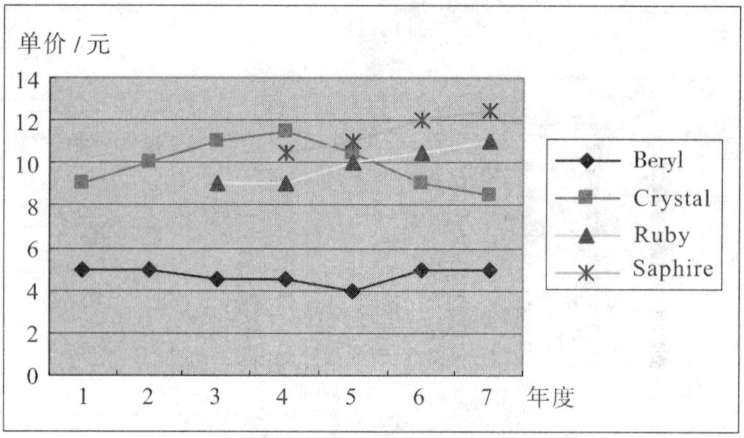

图 2.5　区域市场单价预测图

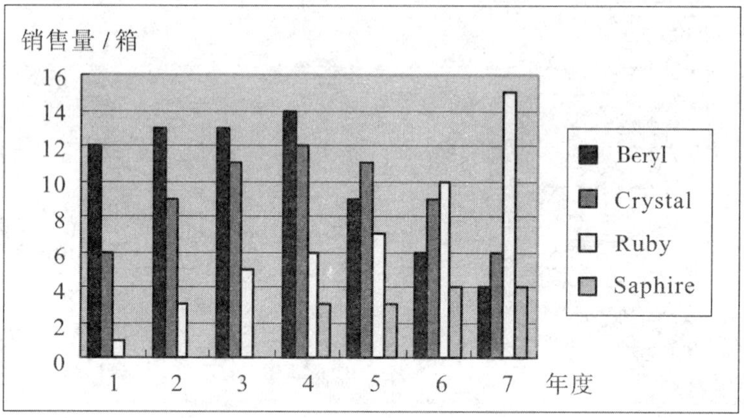

图 2.6　国内市场销量预测图

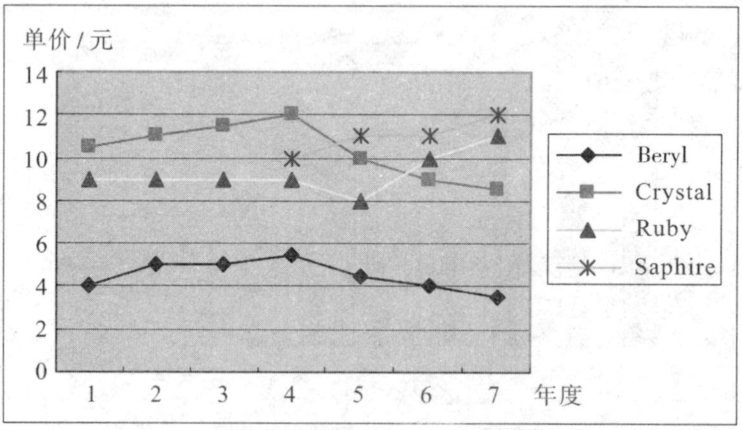

图 2.7　国内市场单价预测图

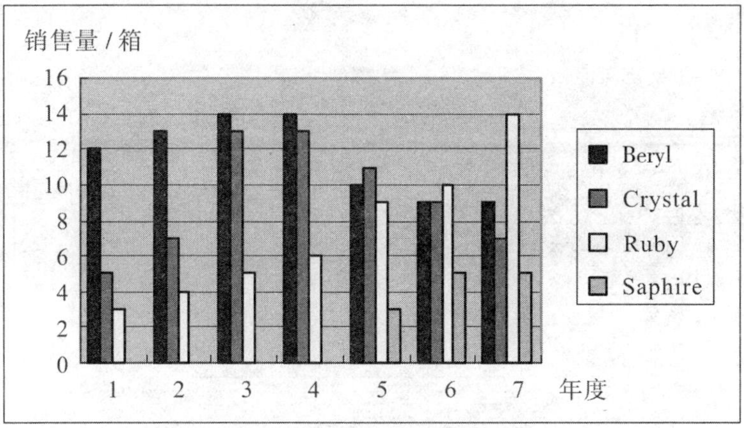

图 2.8 亚洲市场销量预测图

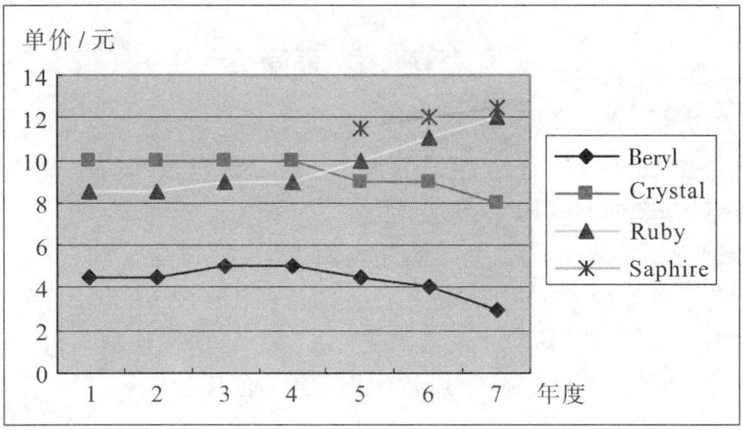

图 2.9 亚洲市场单价预测图

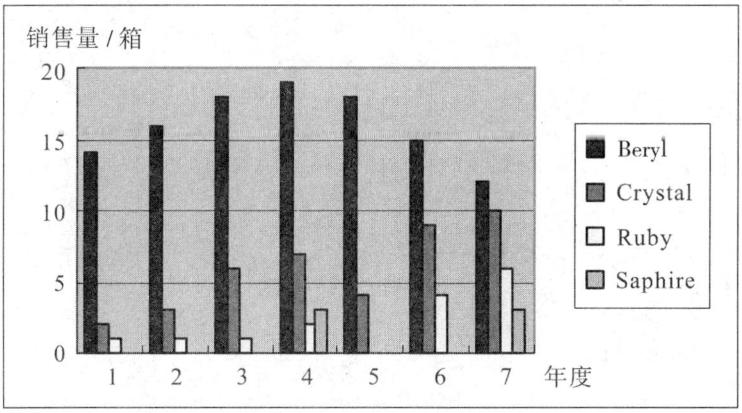

图 2.10 国际市场销量预测图

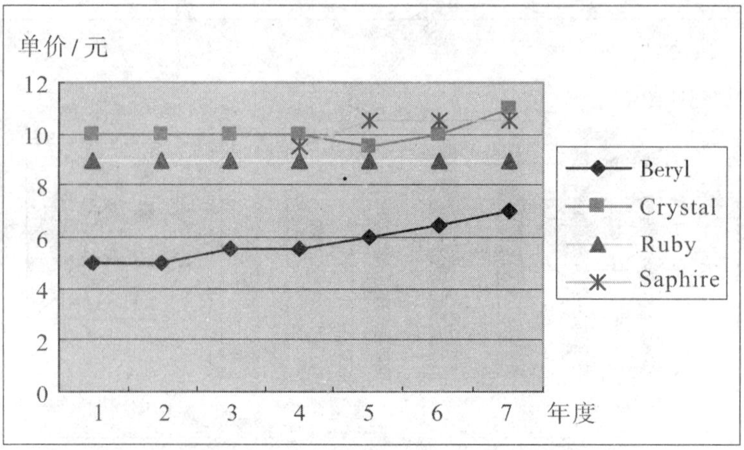

图 2.11　国际市场单价预测图

第二节　盘面简介

目前我国有多家公司开发出了不同的沙盘工具，沙盘盘面的布局也略有不同，本书介绍的是金蝶公司开发的 ERP 实战沙盘。

如图 2.12 所示，金蝶 ERP 实战沙盘的盘面包括财务中心、研发中心、生产中心、营销中心等。模拟经营时，不同的管理角色分别负责各自领域的工作。

各管理角色一定要各司其职，发扬团队协作精神，协同作战，亲力亲为，诚信经营。这样，才能保证模拟公司的顺利经营，直至最后的胜利。

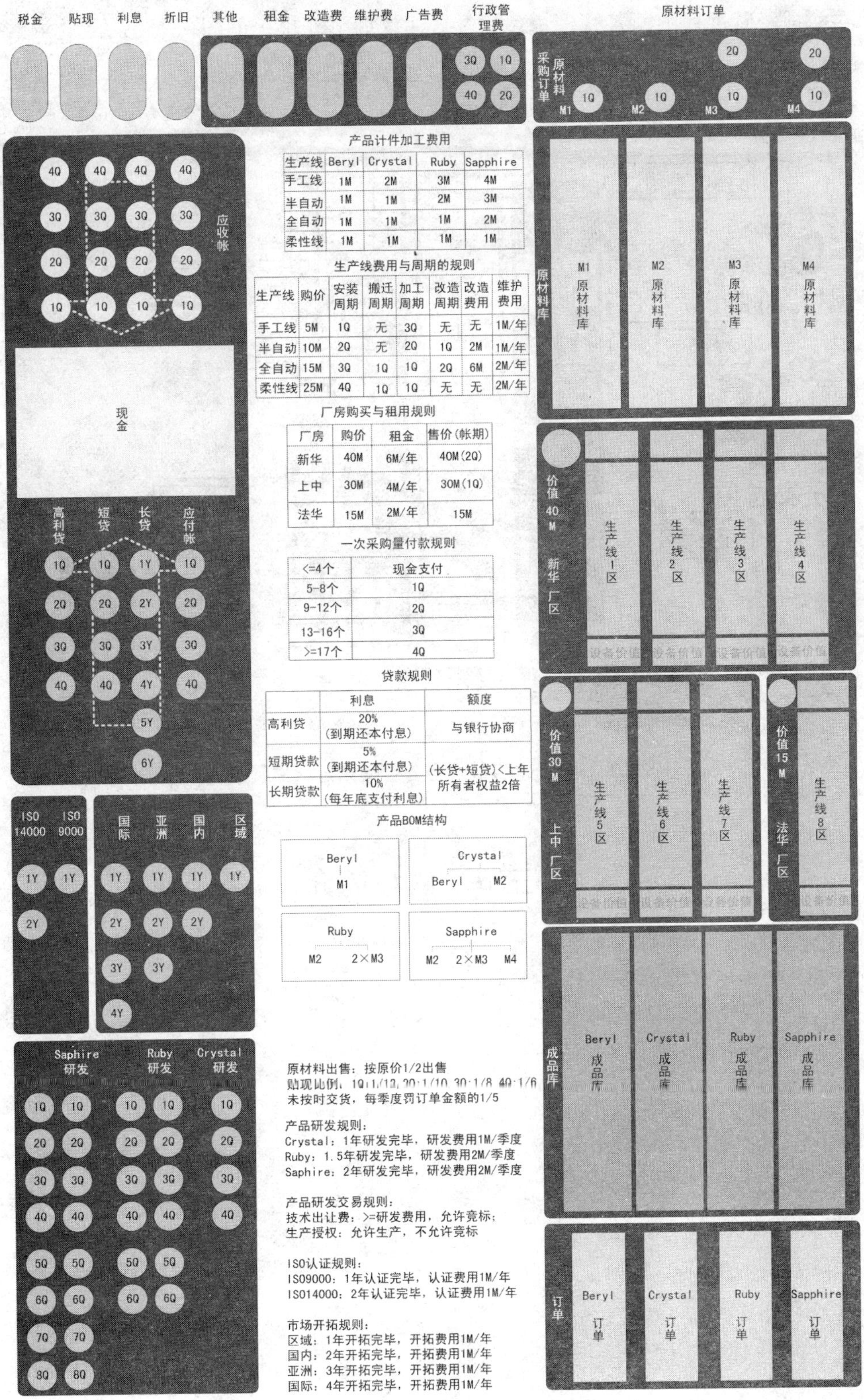

产品计件加工费用

生产线	Beryl	Crystal	Ruby	Sapphire
手工线	1M	2M	3M	4M
半自动	1M	1M	2M	3M
全自动	1M	1M	1M	2M
柔性线	1M	1M	1M	1M

生产线费用与周期的规则

生产线	购价	安装周期	搬迁周期	加工周期	改造周期	改造费用	维护费用
手工线	5M	1Q	无	3Q	无	无	1M/年
半自动	10M	2Q	无	2Q	1Q	2M	1M/年
全自动	15M	3Q	1Q	1Q	2Q	6M	2M/年
柔性线	25M	4Q	1Q	1Q	无	无	2M/年

厂房购买与租用规则

厂房	购价	租金	售价(帐期)
新华	40M	6M/年	40M(2Q)
上中	30M	4M/年	30M(1Q)
法华	15M	2M/年	15M

一次采购量付款规则

<=4个	现金支付
5-8个	1Q
9-12个	2Q
13-16个	3Q
>=17个	4Q

贷款规则

	利息	额度
高利贷	20%(到期还本付息)	与银行协商
短期贷款	5%(到期还本付息)	(长贷+短贷)<上年所有者权益2倍
长期贷款	10%(每年底支付利息)	

产品BOM结构

Beryl → M1

Crystal → Beryl, M2

Ruby → M2, 2×M3

Sapphire → M2, 2×M3, M4

图 2.12 ERP 实战沙盘盘面图

在模拟经营过程中，各管理角色的位置建议如下安排，如图 2.13 所示。

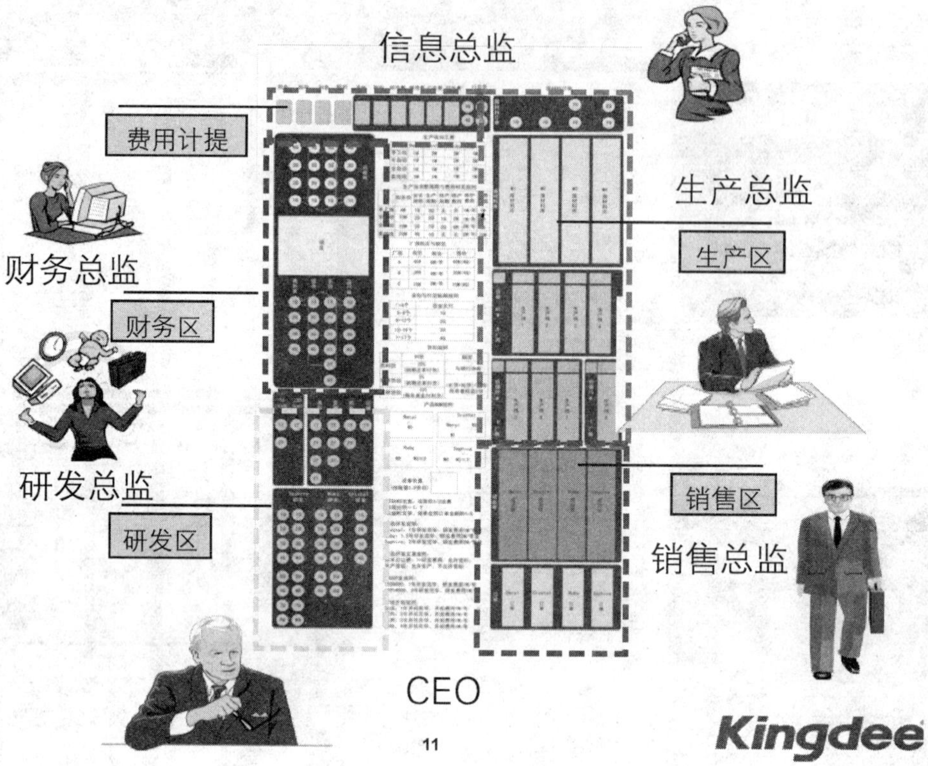

图 2.13　ERP 实战沙盘各管理角色的位置图

第三节　流程简介

管理企业就是管理资本周转，沙盘模拟主要从资金流转的角度将公司的各环节串结起来，关注资金流、物流的流转。企业运营的基本流程如图 2.14 所示。

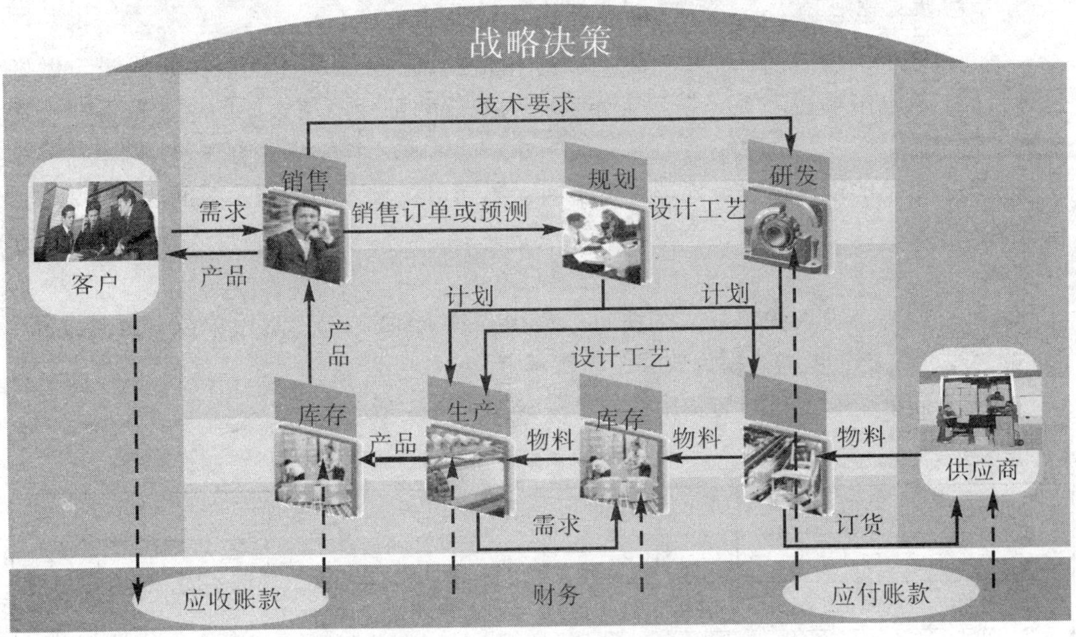

图 2.14 企业运营的基本流程

第四节 规则简介

在 ERP 沙盘实战中，模拟公司的发展将受到自身条件与外部环境的制约，与同行业的竞争不仅要遵守国家的各项法律法规与行政管理规定，同时还要遵守行业内的各项规定，即“行规”。因此，在模拟经营之前，各公司的管理层必须了解并熟悉这些运营规则，在运营过程中严格遵循相关规则，才能做到合法经营，才能在激烈的市场竞争中求生存，求发展。

具体包括：①市场规则。市场规则主要包括市场开发规则、市场准入资格（订单争取规则、订单招标板、市场排行规则、客户订单及订单交货规则）。②企业经营规则。企业经营规则主要包括贷款规则、产品生产规则（产品结构、产品加工费用）、产品研发与国际认证体系（产品研发、ISO 开发、产品研发交易规则）、原材料采购规则、生产线建设与更改等规则、厂房购买或租用规则。③其他规则。

一、市场规则

市场是企业竞争的直接场所，是企业竞争成败的关键要素。在变化莫测的市场里，各企业进行产品营销，从市场占有率与市场增长率来看，这也标志着企业的销售潜力。企业目前仅仅拥有本地市场，还有广阔的新市场包括区域市场、国内市场、亚洲市场乃至国际市场有待开发。

(一) 市场开发规则

在进入某个市场之前，企业一般需要进行市场调研、选址办公、招聘人员、做好公共关系、策划市场活动等一系列工作。而这些活动都会消耗大量的企业资源——资金及时间。

由于各市场的地理位置及地理区域不同，不同市场投入的费用及时间也各不相同，在企业没开发出某个市场前，企业没有机会进入该市场，只有市场投入全部完成后方可接单。

而且，所有已进入的市场，企业每年最少需投入 1M（M，货币单位，百万，Million 的简写）维持；否则，视为放弃了该市场。

开发不同市场所需时间与费用的具体规定如表 2.2 所示。

表 2.2　　市场开发规则

市场	开拓费用	开拓时间	说 明
区域	1M	1 年	不同市场投入的费用及时间不同，只有市场投入全部完成后方可接单。 所有已进入的市场，每年最少需投入 1M 维持，否则视为放弃了该市场。
国内	2M	2 年	
亚洲	3M	3 年	
国际	4M	4 年	

(二) 市场准入规则

当某个市场开发完毕后，该企业就在该市场上取得了经营的资本，也就是获得了市场准入证。从此以后，该企业就可以在该市场上进行广告宣传、争取客户订单了。

对于所有已进入的市场，如果因为资金或战略改变等各种原因，企业不准备再增加该市场的广告投入时，每年最少也需要投入 1M 的资金维持当地市场办事处的正常运转，否则视为放弃了该市场。再次进入该市场时，需要重新开发。

销售预测与客户订单是企业生产的依据。销售预测可以从商业报刊及咨询公司的报告中获得，对所有企业都是公开的、透明的。客户订单对企业而言，是至关重要的生产依据，因此，营销总监一定要对以下事项及相关规则十分熟悉。

1. 订单争取规则

订单的争取首先要注意两个“开发”：市场开发与 ISO 开发。

（1）市场开发完毕，才能竞争该市场的订单；

（2）ISO 开发完毕，才能拿 ISO 的订单。

2. 订单招标板

招标是按照不同市场、不同产品投放的。因此，在招标板上，各企业针对市场预测、企业战略、竞争态势等，灵活统筹、安排资金，投放广告费。具体的招标板如表 2.3 所示。

表 2.3　　×企业第 N 年度招标板

年度	市场类别	Beryl	Crystal	Ruby	Sapphire	合计
第 N 年	本地					
	区域					
	国内					
	亚洲					
	国际					

注意：企业每投入 1M，有获取 1 个订单的可能；投入 3M，有获取 2 个订单的可能；以此类推。例如：投入 9M 表示准备拿 5 张订单，但是否能有 5 次拿订单的机会则要取决于市场需求、竞争态势等；投入 2M 准备拿订单，只是比投入 1M 优先拿订单。

而且，上一年在某个市场有投入，本年未投入，表示以后将永远放弃该市场。

3. 市场排行规则

市场地位的排行规则针对两类产品市场略有不同。两类产品市场分别为：一是对初次开发的产品市场；二是对已开发的产品市场。

对初次开发的产品市场而言，企业的市场地位根据第一年按照竞标金额排定，广告越高者，市场地位越高。按广告费的多少排列选择该市场的该产品的订单。

对已开发的产品市场，市场地位是针对每个产品市场而言的，企业的市场地位根据上一年度各企业的销售状况排列，销售额最大的企业被称为“市场领导者”，即“市场的老大”。也就是说，自第二年起，上一年度销售量最大者先选该市场该产品的订单。

当两企业在本年度市场投入相同时，比较上一年的销售量，根据上一年的销售量决定先后顺序。销售量大者先选订单。

当两企业在本年度市场投入相同，上一年销量也相同时，则必须采取非公开招标方式，竞价决定谁先拿订单。

例 2.1　有两个企业争夺本地市场的订单，3 年的竞价如表 2.4、表 2.5、表 2.6 所示。

表 2.4　　第一年两个企业在本地市场的广告投入费

小组	Beryl	Crystal	Ruby	Sapphire	合计
第 1 组	2				
第 2 组	4				

第一年，第二组市场投入大于第一组，从而得到优先选择订单的权力，第一组和第二组分别获得了 15M、25M 的订单；

表 2.5　　第二年两个企业在本地市场的广告投入费

小组	Beryl	Crystal	Ruby	Sapphire	合计
第 1 组	3	3	3		
第 2 组	1	2	2		

第二年，第二组在beryl产品上虽然市场投入小于第一组，但是由于第一年获得的订单多于第一组，所以仍然获得优先选单的权力。同时，由于第二组只投入了1M，因此只能选择1张订单，而第一组投入3M，可以选择了2张订单，订单分配比例为10M+10M和15M。考虑到第一年Crystal和Sapphire均没有销售，因此判断方式同第一年的beryl；

表2.6　　第三年两个企业在本地市场的广告投入费

小组	Beryl	Crystal	Ruby	Sapphire	合计
第1组		3	3		
第2组		3	3		

第三年，第一组和第二组在Crystal上的市场投入相同，但是由于上一年第一组获得的订单数多于第二组，第一组得到优先选择权。两个小组在Saphire上的投入也相同，此时，由于上年销售额也相同，这时只能通过双方竞价来决定订单的归属。

注意：无论您投入了多少广告费，每次您只能选择1张订单，然后等待下一次的订单选择机会。

4. 客户订单及订单交货规则

市场需求用客户订单卡片的形式表示，如图2.15所示。订单卡片上标注了市场、年份、产品、产品数量、单价、订单价值总额、账期、交货期、特殊要求等。

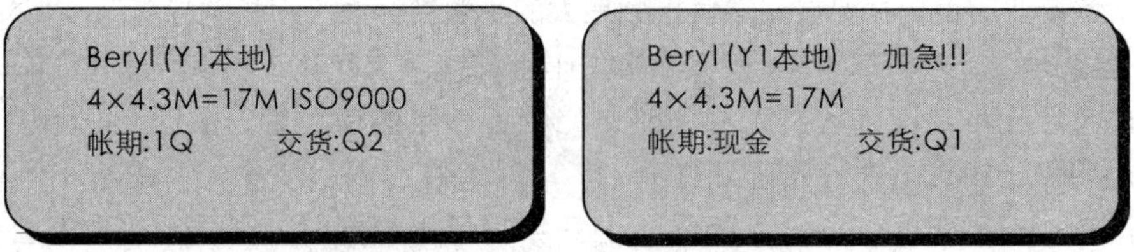

图2.15　客户订单

以上两个订单分别表示：

（1）第一年，本地市场需求4个Beryl，但必须通过ISO9000认证后方可生产，属于“普通订单”。每个Beryl的单价为4.3M，总金额为17M。要求第2季度交货，交货后收账期为1个季度的“应收账款”。

（2）第一年，本地市场需求4个Beryl，属于“加急订单”。每个Beryl的单价为4.3M，总金额为17M。要求第1季度交货，交货后收到不是“应收账款”，而是现金。

如果没有特殊说明的话，普通订单按季度安排生产，按规定的交货期交货。交货后，按订单上的账期放入“应收账款”对应季度。

若企业由于产能不够或其他原因，导致无法按时交货，企业将受到如下处罚：

每过一个季度，按订单总金额的1/5罚款。

如果卡片上标注有“加急!!!”字样的订单，则表明为加急订单，必须一季度后马上交货，若延期，同样受到以上处罚。

所以，各模拟企业的营销总监招标后选择订单时，必须同生产总监商议，充分考虑本企业的产能状况。

如果本企业无法按时完成生产，可与其他企业事先签订合作委托加工合同，完成订单；也可直接向其他企业购买成品和原材料，购买价格自行协商决定。

注意：如果市场老大没有按期交货，市场地位下降，则该市场没有市场领导者。订单排行规则遵循广告费优先原则。

订单上的账期表示交货时收到的为“应收账款”还是“现金”。如账期为1Q表示客户付给企业的是1个季度才到期的“应收账款”。

订单上的交货期则表示交货的具体时间。如交货期为Q2表示在第二季度末必须交货。

如果订单上标注了“ISO9000”或“ISO14000”，那么要求生产企业必须取得相应的认证并投放了相应的认证费，两个条件具备的企业方可得到订单。

二、企业经营规则

企业的具体经营规则包括产品研发交易规则、贷款规则、产品研发及ISO开发规则、产品结构构成规则、原材料采购规则、生产线建设与更改规则、厂房购买与租用规则、产品加工费用规则，等等。

（一）贷款规则

资金流是企业的命脉，是企业进行正常经营活动的必要支撑。在ERP沙盘实战模拟课程中，企业尚未上市，其融资渠道主要为银行借款（包括长期贷款与短期贷款）、高利贷和应收账款贴现。几种融资方式的说明见表2.7。

说明：

（1）长期贷款1000万元起贷；短期贷款2000万元起贷；

（2）长期贷款最长期限为4年；短期贷款最长期限为1年；高利贷最长期限也为1年。

（3）应收账款可随时贴现，不考虑应收账款的账期，在现金不足的情况下将应收账款向银行申请贴现时，应支付银行一定的费用，比例为1∶7。如：拿16M的应收账款贴现，其中的2M要交给银行作为贴现费用，14M转为现金放入现金池。

表2.7　企业融资方式一览表

贷款类型	贷款时间	贷款限额	利息	贷款时间
长期贷款	每年年末	贷款总额（长期贷款+短期贷款）≤所有者权益×2	利息10%（每年年末支付利息）	最长4Y
短期贷款	每季季初		利息5%（到期还本付息）	最长4Q
高利贷	任何时间	额度不限	20%（到期还本付息）	最长4Q
应收账款贴现	任何时间	视应收款额而定	贴现1∶7（变现时贴息）	

（二）产品生产规则

1. 产品结构

产品研发成功后可以接单生产。生产不同的产品需要的原材料不同，各种产品所用的原材料和数量如图 2.16 所示。

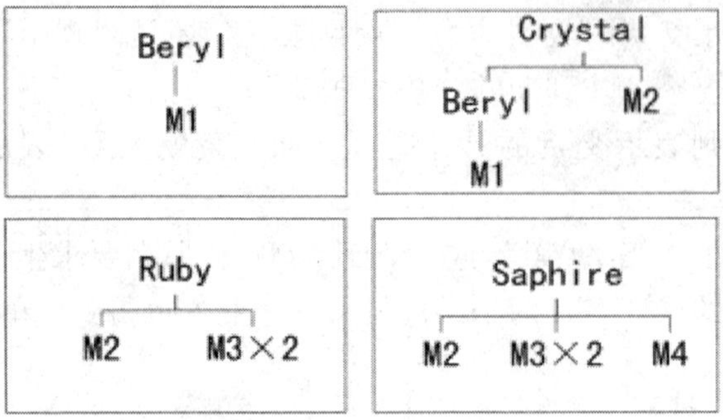

图 2.16 产品结构图

2. 产品加工费用

每条生产线在同一时间只能生产一个产品。产品上线时需要支付加工费，不同的生产线的加工费用各不相同，具体的如下表 2.8 所示。

表 2.8 不同生产线的加工费用一览表

产品	手工线加工费	半自动加工费	全自动、柔性线加工费
Beryl	1M	1M	1M
Crystal	2M	1M	1M
Ruby	3M	2M	1M
Sapphire	4M	2M	1M

注意：

（1）所有产品的成本构成均是购买原材料的成本加上相关加工费。如，1 个 Beryl 的成本由一个原材料（M1）和一个加工费（1M）构成，1 个原材料需支付 1M，因此，1 个 Beryl 产品的总计金额为 2M。

（2）在 Crystal 制造时，必须把 1 个 beryl 成品和 1 个 M2 原料放在一起，然后加上对应的加工费用。

（三）产品研发与国际认证体系

企业目前生产的产品为 Beryl，根据市场预测可知另有技术含量逐步增加的三类新兴产品有待开发，分别为 Crystal（Beryl 产品的技术改进版）、Ruby（完全重新设计的产品）和 Sapphire（未来技术的产品）。

1. 产品研发

不同技术含量的产品，需要投入的研发时间与研发资金是有区别的，如表 2.9

所示。

表 2.9　　各产品研发费用与投资时间表

产品	Crystal	Ruby	Sapphire
研发时间	4	6	8
研发资金	4M	12M	16M

说明：

（1）各产品可同步研发，按研发时间平均支付研发资金。如 Sapphire 需要每季度投入 2M 的 Ruby，Ruby 需要每季度投入 2M，Crystal 需要每季度投入 2M。

（2）资金不足时可随时中断或终止。

（3）在产品没有研发完毕时，不能生产，也不可以投标。只有拥有该产品的研发技术，才能竞争该产品的订单。

（4）全部投资完成后的下一个周期方可开始生产相关产品。

（5）没有该产品的研发技术，企业也可以先建设相关产品的生产线，以备买来技术后能及时生产。

2. ISO 认证

中国加入 WTO 之后，客户的质量意识及环保意识越来越强，订单上便反映出相关的认证需求。企业要进行 ISO 认证，必须经过一定的时间并加以投资，如表 2.10 所示。

说明：

（1）两项认证可同时进行。按建立时间平均支付投资，如 ISO14000 需要投入 2 年时间，1M/年。

（2）资金不足时可随时中断或终止。

（3）如果 ISO 体系没有完成是不能拿到标有 ISO 规定的订单，只有认证完成后方可选择有 ISO 认证的订单。

表 2.10　　ISO900、ISO14000 研发时间及研发投资表

管理体系	ISO9000	ISO14000
建立时间	1 年	2 年
所需投资	1M	2M

3. 产品研发交易规则

科学技术转让也能形成生产力，因此，企业之间的产品研发技术允许转让，但转让金额必须能抵扣研发费用，不允许以低于研发费用的价格转让，即转让金额要大于或等于研发费用。

（四）原材料采购规则

原材料采购涉及两个环节，签订采购合同时和按合同收料，即下原材料订单和原材料入库。下原材料订单时必须注意采购提前期。不同原材料的采购数量、账期也是

不一样的，如表 2.11 所示。

表 2.11　　原材料采购数量及相关账期

原材料采购	账期
≤4 个	现金
5～9 个	1Q
9～12 个	2Q
13～16 个	3Q
≥17 个	4Q

说明：

（1）采购提前期：M1：1Q，M2：1Q，M3：2Q，M4：2Q

（2）原材料到达企业后，入库时必须照单全收，并按规定支付原材料费用或计入应付账款。

（3）当资金缺乏时可将原材料变卖给银行，银行按材料原值的 1/2 处理付现。

（4）企业与企业之间可相互转让原材料，转让价格协商解决。

（五）生产线建设、更改等规则

企业目前有 3 条手工线和 1 条半自动生产线，此外还可建设的有全自动生产线和柔性生产线。不同生产线的主要区别是生产效率和灵活性的不同。生产效率指单位时间生产产品的数量；灵活性指生产新产品时设备调整的难易程度。有关不同生产线购买、安装、生产、转产与维护、出售等方面的信息如表 2.12 所示。

表 2.12　　各生产线相关信息一览表

生产线	购买价格	安装周期	生产周期	转产周期	转产费用	维护费用	出售残值
手工线	4M	1Q	3Q	无	无	1M/年	1M
半自动	10M	2Q	2Q	1Q	2M	1M/年	3M
全自动	18M	3Q	1Q	2Q	6M	2M/年	6M
柔性线	28M	4Q	1Q	无	无	2M/年	10M

说明：

（1）所有生产线可以生产所有产品。

（2）投资新生产线时按照安装周期平均支付投资资金，全部投资到位后的下一个周期可以领取产品标识，开始生产。资金短缺时，随时可以中断投资。如投资半自动线时，领取半自动线，并反面放在相应的位置，将现金按安装周期分期放在半自动线上（1Q：5M，2Q：5M）。

（3）安装完成，翻向生产线的正面，将所有现金放入“设备价值”处。

（4）生产线转产是指生产线转向生产其他产品。如半自动线原来生产 Beryl 产品，现在想改装生产 Crystal 产品，就需要改装生产线，因此要停工一个季度，并支付 2M

的转产改装费用。任何生产线在有在制品的情况下，不允许转产。

（5）生产线折旧。生产线在开始生产后，才计算折旧；当年投资的生产线价值计入在建工程，当年不提折旧，从下一年年初按余额递减法——年初余额的1/4取整计提折旧，如［20/4］=5。当设备价值<4M时，每次折旧1M，直至提完。当年已出售的生产线，不影响折旧，即不计提折旧；年末也不考虑维护费。

（6）生产线不允许相互买卖，只能卖给银行。不同生产线变卖时的残值不同，如手工线变卖给银行，收入现金1M。

（六）厂房购买或租用规则

企业现有自主厂房——A厂房，价值40M。另外还有两个小厂房B厂房、C厂房可供选择，资金充足的情况下，可购买自建厂房，反之也可采用租赁的方式生产。有关厂房的购买、租赁、售价、容量等相关信息如表2.13所示。

表2.13 各厂房相关信息一览表

厂房	购价	租金	售价	容量
A	40M	6M/年	40M（4Q）	4条生产线
B	30M	4M/年	30M（4Q）	3条生产线
C	15M	2M/年	15M（4Q）	1条生产线

注意：

（1）厂房不提折旧。

（2）厂房随时可以按购买价值出售，得到的是账期均为4Q的“应收账款”。

三、其他规则

除了以上规则外，企业还必须遵守以下规则：

（1）财务报表必须真实，做假账发现一次罚款2M。

（2）必须按照规则运作，每一次违规，处以1M的罚款。

（3）贷款必须和银行协商，不能私自贷款，或延长贷款期限，发现一次按违规金额的20%罚款。

（4）必须按照操作顺序进行，不能私自修改顺序，裁判监督，不听劝阻者每次罚款1M。

（5）原材料采购、成品必须在规定的位置放置，不能混用，违规一次罚款1M。

（6）每年度末提交报表，如果未按时提交，罚款：2M/5分钟，超过20分钟做弃权处理。

（7）订单不能转卖，但各组之间在规则允许的范围内，可以进行任何交易，裁判不对口头交易纠纷进行裁决。

（8）组间交易必须在同期进行。

（9）企业资不抵债，宣布破产并淘汰出局。

第五节　起始年模拟运营

在ERP沙盘模拟比赛时，为了公平起见，各模拟企业都同意设定了一个初始状态。以下是起始年的经营状态，各公司根据以下数据同时经营1年后，开始残酷的市场竞争。

一、模拟企业初始状态的资金分布

假设每个模拟企业总资产为1.04亿元（模拟货币，下同），企业的资金分布情况见资产负债表，如表2.14所示。

表2.14　　资产负债表　　单位：百万

资产	年初数	期末数	负债及所有者权益	年初数	期末数
流动资产：			负债：		
现金	24		短期负债	26	
应收账款	14		应付账款	0	
原材料	2		应交税费	3	
产成品	6		长期负债	0	
在制品	6				
流动资产合计	52		负债合计	29	
固定资产：			所有者权益：		
土地建筑净值	40		股东资本	64	
机器设备净值	12		以前年度利润	4	
在建工程	0		当年净利润	7	
固定资产合计	52		所有者权益合计	75	
资产总计	104		负债及权益总计	104	

二、模拟企业的初始状态设定

各管理角色各司其职，按照表2.14的各项目排列顺序将企业的资金分布状况复原到沙盘上。在模拟过程中，大些字母“M”表示模拟货币的单位名称，代表百万元。

（一）流动资产

流动资产52M，包括现金、应收账款、存货等，其中存货又包括原材料、产成品和在制品。

1. 现金

财务总监需拿出24M的现金（灰币筹码代表现金，下同），放在现金池的位置。

2. 应收账款

为获得尽可能多的客户，企业一般采取赊销策略，即允许客户在一定期限内交清货款而不用货到付款。在模拟过程中，我们假定应收账款最长为4个账期（即4个季度的时间），目前该模拟企业的应收账款为2、3账期，财务总监需拿出14M作为应收账款，各7M分别放在应收账款的第2账期、第3账期的位置。

注意：账期的单位为季度。离现金池最远的为4账期，最近的为1账期。

3. 原材料

原材料库中有M1原材料（蓝色筹码代表原材料，下同）2个，每个价值1M，总价值2M。由采购总监取2个M1原材料。

还有已向供应商发出了原料采购订单（黄色筹码代表订单，下同）2个，由采购总监取2个原料订单放在订单位置。

4. 产成品

产成品库中有3个Beryl产成品（筹码+现金，下同）。在模拟过程中，假定产品成本由两部分构成：M1个原材料费1M（蓝色筹码）和加工费1M（灰币筹码）。由生产总监、财务总监配合制作3个Beryl产成品放在仓库中。

5. 在制品

在制品指处于加工过程，尚未完工入库的产品。

A厂房中有3条手工线、1条半自动线。手工生产线的生产周期为3期，靠近原料库的为第1期。两条生产线上各有1个在制品（筹码+现金，下同），分别在手工线的第1期和第3期；手工生产线的生产周期为2期，靠近原料库的为第1期。半自动线上有1个在制品，放在半自动线的第1期。

每个在制品同样由1个原材料费1M和加工费1M构成。由生产总监、财务总监配合制作3个Beryl在制品放在相关的生产线上。

（二）固定资产

固定资产52M，包括土地、厂房、生产设备等。

1. A厂房

企业拥有自主大厂房1栋，净值40M。财务总监将等值的现金用小桶装好放在A厂房处。

2. 机器和设备现有价值（现金）

企业创办以来，已购置3条手工生产线和1条半自动线，扣除折旧，目前手工生产线价值为6M，半自动生产线值为6M。财务总监将等值的现金用小桶装好放在相应的生产线下方的“生产线净值”处。

（三）负债

负债29M，包括短期贷款、应付账款、应交税费、长期贷款等。

1. 短期贷款

目前企业仅有短期贷款（红色筹码，下同）26M，其中3Q（表示第三季度，下同）、4Q各有13M。财务总监将等值的贷款用小桶装好放在短期贷款的第三季度、第四季度的位置上。

注意：对长期贷款而言，以年（Y代表年）为单位，离现金池最远的为第四年，最近的为第一年。

对短期贷款而言，以季度（Q代表季度）为单位，离现金池最远的为第四季度，最近的为第一季度。

2. 应交税费

企业上一年税前利润为11M，按规定（25%的税率）需缴纳税金3M。税金是下一年度缴纳，此时沙盘上不做任何操作。

至此，模拟企业的初始状态设定完成。

（四）起始年模拟经营

通过初始年的模拟经营，学员可尽快熟悉操作流程，为后续的独立经营打下坚实的基础。

在初始年运行中，我们假设：

（1）年初支付广告费；

（2）不做任何贷款；

（3）不做任何投资（包括产品开发、市场开发、生产线投资等）；

（4）有一张起始年订单：BERY（Y0，本地） 6×6M=36M 账期：1Q 交货：Q3。

接下来，由模拟公司的CEO主持工作，按每年年初、每个季度、每年年末的固定经营顺序指挥操作，一步步经营。每指挥操作完一步，由CEO在表框中打钩。最后得出以下几张表。

1. 初始年经营表

通过一年的经营，结果如表2.15所示：

表2.15 初始年经营表

	一季度	二季度	三季度	四季度
支付应付税（根据上年度结果）	★			
支付广告费	×			
登记销售订单	★			
申请短期贷款/更新短期贷款/短期贷款还本付息	×	×	★	×
更新应付款/归还应付款	×	×	×	×
更新原料订单/原材料入库	★	★	★	★
下原料订单	★	★	★	★
更新生产/完工入库	★	★	★	★
投资新生产线/生产线转产/变卖生产线	×	×	×	×
开始下一批生产	★	★	★	★

表 2. 15（续）

	一季度	二季度	三季度	四季度
产品研发投资	×	×	×	×
更新应收款/应收款收现	×	×	×	×
按订单交货	×	×	★	×
支付行政管理费用	★	★	★	★
申请长期贷款/更新长期贷款/长期贷款支付利息				×
支付设备维修费				★
支付租金（或购买建筑）				×
折旧				★
新市场开拓投资 /ISO 资格认证投资				×

2. 起始年的现金流量表

将每季度所发生的涉及现金流动的内容汇总，如表 2. 16 所示。

表 2. 16　　**起始年的现金流量表**

项目	一季度	二季度	三季度	四季度
应收款到期（+）		7	7	36
变卖生产线（+）				
变卖原料（+）				
变卖厂房（+）				
短期贷款（+）			20	
高利贷贷款（+）				
长期贷款（+）				
收入总计	0	7	27	36
支付上年应交税	3			
广告费				
贴现费用				
归还短期贷款及利息			14	14
归还高利贷及利息				
原料采购支付现金	2	2	2	2
成品采购支付现金				
转产费				
生产线投资				

表 2.16（续）

项目	一季度	二季度	三季度	四季度
加工费用	2	1	1	3
产品研发				
行政管理费	1	1	1	1
长期贷款及利息				
维修费				4
租金				
购买新建筑				
市场开拓投资				
ISO 认证投资				
其他				
支出总计	8	4	18	24
现金余额	16	19	28	40

3. 订单统计表

交货时要填写、记录商品订单统计表，到年末统计出全年的产品销售量及金额。具体如表 2.17 所示。

表 2.17 订单统计表

项 目					合 计
市场	本地				
产品名称	Berly				
账期	1Q				
交货期	Q3				
单价	6M				
订单数量	6				
订单销售额	36M				36M
成本	12M				12M
毛利	24M				24M

4. 费用明细表

将全年的费用汇总，填写全年的费用明细表，如表 2.18 所示。

表 2.18　　综合管理费用明细表　　单位：百万

项 目	金 额
广告费	0
转产费	0
产品研发	0
行政管理	4
维修费	4
租金	0
市场开拓	0
ISO 认证	0
其他	0
合 计	8

5. 损益表

根据本年发生地经济业务，编制本年的简易损益表，如表 2.19 所示。

表 2.19　　损益表　　单位：百万

项目	去年	今年
一、销售收入	40	36
减：成本	17	12
二、毛利	23	24
减：综合费用	8	8
折旧	4	3
财务净损益	1	2
三、营业利润	10	11
加：营业外净收益	0	0
四、利润总额	10	11
减：所得税	3	4
五、净利润	7	7

6. 资产负债表

根据本年发生的经济业务，编制本年末的简易资产负债表，如表 2.20 所示。

表 2.20　　资产负债表　　单位：百万

资产	年初数	期末数	负债及所有者权益	年初数	期末数
流动资产：			负债：		
现金	24	40	短期负债	26	20
应收账款	14	0	应付账款	0	0
原材料	2	3	应交税费	3	4
产成品	6	6	长期负债	0	
在制品	6	8			
流动资产合计	52	57	负债合计	29	24
固定资产：			所有者权益：		
土地建筑净值	40	40	股东资本	64	64
机器设备净值	12	9	以前年度利润	4	11
在建工程	0	0	当年净利润	7	7
固定资产合计	52	49	所有者权益合计	75	82
资产总计	104	106	负债及权益总计	104	106

第三章　总体战略与环境分析

第一节　战略执行陷阱

阿里巴巴的马云和全球顶级风险投资商孙正义曾经探讨过一个问题：一流的点子加上三流的执行水平，与三流的点子加上一流的执行水平，哪一个更重要？结果两人得出一致答案：三流的点子加一流的执行水平更重要。联想集团总裁兼 CEO 杨元庆认为“对于企业来讲，制定正确的战略固然重要，但更重要的是战略的执行，能否将战略执行到位是企业成败的关键。”

目前，越来越多的企业决策者已经意识到战略制定和战略规划的重要性，意识到企业自身竞争力和竞争优势等要素的重要性，并投入了大量的时间和精力，制定宏伟的增长计划，但取得的成效却并不显著。更多的情况是企业在几乎相同的战略下在竞争中拉开了距离。

大量的企业实例说明仅仅靠成功的战略选择并不能保证企业能在竞争中获胜，必须是在战略制定和战略执行两个方面都能卓越，才能获胜。但是，在激烈的竞争中，仍有大量的企业没有意识到这点，在不知不觉中掉入了战略制定与执行的“陷阱”。

1. 战略共识缺失

战略共识缺失有很多原因，一方面，战略本身的表述不够简单具体，常常与远大抱负混为一谈，而且很难沟通传达，更无法转化为实际行动。另一方面，企业高层内部对未来企业的发展战略存在相当程度的分歧，而且在高层管理者向下层员工传递战略的过程中，共识程度逐步下降，执行战略的执行者根本不清楚为何制定这样的战略，使其无法有意识地将自身的日常工作与战略相衔接。没有共识，公司的战略行动的不一致将会导致和加剧组织内部的摩擦，无谓地消耗时间和资源，致使战略目标无法实现。

2. 战略与运营活动脱节

不少企业战略目标的制定、年度经营计划的拟定以及运算的编制相互独立，互不衔接。战略无法贯彻到企业的日常经营活动中，这使战略成了高高在上的口号。因此，常常出现的结果就是战略流于形式、经营投入缺乏持续性且得不到充分的资源保障、预算成为一种利益分配机制。有调查表明，在战略付诸实施的过程中，价值大量流失，绝大多数战略平均只实现了预期财务绩效的63%。而且，接受调查的高管人员中有超过 1/3 的人认为这一比例甚至还不到50%。根据对高管的调查，公司常常由于未能在合适的时候、在合适的环节上配置合适的资源，造成战略的潜在价值流失约 7.5%。此外，沟通不畅会造成的价值流失 5.2%，而行动计划不力和责任界定不明则分别会造成 4.5% 和 4.1% 的价值流失。

3. 缺少对战略的跟进

企业很少基于长期计划来对绩效进行跟踪，由于绝大多数公司制定计划、配置资源和跟踪绩效的流程不尽合理，当最高管理层发现实际绩效与战略预测之间出现差距时，他们很难弄清这种差距的出现应当归咎于战略规划还是战略执行，或者两者兼有，还是因为其他原因所造成的。通常，他们在力图扭转局面时常常不能对症下药，在实际需要改进战略时他们却一味猛抓执行，或者在实际需要加强执行时选择改变战略方向。这就必然导致他们投入的大量时间和精力白白浪费，而公司的业绩依旧持续低迷。有调查表明，只有不到 15% 的公司会定期检查每个业务部门实际完成的绩效，并与以前年度制定的战略计划中所预测的目标进行比较。不能有效监控战略执行的进程和效果已经成为中国企业战略执行的重要障碍之一。

第二节　理论分析

一、企业总体战略

战略就是作战的谋略，最早应用于军事领域。

企业总体战略是企业为适应未来环境的变化，对生产经营和持续、稳定发展中的全局性、长远性、纲领性目标的谋划和决策。它是企业长期发展的灵魂，是根据企业自身特点与企业所处环境而制定的。企业战略和军事战略的一个共同关键点是“获得竞争优势”。现代企业的战略需要用军事思想来指导。战争思维最主要的特点，就是强调兵力和武器对比，强调地理上的渗透和占领，强调民心的向背，就是“天时、地利、人和”，同样现代企业在竞争中也需要强调产品差异、销售终端与渠道、品牌影响力、消费者忠诚度。

一般而言，企业总体战略主要包括以下几种：

（1）单一经营战略，即企业将自己的经营范围限定在一种产品上。这样有利于把有限的资源集中在同一经营方向上，形成较强的核心竞争力，有助于企业通过专业化知识和技能为消费者提供有效的产品及服务。但风险也同时集中于一种或一类产品，当行业出现衰退或停滞时，企业将难以维持。

（2）纵向一体化战略，即企业在同一行业内扩大企业经营范围，后向扩大到供给资源，前向扩大到最终产品的直接使用者。其目标是提高企业的市场地位和保持竞争优势。但投入成本较大。

（3）多元化战略，即企业通过将开发新产品与开拓新市场相配合来扩大经营范围，通过挖掘现有的资源潜力，把企业原有的经验运用到新领域，通过资源共享和经营匹配，迅速建立起比单一经营更强的竞争优势，获得更多的利润。但这样会提高企业运营成本，人才需求巨大，管理成本高，资源分散，造成难以掌握的多元化经营。

要制定出合理有效的企业战略，就必须对企业的内外部环境作出有效的分析，只有详细了解了企业所处的环境特点与企业本身的具体情况，以及合理地预见企业的未来，做到知己知彼，才能百战不殆。

二、企业总体战略分析方法

如何分析企业的内外部环境，从而制定出正确的企业总体战略呢？外部环境主要是指企业发展所必须依赖的和无法回避其影响的企业外部系统。企业外部环境分析主要包括宏观环境与行业环境分析。内部环境分析主要指对企业内部条件分析以确定企业具有的优势和劣势，主要包括企业资源分析、企业能力分析、企业核心竞争力分析。

这里介绍三种战略分析工具：PEST 分析、五力模型、SEOT 分析。一般而言，我们可以用 PEST 工具来分析外部宏观环境，五力模型来分析外部行业微观环境，并用 SWOT 分析将企业的外部环境和内部条件结合起来，从而为公司制定出正确的总体战略。

（一）PEST 分析

PEST 分析是指对政治（Political）、经济（Economic）、社会（Social）和技术（Technological）等因素进行分析，来确定这些因素的变化对企业战略管理过程的影响。这些因素综合构成了企业的宏观环境，既给企业提供市场机会，又给企业造成一定的威胁。

（1）政治法律环境：指企业业务所涉及的国家或地区的政治体制、政治形势、方针政策、法律法规等，对企业战略有影响的政治法律因素。

（2）经济环境：指那些构成企业生存和发展的社会经济状况以及国家的经济政策。

（3）社会文化环境：指企业所处的社会结构、社会风俗、价值观、文化等因素的形成和变动。

（4）技术环境：指组织所处的环境中的科技要素及与该要素直接相关的各种社会现象的集合。

（二）五力模型

迈克尔·波特认为，决定企业盈利能力的首要和根本性要素是行业吸引力。竞争战略是源于对决定产业吸引力的竞争规律的深刻理解。竞争战略的最终目标，是运用这些规律或根据企业的偏好来理想地加以改变企业的竞争力。

波特认为，一个行业的竞争，远不止在原有竞争对手中进行，该行业的竞争状态和盈利能力取决于五种基本竞争力之间的相互作用，即潜在的行业新进入者的威胁、买方讨价还价的能力、供应商讨价还价的能力、替代品的威胁以及现有竞争者之间的竞争，如图 3.1 所示。这五种作用力的状况及其综合强度，共同决定着行业的竞争激烈程度（产业的竞争强度），决定着行业中获得利润的最终潜力（产业利润率）。其中影响较大的力将对战略的形成产生关键作用。

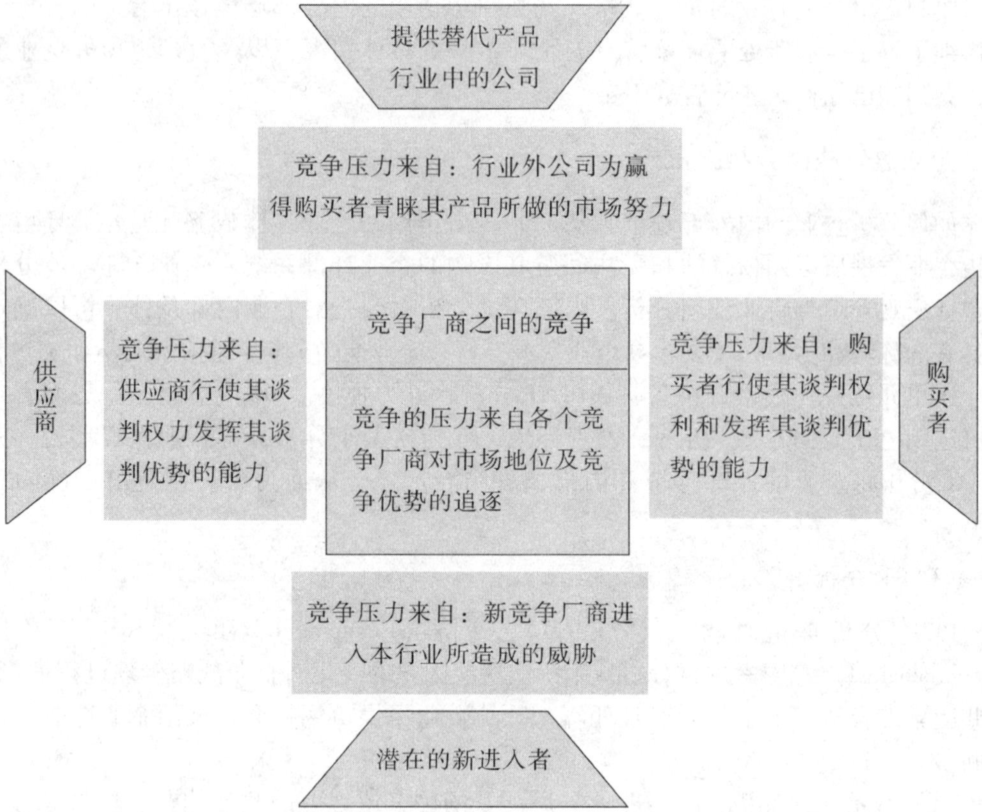

图 3.1　五力模型

1. 新进入者的威胁

新进入者通常会给在位者带来不利影响，会导致市场格局的变化和价格的变动。在市场需求增幅有限的情况下，总产出的相对快速增长会导致价格下降，从而使整个行业的收入和回报率下降。进入威胁的大小主要由行业壁垒和行业的预计报复程度构成。行业壁垒包括：规模经济，产品差异化，资本要求，转换成本，分销渠道，与规模无关的成本劣势，政府政策等。

2. 供应商讨价还价的能力

如果供应商在行业内很有影响力，他提高产品价格的能力很强，就会对下游企业构成竞争压力。如果下游企业无法通过价格结构的调整来消化增长的成本，它的利润就会由于供应商的竞争而削减。

3. 买方讨价还价的能力

一般来说，大批量采购使购买者拥有相当的优势，从而可以获得低价格和其他一些有利条款，即使购买者的采购量不大，但市场上存在其他成本更低的供应商时，购买者仍有一定的谈判优势。

4. 替代品的威胁

来自于替代品的竞争压力取决于三个因素：①是否可以获得价格上有吸引力的替

代品；②在质量、性能和其他一些重要属性方面的满意程度如何；③购买者转向替代品的难度。一般来说，替代品的价格越低，替代品的质量和性能越高，用户的转换成本越低，替代品所带来的竞争压力就越大。

5. 当前竞争对手

因为行业内的企业相互制约，一个企业的创新必然会引发竞争反应，或模仿，或反击，在五种竞争力量中，同行的竞争是最强大的力量。他们之间的竞争导致不同企业在行业中的地位的变化。

（三）SWOT 分析

SWOT 分析是竞争分析常用的方法之一。运用 SWOT 法进行选择分析，就是将与组织密切相关的各种主要内部优势因素（Strengths)、弱势因素（Weaknesses)、外部环境机会因素（Opportunities）和威胁因素（Threats)，通过调查罗列出来，并依照一定的次序按矩阵形式排列起来，然后运用系统分析的思想，把各种因素相互匹配起来加以分析，从中得出一系列相应的结论。

企业的优势是指该企业相对于竞争对手而言所具有的良好的企业形象、完善的服务系统、先进的工艺设备、独特的经营技巧、稳定的市场地位、与买方、供方和企业员工之间诚信的协作关系、企业所拥有的优势资源、技术、产品以及其他特别的核心竞争力。

企业的弱势是指影响该企业经营效果和效率的不利因素和特征，诸如公司形象较差、内部管理混乱、缺乏明确的企业战略、缺少某些关键技能或能力、研究与开发工作滞后、设备陈旧、产品质量不高、成本过高、销售渠道不畅、营销技巧较差等，它能使企业在竞争中处于弱势地位。

企业的机会是指企业在经营环境中可以获得的重大的有利形势，诸如出现新的细分、获得较快的市场增长、企业产品线的扩展、出现较多的新增顾客、竞争对手出现重大决策失误或因骄傲自满而停滞不前、企业实现纵向一体化、绕过有吸引力的外国市场的关税壁垒以及政府调控的变化、企业经营环境的变化、竞争格局的变化、技术的变化、客户和供应商关系的改善等因素，都可以视为机会。

企业的威胁是指环境中存在的重大不利因素，构成了企业经营发展的约束和障碍。诸如新的竞争对手的加入、市场发展速度的放缓、产业中买方或供应方的竞争地位的加强、政府政策的变化、关键技术的改变等都可以成为企业未来成功的威胁。与机会无处不在一样，企业中永远存在着对企业发展具有威胁作用的因素。

各种内外部因素根据影响程度等排序，可构造出一个 SWOT 矩阵。如表 3.1 所示。

表 3.1　　SWOT 矩阵表

	优势（Strengths）	劣势（Weakness）
机会（Opportunities）	SO 战略 依靠内部优势 利用外部机会	WO 战略 利用外部机会 克服内部劣势
威胁（Threats）	ST 战略 利用内部优势 避免外部威胁	WT 战略 减少内部隐患 避免外部威胁

根据 SWOT 矩阵便可以制定出相应的策略，以发挥优势因素，克服弱势因素，利用机会因素，化解威胁因素。运用系统分析的综合分析方法，将排列的各种环境因素相互匹配起来加以组合，得出一系列适合企业的可选择对策。这些对策包括：

（1）SO 对策，即着重考虑优势因素和机会因素，目的在于努力使这两种因素都趋于最大。比如：公司的产品质量和服务在业界的信誉很好，就一定要努力加强和继续保持这方面的优势，让它成为您的产品各项要素中最具竞争力的要素。这应该是四大策略中最重要的，因为很多劣势即使花费较高代价都难以弥补，与其努力加长短板，还不如突出优势，保持核心竞争力。

（2）ST 对策，即着重考虑优势因素和威胁因素，目的是努力使优势因素趋于最大，使威胁因素趋于最小。例如：现在碳素市场供过于求，电解铝企业要求过高，市场竞争非常激烈，但如果公司是一家集团的控股企业，且该集团具有完整的产业链，就能充分利用产业链和集团优势，取得可持续的健康发展。

（3）WO 对策，即着重考虑弱势因素和机会因素，目的是努力使弱势趋于最小，使机会趋于最大。比如：虽然您的产品的价格比竞争对手的产品价格高，但目前市场上对该产品需求旺盛、供不应求，因此只要您的产品质量和服务足够好，这方面的弱势因素就会影响甚微。

（4）WT 对策，即考虑弱势因素和威胁因素，目的是努力使这些因素都趋于最小。比如公司内部管理混乱，就要理清思路，建立现代企业管理制度并加强管理。竞争对手低价竞争，就要不断进行产品技术创新，并努力提高产品和服务质量，始终保持产品和服务的差异性。

第三节　经典案例——中小型二次电池制造业的战略管理研究

一、案例背景

（一）公司介绍

1. 联科电池有限公司组建背景

联科电池有限公司成立于 2001 年 10 月，厂址在深圳市龙岗区横岗镇六约村，公司的几个股东都是来自前东莞迈科电池公司（一家中型的民营二次电池企业）。公司股东有4人，第一个股东是董事长林先生，公司成立时的主要出资人。第二个股东是总经理杜先生，以技术、行业资历和少量资金入股，占股份总额的27%，其人原是迈科电池的副总。第三个股东未参与公司的管理。第四个小股东占公司的股份约5%，负责公司的生产管理。公司最初注册资金200万，同时生产镍镉、镍氢电池。2001年底公司开始投产，日产量不到2万只电池，到2002年底，达到日产10万只电池，2003年初，公司在另一侧重新增租赁了一间厂房和一间员工宿舍楼，继续增大产量，到2003年底，日产量达到20万只以上，员工1200人。2004年初，达到日产25万只。在短短2年时间内成为一家中等规模的二次电池企业。

2. 深圳时瑞电池有限公司

深圳时瑞电池有限公司前身为福建健利达电池有限公司，成立于1993年，是国内最早生产镍镉电池的民营企业之一，公司总经理陈先生与其弟，最初共投资8万元，聘请了当时天津电源研究所的一名退休工程师充当技术指导，采用家庭作坊式的生产方式，开始了民营企业的创业历程，初在自家房子的一侧搭起了一个油毡棚，雇用了十来名当地农民，采用的全部是手工作业的方式开始了生产，由于买不起生产电池正负极片的生产线，于是便买入深圳松柏电池厂生产电池时所报废的正负极片，从中挑选合适的正负极片，进行改裁后制成电池，虽然质量并没有多大保证，但在当时，是奇货可居，利润惊人。20世纪90年代初期，福建省沿海商品市场活跃，电池交易频繁，仅在泉州，产品也是供不应求。

通过不断的资金积累与再投资，增加设备，扩大厂区面积，终于在1999年，盖起一座高四层，总面积达4000平方米，初具规模的厂房，于2000年初搬入新厂区生产，并扩大产量，当时日产约5万只电池。至2003年，达到日产镍镉、镍氢电池总产量近10万只。

2004年，公司决定在深圳建立一家分厂，以期进一步的发展，为了谨慎起见，开始在深圳力多威公司一楼租用了一层楼的厂房以作开厂之用，每天生产约1.5万只镍氢电池，经过半年左右的时间，感到厂房面积太小，发展潜力十分受限，于是决定新租一个全新的较大的厂房。2005年3月，搬入新厂区，新厂位于深圳市龙岗区平湖镇新木村水围路25号。厂区生产面积3000平方米，员工宿舍和办公楼1100平方米。为了维持正常的生产运行及成本平衡，公司日产量增加至约4万只。由于销售未见增长，就将福建厂的产量适当减少，使两个厂的每天总产量大约在12万只，以保证产销的大致平衡。新厂重新注册，命名为深圳时瑞电池有限公司。

（二）组织结构

联科电池有限公司的组织结构如图3.2所示。

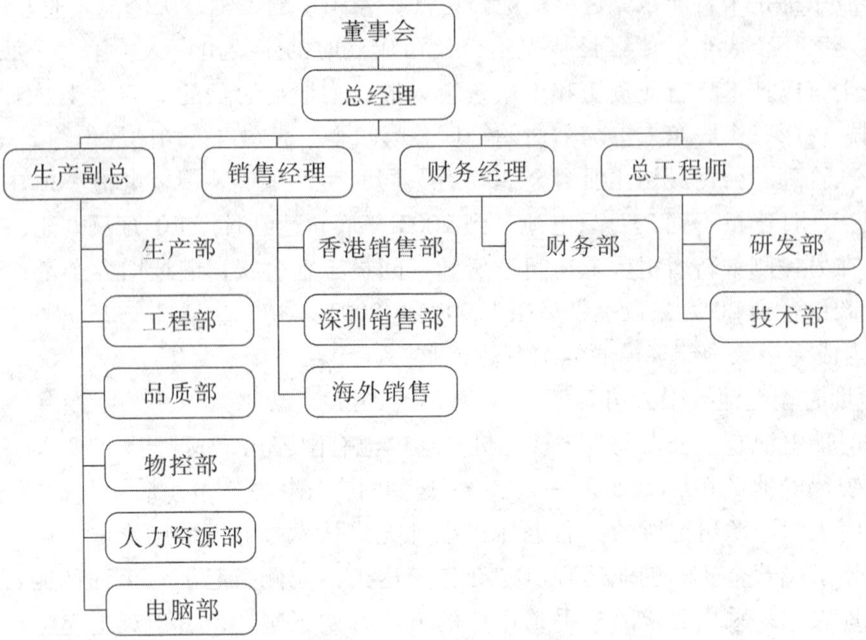

图 3.2　联科电池有限公司组织结构

时瑞电池有限公司的组织结构如图 3. 3 所示。

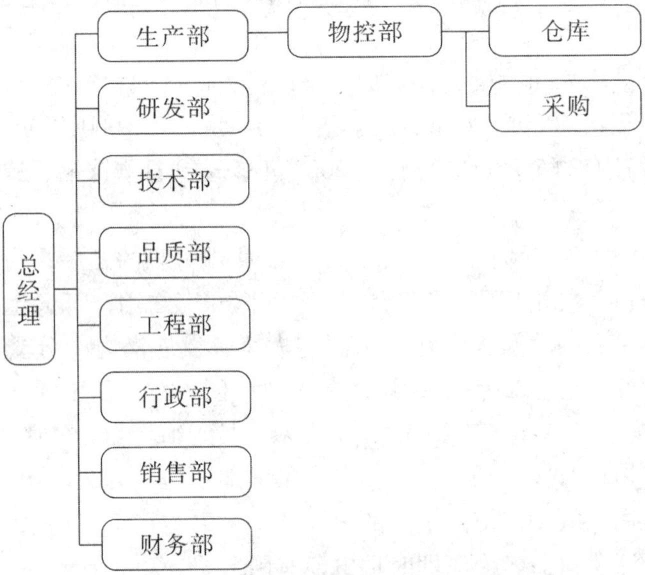

图 3.3　时瑞电池有限公司组织结构

在组织结构上，联科电池存在一定程度的授权，而时瑞电池的集权程度则明显过高。两个公司的业务流程都不太清晰，有较大的改进的空间。时瑞电池与联科电池还包括绝大多数的中小型镍镉、镍氢制造企业，均属于经营权及所有权同属一个或多个家族企业。国外资料显示，只有 30% 的家族企业能够生存至第二代，而只有 10% 能生存至第三代。凡事一人说了算，缺乏来自内部和外部有效的监控、反馈和制约，也是二次电池制造业企业的最大弊病。

（三）营销网络与管理特色

联科公司的电池销售大的订单基本都是外单，即出口至国外，通过香港办事处与国外客户联络，国内订单一般份额较小。销售部经理李先生与美国的不少客户建立了紧密的联系。因此其个人所获的订单平均达到整个公司销售电池总额的 50% 以上，公司销售人员在 2004 年达 24 人，因为公司达到了一定的规模，生产的电池品种较为齐全，只要有可能的拿下的订单，一般在生产上都不成问题。物流系统的出入一般采用大型卡车，速度快，效率高。

公司奉行低成本扩张策略，采用压低原材料厂家价格和压低员工工资；规模化生产策略，使电池产品在市场上有一定的价格优势，规模在同行内是比较闻名的，产品质量在市场上名声不佳，尤其是镍氢电池的质量，其生产时间相对较短，技术欠成熟且不注重品质控制。公司内部组织结构虽然清晰，但内部缺乏凝聚力。

时瑞电池公司的销售主要集中在福建泉州、汕头和深圳一带，产品大多数内销，只有极少数的产品通过中间的贸易商销往国外。销售人员大部分都是福建本地人，只在深圳招少量业务员。除了少数几种物料如电池钢壳外，物流的出入一般用小型的面包车或五十铃小货车，快捷、方便。在管理上，尤其是人事管理，只要是班长以上职位的任命，或工资水平的确定，都由总经理决定，部门经理基本无权过问。

两家电池厂在工资体系上，大体相似，工人的工资都订得非常低，2004 年，刚进厂的工人工资一般一个月只有 500～600 元，个别的一个月只有 400 多元，熟手普通员工一个月也只有 800～900 元，工人除了基本工资与加班费，加班费每小时 2 元，熟手 2.2～2.4 元，几乎没有任何福利。如果扣除生活费用，一个月能存上 500～600 元就算不错的。而且每周六、日或工作日，每天都需加班 2～3 小时。公司没有凝聚力，工人流失率一直居高不下，也是两家公司所面临的共同问题。

在管理特色上，“人治”色彩远远多于“法治”色彩，凡事经营者一人说了算，这是绝大多数民营中小制造业的管理特色。按“双因素”理论，基层的员工连保健因素也没有满足，更不用奢谈激励因素，目前镍镉、镍氢电池制造业虽然属于微利行业，但在提高效率的基础上，是完全可以满足员工的保健因素的。赫茨伯格“双因素”理论认为，保健因素是必要的和不可缺少的因素，具备这些因素虽然并不能使员工感到满意从而提高工作积极性，但是它们的不足却会导致员工的不满从而降低工作积极性。时瑞和联科的首要工作是要在满足员工保健因素上努力。同行业内其他电池厂，员工所受的待遇，总体来说，大同小异。员工士气低落，对在电池厂工作的前途不抱希望。

（四）行业地位与发展的困惑

联科公司的规模在国内同行业内是比较大的，除了比亚迪电池、力可兴电池、迈科电池，联科电池在二次电池镍镉、镍氢制造业内大约在前 15 强之内，与其规模相近的还有广州鹏飞电池、湖南科力远电池、广州云通电池等。联科公司在 2005 年初，电池平均日产值达 50 万元左右，年产值在 1.5 亿元以上，产品全部定在中低端价位，利润空间有限。因对品质管理不严，市场信誉不佳，据内部灵通人士透露，2004 年，一批交往美国的电池产品出现了质量问题，险些导致公司破产和股东关系破裂。同时，由于市场与员工的不稳定，生产的波动性非常大，给生产管理的协调增加了不必要的附加成本。

联科公司在短短不到 4 年的时间，发展成中等规模的制造企业，在组织结构上基本模拟大公司的框架，走的是一条快速掠夺式的发展道路。通过压榨工人工资，拖欠供应商货款，大规模生产等方式，在短期内获得了迅速的发展。

但是，在市场日渐规范化和竞争日渐白热化的今天，联科电池的经营存在着巨大的风险。

(1) 债务风险，联科电池刚开始办厂，并没有多少实际资金，而是依靠总经理杜先生长期在电池行业的声望，从供应商手里佘欠设备与原材料。近年来虽然赚取了大量的利润，但由于扩张速度比较快，养成了一种欠账不还的陋习，给经营者带来了不小的潜在风险。

(2) 产品质量风险，公司将产品长期定位在低端市场，高层管理者认为，电池只要能充放电，容量达到要求，就能卖出去，只要卖出去了，就能赚钱。忽略了对电池性能的安全性，存放性能，循环寿命等综合性能的保障，经常出现客户投诉及退货现象，客户对产品的信任程度非常有限。

(3) 管理风险，随着公司规模的日渐扩大，家长式的管理方式并没有发生实质性改变，虽然公司的组织结构相对比较合理，但部门之间，以及部门内部，明显缺乏团结合作的精神。

(4) 方向不明，发展至现在的规模，公司下一步该如何走，公司高层没有明确的目标，2004 年，计划投资一次性电池，相关设备都买了一些，结果由于缺乏经验，以失败告终。想参照比亚迪的模式，发展成电池行业的巨无霸，但市场容量有限，做起来显得有点力不从心。

时瑞电池公司与联科电池公司相比，情况有些不同，总经理陈总虽然在 2004 年 6 月才开始在深圳办厂，但其在 1993 年就已经开始在福建自办工厂，公司的发展扩张，全部是自有资金，办厂最初的 8 万元，一部分是陈先生自己早年在湖南怀化做了 5 年的对讲机销售生意赚来的，另一部分是其弟教书存下来的少量工资。公司的发展一直以稳打稳扎的方式进行，每赚一笔钱之后，再从所赚的钱抽出部分来投资设备机器，因此每年都有盈余。虽然规模相对较小，但依靠其投资早，利润高，自建厂房可免除厂房租金，以及福建农村廉价的劳动力等优势，获得了不菲的利润。

到 2004 年，公司发展遇到瓶颈，公司日产值达到 12 万元以上，再也无力上升，又由于原材料的价格上涨，利润反而不及从前，听说深圳的厂家发展迅猛，陈总决定去深圳办分厂，学习深圳的发展经验。由于陈总历来谨慎，最初来深圳时，是从最小规模做起，每天只生产 1.5 只镍氢电池，同时只租了一层楼的厂房以节约成本。半年后觉得无关痛痒，发展太有限，才于 2005 年新租一个全新的厂房，但支出立即大幅上升，为了保持收支的大体平衡，扩大规模以降低平均摊薄成本，每天生产 4.5 万只镍氢电池，又由于销售量受限缘故，不得不削减福建厂的产量。自从迁入新厂以来，扩大规模后增加了管理复杂性，陈总把福建老家的一套家族式管理模式照搬到深圳，但并不适用，以至于人心涣散。

时瑞电池公司面临的主要问题有：

（1）公司由家庭作坊式的生产方式发展成初具规模的小型工厂，发展速度逐渐减缓甚至停滞不前，公司没能有一个明确的、有效的方案去解决。

（2）虽然公司从开始办厂到今已有10余年历史，管理模式基本没有什么变化，除了招聘普通工人外，事无巨细，都是陈总说了算，已明显影响了管理人员的工作积极性。

（3）产品质量经常出现问题，电池漏液，高容量电池爆炸，循环寿命偏短经常成为客户投诉的问题。这将会逐渐成为电池销售不畅的一个重要因素。

（4）管理不规范，公司对员工缺乏有效的监督与激励机制，员工责任心不强，给质量管理带来了很大的隐患。

（5）由于市场销售量的限制，公司很难进一步提高产量以进一步降低平均成本，而普通电池的利润有限，难以大幅度地提高员工的工资待遇水平，在较低的工资水平和缺乏有效激励的条件下，员工的流失率一直居高不下，而员工的高流失率和不稳定性给生产部门及管理部门带来了难题。

二、外部环境分析

（一）PEST 分析

下面从人口，经济，法律政策，社会文化，技术和全球环境六个方面进行宏观环境的分析。

1. 人口因素

镍镉、镍氢电池的主要使用场合是对讲机、复读机、航模、遥控飞机、电动玩具、电动剃须刀、电动自行车、野外作业的电钻、工业仪器仪表等，而人口的增长必定会带动相关设备、机器、玩具广泛地使用，从而促进电池行业的发展。除了美、日、欧以及东南亚地区人口消费外，我国每年新增人口近千万，人口基数很大，随着生活水平的提高，民用二次电池的使用量将逐年攀升，民用电池市场大有可为。

2. 经济因素

随着经济的发展，生活水平的提高，人们更有能力消费价格高、质量好的产品。另外，从保护环境的角度来看，一次电池的污染很大。所以，从长期使用的角度来看，人们更有理由选择二次电池而非一次电池。这给我国民用二次电池市场的增长环境打下了良好的基础。

目前民用市场上存在的二次镍镉、镍氢电池主要是AA（五号）与AAA（七号），这两种类型电池，市场对这两种电池的需求呈逐步放大的趋势，经济的发展会促使民用市场的需求增强，从而拓宽二次电池厂家的生存空间。

3. 法律政策因素

随着国家的法律制度进一步完善，对污染环境的生产的限制必定会加强。镍镉电池由于存在镉污染问题，国家会对此采取一定的限制措施。因此，镍镉电池的发展将是一个生产地址的转移过程。

虽然我国镍镉电池的产销量大而且还有上升趋势，但是上升速度明显放慢，因此镍镉电池的生产不宜大规模地扩张，应该在改良生产与提高生产效率上下功夫。重点放在镍氢电池的生产上，以避免出口领域遭遇“绿色壁垒”。

4. 社会文化因素

社会将更认可环保电池，能量密度更高，综合性能更佳的电池。社会文化对电池制造企业的影响相对来说，是较弱的一面。未来的社会将发展成一个更加自由，更加民主的社会，而人们对自由、独立、受尊重的心理要求会更高。如果企业不尊重员工，企业文化气氛压抑，企业的组织结构低效，与社会的发展不适应，企业在竞争中必将处于劣势，甚至被淘汰。

5. 技术因素

对制造业而言，技术因素的影响历来都是巨大的，一种新技术的出现往往意味着一项现有技术工艺的淘汰，电池制造业也是如此，技术的发展不可等闲视之。目前镍镉、镍氢电池的技术变革是非常迅速的，从高容量电池到高倍率电池的研发，大部分都在生产工艺与材料上作了较大的改进。漠视新技术或者对新技术反应速度慢的企业必定会损失巨大的商机。

6. 全球环境

随着全球一体化的到来，全球将逐步成为一个统一的市场，但是地区差别以及地区间的贸易障碍还会在一定程度上存在。一方面，2006 年 7 月 1 日后，欧盟禁止进口镍镉电池。另一方面，欧盟将生产镍镉电池的生产线移至发展中国家生产电池并销售。日本、美国等发达国家也将生产线转移。印度、越南、菲律宾等发展中国家在未来几年有可能成为二次电池制造业中强有力的竞争产地。同时，由于外资电池制造业进入国内，也会对国内电池制造业的竞争造成巨大的压力。在市场开拓方面，目前，南美洲、非洲主要是一次电池的销售市场，在未来几年极有可能成二次电池销售增长的重要地区。

综上所述，影响二次电池的竞争因素主要是经济因素与技术因素。经济的发展会导致民用二次电池的大量增加，镍镉、镍氢二次电池总体趋势看好。从环保角度来分析，镍氢电池有逐步取代镍镉电池的趋势。从技术的因素来分析，技术的发展目前主要集中在生产工艺的变革与材料技术的更新上，如果企业在研发上不紧跟时代变革的步伐，将导致其在竞争中处于不利的地位。

（二）行业环境分析

1. 新进入者的威胁

镍镉、镍氢电池行业普遍规模小，资本要求不高，产品差异不明显，市场竞争激烈等因素使得行业壁垒低。最初，只要行业利润往上涨，就会立即吸引众多的潜在进入者，如相关业务员在获取稳定的客源后，便自己筹资办厂。部分能获得较大外单的电池企业也发展迅速，如迈科电池公司、联科电池公司、豪鹏电池公司等。

同时，部分电池行业的外资企业已经进入国内电池行业，这些在观念、管理技术、服务和资金等方面领先的国外公司，一旦进入国内市场，将使大多数民营电池企业尤其是中小型的电池企业的处境更为艰难。

2. 供应商讨价还价的能力

镍镉、镍氢电池的供应商主要由以下几方面组成：

（1）正极原材料氢氧化亚镍的供应商

目前，国内正极原材料供应商主要有：长沙矿冶研究院、江门长优股份有限公司、河南科隆电气股份有限公司、吉林吉恩镍业股份有限公司等几个较大的厂家。他们规模较大，产品质量稳定，供不应求，一般的电池企业要货，必须先付款才发货。尤其是小型的电池企业，根本没有讨价还价的空间。由于国际上镍价格不断上涨，正极原材料价格上涨的总趋势并未中止。

（2）生产镍镉、镍氢电池正极集流体发泡镍的供应商

这些供应厂家有长沙力元、上海亚南德、沈阳金昌普等，其中长沙力元的影响力最大，占据全世界发泡镍生产总量的25%，产品质量可靠，价格也是最高的。一般生产高要求、高品质的电池必须使用长沙力元的发泡镍，而生产普通电池一般采用价格较低的上海亚南德或沈阳金昌普的产品，由于生产发泡镍的厂家较少，供应商一般都有较大的话语权，小型电池厂没有还价的余地。

（3）供应商是生产负极化工原材料的企业

镍镉电池的负极原材料为氧化镉，镉粉或海绵镉，它在电池成本中所占的比例相对较低，因此不会对镍镉电池企业形成明显的竞争压力。镍氢电池的负极为稀土储氢合金粉，是镍氢电池原材料中很重要的原材料之一，我国是稀土元素含量最丰富的国家之一，国内生产稀土合金粉的厂家竞争非常激烈，电池厂家主要是选择质量稳定的供应商，而不应企图在价格上争取太多的下降空间。

（4）供应商是隔膜纸生产企业

镍镉电池与镍氢电池所用的隔膜纸略有不同，一般镍氢电池需要用材质更好的隔膜聚丙烯，而镍镉电池一般采用尼龙隔膜。国内企业生产的隔膜无论是尼龙，还是聚丙烯，均比不上国外产品的品质，特别是日本、美国、英国和德国的隔膜。而生产高品质的电池或生产特种电池如高容量镍氢电池，高倍率充放电电池，高温电池等均必须采用进口隔膜。国外的隔膜采用统一价格销售，中小镍镉、镍氢电池企业几乎没有还价的空间。

（5）供应商包括电池钢壳、盖帽、密封圈、电解液、外包装等材料的生产企业

由于这些材料在电池的原材料中所占比例较小，且相关材料的生产厂家数量众多，电池厂家的转换成本相对较低，因此这些供应商不构成镍镉、镍氢电池行业的竞争压力。

综合考虑所有的供应商，对镍镉、镍氢电池行业构成较大竞争压力的是生产正极化工原材料和正极集流体的厂家。

3. 买方讨价还价的能力

镍镉、镍氢电池厂家生产的产品销售的对象不是个体消费者，而是企业、厂家、

贸易公司。其中，贸易公司不仅是顾客，而且还是竞争对手。顾客的购买量一般较大，而且由于二次电池厂家数量众多，产品同质化明显，尤其是常规镍镉、镍氢电池产品，一般企业的产品的差别不大，顾客转换成本低，因此其具有较大的讨价还价能力。镍镉、镍氢电池行业的买方力量相当强大。

4. 替代品的威胁

镍镉、镍氢电池的替代品有锂电池和一次电池。锂电池的生产成本与售价很高，大功率放电性能不及镍氢与镍镉电池，但优点是质量轻，电压高，在手机电源的应用上已经取代了镍镉与镍氢电池。其他方面的取代还不具备条件。一次电池的价格低廉，自放电率低，具有较好的保存性能，目前一次电池具有较大的市场；但由于其质量重，不能重复使用，携带不方便，以及大功率放电性能不及镍镉、镍氢电池，长期使用成本高等缺点，镍镉、镍氢电池取代普通一次电池的比例会逐渐增加。

5. 当前竞争对手

二次电池行业竞争激烈，包括规模，价格，质量和创新。镍镉、镍氢电池行业内的竞争对手众多，如比亚迪、珠海太乙、浙江的凯恩和佛山的石达电池公司等。绝大部分企业是以模仿、价格手段等进行竞争，少部分企业以差异化或改善质量的方式进行竞争，但后者对企业本身的素质要求较高，大部分企业是心有余而力不足，无法进行差异化生产或对产品质量进行大幅改善。

以上行业的环境分析说明，新进入该行业的厂商一般都是熟悉该行业的厂商，而且大都熟悉该行业的业务或技术，从目前的具体情况分析，由于该行业的利润大幅下降以及进入壁垒的成本上升，新进入者的威胁不大。供应商的讨价还价能力对行业的影响主要在于正极原材料，因此中小企业与生产正极原材料的厂家建立良好的互利合作关系非常重要。由于买方力量十分强大，企业必须在行业内占据一定的优势地位，才能与买方有一定的谈判权力。镍镉、镍氢电池的替代品对该行业有一定的冲击力，但消费对象和应用环境有一定的差异，针对不同客户群采用不同的销售手段，可以在一定程度上拓宽行业的发展空间。行业内的竞争目的是争取客户，中小型企业，尤其是小型企业，由于缺少规模优势，差异化和提高产品质量是竞争的最重要手段，而如何进行差异化和提高产品质量，是战略研究的核心。

此外，该行业国际形势也不容乐观。国际范围内的强劲对手有日本的三洋、松下，美国的金霸王、法国的 SAFT 等。根据国际总体形势观察，我国的镍氢电池产品无论在性能方面还是在价格方面，绝大部分处于中低端水平，镍镉电池在价格上也处于低端。没有任何品牌优势，国内电池企业的利润空间被大幅压缩，电池企业之间只顾残酷的价格竞争，自相残杀，在国际市场上只能赚取微薄的利润，而且靠的是低成本低价格优势，未来的发展前景堪忧。

（三）机会与威胁

综上所述，企业面临的机会、威胁及其产生原因如表 3.2 所示。

表 3.2 企业面临的机会与威胁

机 会	威 胁
● 镍镉、镍氢电池市场持续增长 ● 镍镉、镍氢电池民用市场逐步拓开 ● 镍镉、镍氢电池出口量持续增长 ● 产品价格在国际市场上富有竞争力	● 国际资本的进入带来国际化竞争的加剧，规模小，没有规模优势 ● 技术相对落后 ● 品质不稳定，整体质量低 ● 管理水平落后 ● 行业内残酷的价格战 ● 自主创新能力差
产生原因	产生原因
● 工业技术的发展，镍镉、镍氢电池作为备用品 ● 用电源提供了更多的应用市场 ● 随着经济的发展，人们愿意消费更好的产品 ● 加入 WTO 后 ● 丰富廉价的资源（廉价的人力、原材料）	● 起步晚，资金薄 ● 研发投入少，自主创新能力不足 ● 品质意识不强，品质控制管理不严 ● 人才缺乏，企业经营者不能真正授权 ● 产品市场供应充分，行业竞争激烈 ● 知识产权保护法不健全，创新意识不强

三、公司的内部环境分析

（一）内部资源分析

资源是企业的能力来源，包括资本、设备、员工的技能、专利、财务状况以及经理人的才能。公司的内部资源分为：有形资源、无形资源、人力资源与文化资源。

1. 有形资源

有形资源是可见的，是能量化的资产。具体见表 3. 3。

表 3.3 有形资源

项目	时瑞电池	联科电池
财务资源	自筹资金，内部资金相对充足	最近对外筹集资金 1500 万，有产生内部资金能力
组织资源	内部组织系统相对不完善	内部组织系统相对合理，但仍不完善
实物资源	3000 平方米的厂房面积 镍镉正负极生产线各 1 条 镍氢电池正极 1 条生产线 镍氢负极生产线 2 条	12 000 平方米的厂房面积 镍镉电池正负极大型生产线各 1 条 镍氢电池负极生产线各 6 条 镍氢正极生产线 2 条
技术资源	技术含量不高，研发投入较少	技术含量不高，研发投入较少

两家公司的生产设备大致相同，相对来说，联科电池公司的镍镉正负极生产线购于新乡太行电源设备有限公司的两套大型的半自动化生产线，规模大，生产稳定性相对较好。

2. 无形资源

与有形资源相比，无形资源对提升企业核心竞争力更具有潜力。时瑞电池公司与联科电池公司的无形资产对比见表 3.4。

表 3.4 无形资产

项目		时瑞电池	联科电池
人力资源	知识	约200名员工，受高等教育者约 10 人	约1500名员工，受高等教育者约 100 人
	信任	不信任	不信任
	组织管理	组织管理水平低	组织管理水平低
	企业文化	组织内部文化欠佳，人才不舒心	组织内部文化欠佳，人才不舒心
创新资源		技术创新能力低	技术创新能力低
声誉资源	客户	无品牌，产品质量不稳定	无品牌，产品质量不稳定
	供应商	关系一般	关系一般，部分供应商关系较差

此外，从销售结构与销售的主要市场来看，时瑞电池公司产品的主要市场在福建省泉州市、深圳、汕头、珠海，有少量产品出口至东南亚。公司在福建泉州、深圳、汕头分别设立了销售据点。通过 10 余年的经营，时瑞电池公司同在泉州、汕头、深圳等地市场的一些客户建立了较好的人际关系与合作关系。有一批稳定的客户群，为公司的生产经营建立了良好的基础。联科电池公司产品的主要市场在美国、国内珠江三角洲一带，美国的市场是总经理杜先生根据从前在麦科电池的从业经验，招聘有丰富国际贸易经验的业务人员开拓的。外单的特征是量大，利润比国内高，付款及时等优点，一般的小公司不敢独自承担，联科公司一旦取得订单，就立即四方筹集资金，开始大批量生产，可以在短时期内赚取超额利润。联科公司在深圳厂内设有销售部门，在香港也设了一个对外联络办事处，作为对外销售的窗口。两家公司共同的弱点是产品质量不稳定，经常出现客户退货的现象，市场声誉低。

3. 公司的人力资源

两家公司的员工总人数中，受高等教育人员比例只有 4% ~5%，高素质人才缺乏，生产部的班组长，品质部的 QC，QA，IQC 等担任质检的人员大都只有高中毕业，工程部的担任机器设备维护的人员绝大部分也只是技校，中专毕业水平。

两家公司相比，联科公司的销售队伍明显占有优势，仅深圳销售部，联科公司销售人员就有 24 人，销售人员学历均在大专或本科以上，外贸人员英语口语流利，一般在行业内均有丰富的销售经验。时瑞公司有销售人员 10 人左右，大部分为中学水平，且是经营者的亲戚或家乡人，只有个别的是外地人员，新招的拥有大专学历的只是极个别人员，且并不具备行业销售经验。

在管理队伍中，两公司均聘用行业内有经验的人员，由于电池制造流程并不复杂，生产制造中人员组织与协调实施难度不大。公司领导层对内部员工信任度低，内部凝聚力不强。高素质人才缺乏，管理水平低下。

4. 公司的文化性资源

文化性资源属于无形资产，其产生的核心竞争力的潜力被大大低估甚至于忽视，是国内中小企业尤其是制造业普遍存在的现象。

大部分民营企业是家族式管理，如果外来者与家族成员处不好关系，引发的直接后果便是被公司排斥，职权被架空，甚至是被辞退。而股份制的民营企业，几个股东之间相互牵制，每个股东的权力一般不会太大，人际关系的影响会稍微小一点。

时瑞电池公司情形同样如此，财务出纳全部由经营者的亲属负责，销售的关键人物或销售经理是经营者的家乡人，除了生产部的普通工人，由人事部负责招聘安排外，其他公司关键人员，包括文员与生产部的小班长，均一手由经营者任命，以及决定他们的薪水待遇等。集权程度非常高，内部信任度低。工人每天只有拼命干活，提出自己的要求的机会不多，能被采纳的机会更少，车间工作的气氛单调乏味，愿意长期在车间工作的工人几乎没有，但最近公司加强了对员工的培训，主要集中在工艺操作与5S上，时瑞公司要求管理人员对普通员工执行长期有效的培训，一般是利用晚上休息时间，但效果并不显著。

联科电池公司也是执行集权制管理，公司主要的决策者是总经理杜总，主要的人事任命，研发与销售，组织管理等均由其一人负责。相对于时瑞公司，联科公司对高层管理者如部门经理，给予了一定程度的授权，因此部门经理的工作积极性和主动性稍高。公司内部也会举行一些文娱活动，在公司成立两周年之即，公司组织了全体职员在全国几个风景名胜地旅游了一次。但对于工人，工资待遇偏低，长期加班，平均收入在900元左右。如果不加班，工资会更低。与时瑞公司大体相似，工人不满情绪较高，内部信任度较低。

（二）企业能力分析

企业的能力是建立在员工能力的基础之上，良好的企业文化环境有助于员工内部的信息沟通与交流，促进员工技能的培养与知识的积累，从而提升整个组织的能力。

国内大部分民营企业均处于中小规模，企业主的集权意识相当强，经营者的个人能力往往代表了整个企业的能力。

时瑞公司本身的能力非常有限，关键原因是经营者过于集权，这点从组织结构上可以看出。企业经营者陈总是销售出身，企业实际管理经验与管理能力有限，以一个不懂企业管理的人来从事专业的企业管理，企业的未来发展前景堪忧。

联科电池从组织本身所具有的能力分析，分工相对清晰，并且进行了适当的授权，又由于其规模相对较大，对大客户订单的承接能力较强，市场抗风险能力相对较强，但整体而言，其管理的规范程度还远远不够，品质意识极为落后，在现代化的国际企业竞争中，危机明显。

就能力而言，两者的组织能力均没有得到应有的发挥。一方面，从组织的角度分析，是没有得到有效的授权；另一方面，企业文化氛围僵化，激励措施不到位，或者几乎没有激励措施，基层员工积极性不高；最后，从公司整体而言，缺乏明确的战略，资源配置无法做到最优。

（三）核心竞争力分析

一种能力要想成为核心竞争力，必须“从客户的角度出发，是有价值并不可替代的；从竞争者的角度出发，是独特并不可模仿的”。

决定战略能力的四个标准如表 3.5 所示。

表 3.5　决定战略能力的四个标准

有价值的能力	·帮助企业减少威胁及利用机会
稀有的能力	·不被他人拥有
难于模仿的能力	·历史的：独特而有价值的组织文化和品牌 ·模糊性因素：竞争能力的原因和应用不清楚 ·社会复杂性：经理之间、供应商及客户间的人际关系、信任和友谊
不可替代的能力	·不具有战略对等的资源

从核心竞争力的四个标准来分析，时瑞电池与联科电池公司均不具备核心竞争力，在行业内仅处于平均水平。

分析二次镍镉，镍氢电池制造业的竞争力，竞争的主体集中在中小型企业层次，发展速度非常快，且产业已经形成较为完整的供应链体系，但并不扎实，投机性经营很明显，企业大起大落较为普遍，没有形成良性的发展机制，虽然部分企业存在一定的竞争优势，但形成了核心竞争力的企业几乎没有，究其原因，大部分企业根本就不存在战略管理，或者虽做过企业战略规划，但不知如何具体地实施，然后束之高阁，企业内部由于没有较好的战略管理，资源得不到有效配置，因此也无法在内部形成良好的管理结构，管理的规范性与有效性大打折扣。

四、战略的制定与设计

（一）战略管理的失败原因分析

由上述案例分析可知，时瑞电池和联科电池在管理上无疑是失败的，最重要的原因是忽视了战略管理，没有战略管理或没有认真推动战略管理。

从表面现象看，时瑞电池和联科电池管理混乱，产品品质没有保障，企业由一个快速发展阶段转为一个面临决策的十字路口。事实上，即使现阶段，作为企业，联科电池与时瑞电池大多时候依然处于盈利状态，只不过利润越来越薄，而且这种经营的不稳定性有日渐加剧之势，企业的可持续发展受到质疑。

分析其中的原因：

1. 企业内部没有健康活跃的文化氛围

员工的工作气氛压抑，导致没有人愿意长期在二次电池企业工作，因此培养良好的企业文化是企业管理的重要任务。

2. 员工待遇明显偏低，企业缺少以人为本的经营理念

事实上，人工成本在电池成本比例中，只占不到 5% 的比例，而一粒充电电池的平均纯利在 10% 左右（在现有平均效率条件下计算）。因此，企业只要将利润的一成返还

给工人，则员工的工资将上涨 20%，而企业依然保持盈利状态。但没有企业愿意如此，经营者不愿与员工共享利润成果，企业缺少有效的激励制度，这是由于经营者本身不具备战略眼光所造成的。经营者如果放眼未来，制定合理的激励机制，那么激励的投入与效率、品质的提升成正比，当产出远大于投入时，这种投入就是战略上的投入。这是一种双赢的投入，这种投入将形成一种良性循环，推动企业不断向前发展。反之，则会形成一种恶性循环。

3. 授权程度不充分，导致员工的主观能动性得不到有效发挥

时瑞电池极少授权，而联科电池则授权不充分，无不影响到企业的整体竞争力的提升。深入分析其中的原因，并非是经营者本身愿意大小事情自己一人承包，而是担心授权后管理失控，或授权后企业的命运操纵在被授权者之手。如果企业建立起一套有效的制约机制，那么这种担心与顾虑就是多余的，制约监督机制包括企业的规章制度，职权范围的定义及划分，业务流程的合理性，甚至企业的文化等。

此外，品质意识差，没有将品质管理提高到战略目标的高度，重视及投入不够；业务流程不够清晰完整，职责划分不清晰，奖罚制度的随意性大，管理的规范化远远不够，以及员工的责任心不强等也是阻碍企业发展的重要因素。

从深层次分析，时瑞电池与联科电池作为企业，还不具备现代企业的基本素质，在管理的规范化与制度化方面必须痛下工夫。首先，要做的是改变企业的组织氛围，即从改变企业的激励机制和组织文化着手，调动整个组织成员的积极性与主动性。其次，才是组织结构与组织流程的再造过程。

（二）战略管理“两部曲”

根据镍镉、镍氢电池企业内部环境，战略管理宜分为两步：

1. 组织文化变革

创业者的价值观决定企业的文化。中小镍镉、镍氢制造企业虽然规模有限，但绝大部分已经走完了企业的生存阶段，下步是再创业、再成长过程。创业者的拼搏精神与商业头脑成就了他们现有的成就，由于规模小，组织成员流动性大，企业的文化以创业者个人意识与价值观为核心，这样的企业文化特征并不具有稳定性。成长阶段企业文化建设的重点是培育共同的核心价值观，确立起企业的主流文化。

2. 组织结构的设计与运作流程的重组，即管理机制的创新

在倡导组织文化变革与创新的同时，必须建立与自身相适宜的机制。组织对团队的机制保障主要包括授权和激励（暗含监督机制）。经营者在深入理解内外环境的基础上，进行理性的组织结构设计，设计的原则既要体现授权原则，也要有控制与激励。同时，也可以借助现代信息技术来优化管理，如 MIS，MRP，以及 ERP 等，形成一种以先进信息技术为手段的集成管理模式。

（三）战略战术的匹配和选择

确定战略的重点之后，中小企业还须和有效的战术进行配合，以扬长避短，更好地发展竞争力。对于中小型二次镍镉、镍氢电池制造业，具体的战略战术选择如下：

（1）通过组织文化建设，逐步实现管理机制的创新，实现公司治理结构的规范化，

逐步使企业的日常管理走向规范化、制度化，重视制度的力量，从理性的高度真正避免随意管理，实现“人治”向“法治”的转变。在制度的制定上，综合考虑其合理性与人性化因素，通过良好的内部管理来提高生产效率与产品品质，用良好的文化氛围与激励机制来吸引人才，留住人才。在实施文化变革前，经营者本身首先树立起以人为本的经营观念，以一种共享的观念来对待员工关系，用双赢的方式来获得企业进一步发展。不仅要倡导，更要用实际行动来鼓励，支持，并系统地执行组织文化的变革。

由于现有的文化具有刚性，所以必须采用适当的方式来克服，尤其要形成一种团队合作的方式，因为战略的制定与实施只有依靠团队工作，才能产生切实的效果。在采用团队工作的同时，注意采取相应的授权与激励措施。

（2）进行制度创新。由于现有的组织结构的不合理性，须重新设计组织结构，在结构上体现授权的原则。优化业务流程，使流程更加清晰，更加合理。加强内部信息沟通渠道，以及规范内部规章制度，建立起较为完善的激励与制约机制。

（3）在产品战略上，将镍镉电池的产量与生产规模维持在现有的水平或适当削减，扩大镍氢电池的生产规模；同时，选择差异化的生产方式，发挥自身灵活性优势，做出特色，树立企业品牌。

（4）对于小型二次电池企业，如时瑞电池，应走合作发展的道路。建立合作机构，即通过二个或多个电池厂的通力合作，来承接单个小型电池厂无法按期完成的较大的订单。通过合作可提高销售收入和利润，并增强对市场的了解。可以节省交易费用，并实现提高效率的目的，以结成联盟的方式来提高单个企业的市场信誉度。

思考与练习

1. 具体分析模拟企业面临的内外部环境，尤其是市场环境。做一份详细的SWOT分析表。

SWOT 分析

Strengths 优势	Weaknesses 劣势
Opportunities 机会	Threats 威胁

2. 你们作为新任管理层，将如何来经营该公司？简要介绍模拟公司的总体战略？

第四章　市场营销战略

第一节　经营陷阱

一、广告陷阱

刚开始的时候，许多营销总监没有意识到广告投资对于一个公司的具体意义，只是一味的投入，把广告投资作为一场市场投入的赌博。盲目地相信投入的广告费用越多就会产生越多的销量回报，对广告研究及广告效果评估却知之甚少，对于广告投资回报及广告效果评估找不到合适的评价标准，也不知道从哪方面入手对广告进行调研。对于广告投资，营销总监用的评估方法就是在广告投放期间前后统计销售额，并计算销售额的提升比率，同时把自己的产量和投资后拿到的订单数量来作为广告投资回报的重要评估指标，走入了广告陷阱。

（一）广告投资

广告投资所追求的目标是“少花钱，多办事”，媒体策划就是寻找最佳性价比的媒体组合和投放策略的过程。一个完整的广告投资方案是由“广告创意”和“媒介组合”两部分组成的。合适的媒体就是在最佳性价比的权衡下能够有效地到达目标消费人群，所以在做“媒介组合”策划的过程中，要紧紧围绕以下两个问题而展开：①我们的目标消费者到底是哪些类型的人？②目标消费者的媒体接触习惯和频次是怎么样的？

（二）广告传播效果

广告活动的目的是有效地传递品牌或产品信息，使之到达目标消费者，激发受众的兴趣，从而达到说服效果，推动消费者购买。“媒介组合”是量的层面，而“广告创意”是质的层面，两者不是简单的一加一的组合，要达成一个成功的广告传播效果，必须做到两者的有机结合并发挥出“1 + 1 = 11”放大性的效果。广告传播效果的成功并不是简单的追求到达人群的最大规模，也不是成功的娱乐或取悦大量的观众。

广告活动对于企业来讲是一项重大投资，如果仅凭一个人或几个人的主观意见，来决定数百万甚至上千万的广告投资是否进行，这无疑是在进行一场没有任何把握的赌注。假如我们拿一个不好的、消费者不喜欢的广告创意去投放，那么投放力度越大，对品牌所产生的负面影响也就越大。假如广告创意很好，但我们在媒体的选择、媒体的组合、广告投放时段等方面上的决策失误，很好的广告创意也得不到有效的传播，巨额的广告投入所带来的广告回报却也微乎其微。

对于目标消费者媒体的接触习惯及各类媒体的接触机会，很多广告主都只能简单地凭经验主观臆测或盲目求新求变，这样不但很难迎合消费者，更会为公司带来巨额的损失。因此，作为广告的投资商，必须进行全方位的广告效果研究：减少盲目投资、降低投资风险。

广告效果主要是研究广告投放后是否对市场份额的提升起到了一定的效果、提升幅度如何、广告对消费者忠诚度的影响如何、广告对品牌知名度的提升效果、广告对品牌形象的提升效果等，其研究内容主要包括：

（1）目标消费者的媒体接触习惯；

（2）目标消费者对于媒体的看法、偏爱和忠诚度；

（3）目标消费者对于媒体的接触频次和时段；

（4）媒体组合的广告价值分析（包括到达/收视率、受众规模、千人成本、人群特征、消费能力及习惯等）。

针对广告投资的重要性我们必须先计算竞价广告的投资回报率，竞价广告的投资回报率计算方法如下：

（1）首先要从各竞价服务商账户上把该时期的广告消费金额得到。

（2）收集这段时期广告发布后的效果数据。

（3）从客户那里了解到通过网上推广带来的业务获得利润。

（4）利用“ROI 计算器”就很容易计算出各竞价广告投资回报率分别是多少了。

通过计算得出相应的数据，并根据一家客户同一时期内从不同广告服务商带来 ROI 数值进行比较即可知道：哪些广告发布是最有利可图的，而哪些广告发布又是不好的（既不能为客户企业带来更好的网上营销利润）。从而根据这个 ROI 数据向客户提供广告优化建议。

用上面获得的 ROI 数据，除了可以比较各竞价广告服务商之间的广告发布效果，并据以调整分配广告预算外，还有一个重要作用就是用来衡量网络客户经理广告优化服务好坏及量化改进的效果。

二、产品定位陷阱

近几年来，我国经济生活中有这样一种现象：某些企业在发展初期推出某一新产品，取得了较大的成功，并占有了市场优势。但一旦实施品牌延伸策略，就丢失了品牌的优势，企业经营由此步入低谷。最后企业经过反思，在逆境中奋起，再创新的品牌，重振雄威。实施任何一项发展战略，总是“鲜花”与“陷阱”并存。品牌延伸策略同样概莫能外。从国内众多企业的失败教训中，我们不难发现品牌延伸存在着以下几个“陷阱”。

（一）偏离定位，丢失优势

名牌产品之所以能给消费者留下良好印象，主要是由于优先效应的作用。消费者在购买商品时，对中意商品的品牌会有较深的印象，会将该品牌视作某一特定商品的“代码”。如一提起“可口可乐”，人们就会自然而然地认为它是“饮料”；“金利来”

就是男人的领带和服式。如果企业以同一品牌推各具特色、性能各异的产品，就难免会模糊部分消费者对该品牌的印象，甚至会使这部分消费者失去对该品牌的青睐。如"活力 28"是洗涤剂产品品牌，前几年"活力 28"贸然涉足食品饮料行业，开发出"活力"纯水，这一品牌延伸，大大损害了品牌声誉。大多数消费者表示：自己不会喝"活力"纯水，因为会产生一种喝脏水的感觉。由此可见，实施同一品牌延伸，一般不能偏离品牌定位范围，如果超越现有品牌的消费范围，就应该创造一个新的品牌，重新塑造新的形象。

(二) 一荣俱荣，一损俱损

实施同一品牌延伸，如果企业在市场竞争中占据优势地位，所有产品都会因品牌效应而受益。但如果其间某一产品经营受挫，反过来又会波及其他产品的信誉，影响其他产品销售，甚至会导致消费者对所有同一品牌产品的"否定"，形成"株连"效应。轰动一时的"巨人风波"已历数年，造成"巨人"受挫的原因是多方面的，其在品牌延伸上的失误也是重要原因之一。巨人集团，在 20 世纪 90 年代初，进军保健品市场，开发了巨人"脑黄金"，在市场上火爆一时，巨人集团又迅速推出了"巨不肥"、"吃饭香"等 10 多个保健品。这些保健品借助"脑黄金"的信誉，也都取得了不错的销售业绩。但随着保健品市场竞争的日趋激烈以及自身广告运作的失误，"脑黄金"市场占有率一滑再滑，其他保健品也因此受到"株连"而纷纷落马，巨人集团由此步入了举步维艰的低谷。

(三) 强调规模，忽视差异

所有的产品使用同一品牌，在理想的"规模度"内，会大大降低销售费用，增加企业收益。但是消费者的需求是多层次的，具有较大的差异性，低品牌忠诚者和无品牌忠诚者常常发生品牌转移。在这种情况下，就要求市场能提供多个品牌，并要求品牌之间具有差异性。如果以同一品牌延伸，企业就需要用更多的费用宣传产品、说服消费者，刺激其购买欲望，这样就难以取得理想的规模效益。美国宝洁公司进入中国市场后，利用大约 10 年的时间，推出了 7 大类 17 个品牌的产品，其中光洗发水就开发了海飞丝、飘柔、潘婷等品牌，还开发出汰渍、舒肤佳、玉兰油等产品，这些都受到了消费者的欢迎。如果仅以其中的某一品牌开拓市场，很难取得如此效益。

尽管实施品牌延伸策略过程中存在各种各样的"陷阱"，但只要企业选择的方向正确、措施得当，就可以避开"陷阱"，达到预期目的。

(1) 正确进行品牌定位。品牌定位，对企业开拓市场具有十分重要的意义。在现代社会，同一市场上同一种类的产品种类日益增多，要使自己的产品在众多产品中得到顾客的认可，企业必须通过各种方式培养和塑造自身的产品特色，以符合顾客的欲望和需求。如"娃哈哈"营养液对大人小孩都有益，但杭州娃哈哈公司却放弃了成人市场，把品牌定位放在儿童身上，以"喝了娃哈哈，吃饭就是香"来打动天下父母心，结果市场需求大幅增加。品牌一旦定位，市场拓展、产品开发等方面都要与其保持一致，以合力扩大市场覆盖面。实施品牌延伸，尽管可以向不同产品领域延伸，但延伸绝不能"天女散花"、"八方出击"，搞无度延伸，偏离产品定位。TCL 从彩电，延伸到手机、电脑、洗衣机等产品，但仍没有偏离家电、信息产品这一定位。

（2）切实提升品牌档次。实施品牌延伸的首要目的是要利用已有品牌的声誉和影响，迅速将新产品推向市场。因此，提升现有品牌的档次、培育品牌带动力，是实施品牌延伸策略的关键。首先，培养和形成企业的良好信誉。企业信誉包括多重内容，无论是什么类型企业，其共性是支付信誉排在首位，这是企业筹资、融资，正常业务得以开展以及业务扩大的基础，对于企业而言，产品质量信誉、售后服务信誉、交货信誉，对品牌的影响较大。其次，在为客户提供产品的同时提供多方面的服务。服务质量好坏是品牌提升快慢的“催化剂”，服务概念的外延很广，不仅包括产品销售服务，而且包括投资、融资信息及市场信息、用户意见反馈处理等多种综合性服务。最后，在经营和管理活动中要注意企业形象的塑造。企业在某一个经营领域长期居主导地位，形成独具影响的经营特色；企业在管理上达到很高的水平，形成自己的管理特点；企业在社会公益活动中树立起服务和回报社会的形象。

（3）科学选择品牌延伸领域。实践证明，品牌延伸能否取得成功，取决于以下几个条件：①是否有技术创新能力，是否具备品牌延伸成功的技术基础和人才保障；②企业管理、营销能力是否具备条件和能力；③是否有比较充足的资本承受品牌延伸时带来的资金压力。这些基本条件全部具备，实施品牌延伸策略才有成功的可能。如果某一项不具备，其他几项要特别强，具备很强的互补性。否则盲目实施品牌延伸，会“株连”其他产品，失去了品牌延伸的意义。我国许多企业实施品牌延伸没有取得成功，归根结底就在于这些企业没能科学地进行品牌评价，而盲目地进入自身所并不熟悉的领域。

（4）实行主副品牌策略。在主品牌不变的前提下，为延伸的新产品增加副品牌，是规避延伸风险的有效手段之一。这样可以使各种产品在消费者心目中有一个整体的概念，又在各种产品之间形成一定的比较距离，使产品在统一中保持差异性。如海尔集团在进行品牌延伸时，为各个型号的冰箱、洗衣机分别取一个优美动听的副品牌，如“大王子”、“小王子”、“双王子”和“小小神童”等。还有长虹集团所开发的“红太阳”、“红双喜”等系列彩电，乐百氏公司推出的“健康快车”等。实施主副品牌策略，在广告宣传中必须以主品牌为重点，副品牌则处于从属地位。如“海尔－小小神童”洗衣机，副品牌“小小神童”传神地表达了该洗衣机“电脑控制、全自动、智慧型”的特点和优势，但消费者对“海尔－小小神童”洗衣机的认可、购买，则主要是基于对海尔的信赖，如果在广告宣传上以“小小神童”为主进行宣传，要打动消费者的心是比较困难的。

第二节　理论分析

一、建立情报服务——为企业营销竞争战略提供依据

企业要生存、要发展，必须仔细研究市场、占领市场。如何研究市场，这就需要

企业通过细致、深入的市场调研来完成。

通过市场调研，企业应该了解以下内容：

（1）市场的需求有多大、将来会如何变化？

（2）最近开发了哪些新技术，哪一项技术接近于突破？

（3）有没有现成的技术可应用于新的客户群体？

（4）竞争力分析，也就是竞争对手分析：①市场份额？②战略变化？③未来目标？④薄弱环节？

（5）可以分析的方法很多，例如：①经营者动向（经验、能力、性格）；②营业状况（客户关系、支付情况、银行关系、业绩现况）；③财务数据（损益表、资产负债表）；等等。

通过市场调研掌握第一手资料，企业才能知己知彼，才能更好地制定出合适的市场营销战略。作为企业一项重要的竞争战略，市场营销战略主要涉及以下两方面：一是企业市场战略，二是企业产品战略。

成功的企业市场战略应该要能充分地发挥企业的资源优势，要有明确的市场定位，能锁定目标市场，并通过市场定位找出主要竞争者，针对竞争者的策略随时调整企业自身的策略。

市场产品策略则与企业市场战略相互配合，在市场定位的基础上完成产品定位，通过产品定位与竞争品牌区别开来。具体而言，任何企业都需要考虑如何进行产品组合、如何根据市场需求开发新产品，即产品组合策略与新产品开发策略。

二、产品与市场定位

现在我国市场正处于前所未有过的激烈时期，众多品牌不断涌现，特别是产品间的差异性越来越小，同质性越来越高，市场争夺日益困难。同时，消费者在商品的汪洋大海之中显得无所适从，从而使不少公司更因无法博得“上帝”的欢心而处心积虑、冥思苦想。到底如何才能在竞争中脱颖而出，获得成功呢？唯一的办法就是要尽力造成差异，追求与众不同，让消费者易于将其产品与其他品牌产品分开，在消费者心中占有一席之地，击中消费者的心。这就是营销理论和实务中所称的定位。那么企业如何进行市场定位呢？下面让我们了解这一定位过程。

（一）什么是企业的定位

在每个行业中，企业总是有几个可选的定位。因此，战略的精华在于选定一个企业可以据为己有的定位。一个战略定位是企业对下列三个问题的总结：目标客户是谁？应提供给他们什么样的产品和服务？应如何提供？一个企业如能选择一个独特的战略定位——即与它的任何一个竞争者不同的定位，它就能获得成功。一个杰出的战略定位的第一要素是对“我们做的是什么业务？”这个问题做出明确的回答。杰出的战略定位的第二个要素在于给出找到、什么、如何这三个问题的答案。谁是我们的目标客户？我们应该向他们提供什么产品和服务？我们应该如何有效地去做？“谁”和“什么”基本上是战略性的问题。对这些问题的回答将界定企业所参加的游戏。杰出的战略定位的第三个要素是开发必要的企业能力和适宜的组织环境（或内容），以支撑所做出的选择。

（二）产品定位的目的与原则

现代市场营销理论认为，消费者购买产品，追求的绝不是产品本身，而是某种需要和欲望的满足，强调的是产品的实质性，即产品提供给消费者的一种效用和利益。为了拥有竞争优势，企业对自己的产品或服务要比竞争对手对他们的产品或服务了解的更好，要让您的产品或服务项目在客户眼里有明显的特色或优点。定位的目的就在于树立一种市场上的形象或感知——您的产品或服务的某些东西是特色的。定位有两大原则：

1. 差异化，打造竞争性卖点

产品定位时既要将产品某个因素与消费者偏好紧密结合，形成与同质产品明显的差异；也要将产品的若干因素与市场结合，形成产品整体的特色。不同产品所含成分、材料、质量、价格等是不同的。比如："七喜"汽水的定位是"非可乐"，强调它是不含咖啡因的饮料，与可乐类饮料不同。"泰宁诺"止痛药的定位是"非阿司匹林的止痛药"，显示药物成分与以往的止痛药有本质的差异。一件仿皮皮衣与一件真正的水貂皮衣的市场定位自然不会一样。同样，不锈钢餐具若与纯银餐具定位相同，也是难以令人置信的。

2. 以消费者为导向，以顾客得到的利益优先

无论企业定位技巧多高明，其成功的关键仍然是迎合消费者的心理，使传播的信息真正成为消费者的关心点，并让消费者感到真正的满意。产品提供给顾客的利益是顾客最能切实体验到的，这是定位的依据。1975 年，美国米勒（Miller），推出了一种低热量的"Liter"牌啤酒，将其定位为喝了不会发胖的啤酒，迎合了那些经常饮用啤酒而又担心发胖的人的需要。

（三）目标市场定位与 STP 模型

STP 理论是指企业在一定的市场细分的基础上，确定自己的目标市场，最后把产品或服务定位在目标市场中的确定位置上。也就是找到"最佳细分市场"。所谓 STP 营销又称为目标市场营销。这里的 S 指 Segmenting Market，即市场细分；T 指 Targeting Market，即选择目标市场；P 为 Positioning，亦即定位。定位是 STP 营销战略的核心。因此，目标市场营销有三个主要步骤：

1. 市场细分

根据购买者对产品或营销组合的不同需要，将市场分为若干不同的顾客群体，并勾勒出细分市场的轮廓。所谓市场细分即指企业根据消费者的一些特征，把原有市场划分成两个或两个以上的子市场（不同的购买群体），这些子市场可能值得企业为其提供独立的营销组合服务。市场细分从消费者分析出发，体现了现代市场营销观念，本身又是企业市场营销战略战术运用的前提。

2. 确定目标市场

选择要进入的一个或多个细分市场。确定目标市场即企业在细分市场的基础上，

根据自身资源优势所选择的主要为之服务的那部分特定的顾客群体。企业在选择最佳细分市场作为主打目标市场时需考虑：细分市场的潜量，细分市场的竞争状况，企业资源与市场特征的吻合度，细分市场的投资回报率。

3. 定位

科特勒认为，定位就是对公司的供给品和形象进行设计，从而使其能在目标顾客心目中占有一个独特的位置的行动。由此我们可知“定位”指的是企业产品在市场中的定位，或企业本身在市场中的定位，亦即确定企业包括其产品、形象在市场上的位置。需要指出的是，这里市场指的是目标顾客的心理。由此可见，我们常见的产品定位、企业定位其实是指产品、企业在消费者心目中的位置。定位一般是以产品为出发点的，但定位的对象不是产品，而是针对潜在顾客的思想，就是说，要为产品在潜在顾客的大脑中确定一个合适的位置。

（四）定位——产品与市场矩阵

如何正确定位？在此介绍美国著名战略管理学者爱索夫提出的产品与市场矩阵。它是由两个轴构成的一个四象限矩阵，纵轴代表市场，横轴代表产品。其中市场分别为现有市场和新市场、产品分别为现有产品和新产品。针对不同的产品和市场组合，企业采取不同的战略。如图 4. 1 所示。

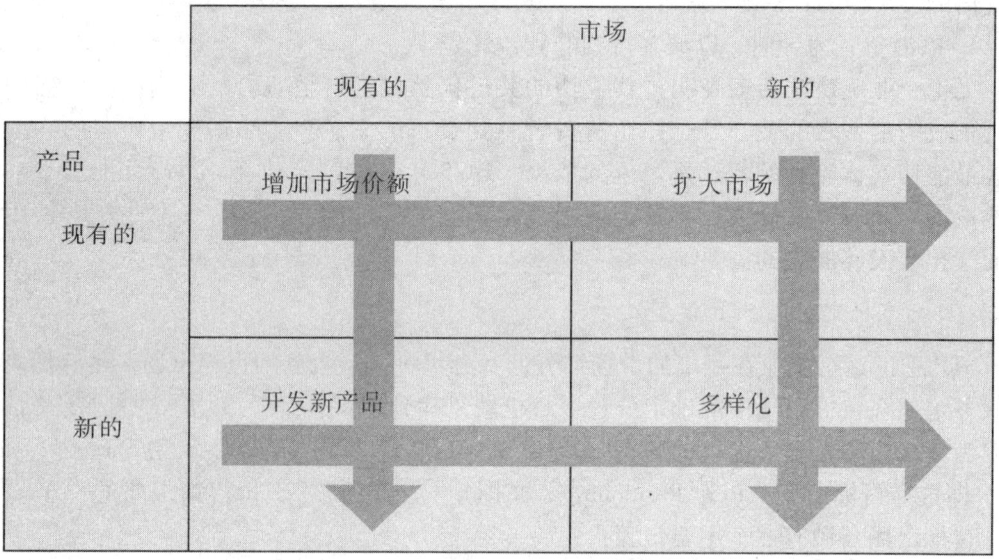

图 4. 1　产品与市场组合矩阵

（1）现有的产品到现有的市场需要向客观市场渗透。通过把重点放在现有客户和现有产品上，公司可以获得较高的市场份额。提高效益和减少成本显得十分重要。生产部门的职能对公司的成功变得至关重要。

（2）现有的产品到新的市场需要市场开发。通过把重点放在新客户而不是现有产品上，公司可以扩大其现有的市场。由于市场营销职能对公司的成功起着十分重要的作用，所以必须发现和培育新的客户。

（3）新的产品进入现有市场是产品开发。如果要把重点放在新产品而不是现有客户上，公司就必须强调产品开发。与现有客户的联系将得到进一步的加强，而产品开发部门的职能对公司的成功变得必不可少。

（4）全新的产品进入全新的市场，是多种经营或多元化。多样化战略也许要求最为苛刻。由于该战略的基础既不是现有的客户也不是现有的产品，公司基本上是在冒险闯入一个未知的领域。它必须拥有优质的产品、透彻的市场研究以及甘愿承担风险的企业领导人。

三、市场竞争战略

（一）市场竞争战略分类

企业欲想在当前日趋激烈的市场竞争中立于不败之地，重要的就是要对其营销策略做出科学的抉择。市场营销竞争战略一般分为三种：成本领先战略、差异化战略、聚焦战略。如图 4. 2 所示。

		战略优势	
		产品优势	成本优势
战略目标	整个行业	产品差异竞争战略	成本领先竞争战略
	特定行业	目标集中竞争战略	

图 4. 2　市场竞争战略

成本领先战略指企业努力减少生产及分销成本，使价格低于竞争者的产品价格，以提高市场占有率。靠低成本提高企业的利润率，从而提高企业的总体利润和总的投资回报率。这样的考虑，目标只有两个：适应低价竞争，建立持久的成本优势。而低成本运营的关键是比竞争对手获得更低的成本，这就需要找到降低运营成本的途径。如西南航空公司在航线运输上、沃尔玛在批发和零售方面就找到了低成本的渠道。

差异化战略指企业努力发展差异性大的产品线和营销项目，以成为同行业中的领先者。该战略就是为顾客提供与众不同的产品和服务，以满足顾客的特殊需求而形成竞争优势。具体而言：一是产品的差异化选择。通过质量、创新、顾客的心理需求等来实现高程度的产品差异化，如时装、电子产品、家电产品、轿车等。二是通过众多的利己市场形成特殊的差异化，如高档时装、高档奔驰就只做一小块市场。三是通过研发和市场营销上的特殊能力获得竞争优势。差异化战略形成的忠实的品牌顾客将为企业带来巨大的利润。

聚焦战略指企业致力于为某几个细分市场，而不是将力量均匀地投入整个市场。

也就是把经营的重点放在一个特定的目标市场，为特定地区、特定购买群体提供特殊的产品和服务。

企业要对上述三种营销策略择其优者而用之，且用得恰到好处，使其收到预期的成效，通常应考虑以下因素：

（1）企业的资源能力

当企业资源能力有限，无法占领比较大的市场时，唯一比较切实可行的选择就是采用集中营销策略，即针对一部分特定消费者的需求，进行专业化生产，将力量集中在一个或少数几个目标市场，以在小市场中取得较大的市场份额。

（2）产品的同质性

产品的同质性是购买者对产品特征的感觉相似的程度。若企业投放市场的是同质的或相似的产品，如汽油、食盐等，那就采取无差异营销策略，以通过大批量生产订单、大量营销来迎合市场上大多数人的需求，从中赢得利润。

（3）市场的同质性

市场的同质性，即各细分市场中的消费者的需求、偏好、消费习惯、购买行为及各种特征相似的程度。若市场同质性较高，各市场购买的数量相同或相似，对营销刺激的反应也大致相同，则最好采用无差异营销策略。

（4）产品在生命周期中所处的阶段

产品生命周期，是指产品从投放市场起到退出市场的全过程。它一般分为投入期、成长期、饱和期、衰退期。当企业推出的一种新产品处于导入期时，广告宣传应针对消费者对该产品一无所知的状况，大造声势，偏重于介绍其产品的基本性能、用途、特点等，以逐步消除消费者对产品的陌生感，并不断加深消费者对产品的良好印象，所以应采用无差异营销策略，或者全力以赴投入某目标市场，采用集中营销策略。当产品进入成长期时，广告宣传的重点就要转移到诱导消费者对产品的兴趣和偏好上来，以激发消费者的购买欲望，并进而变为购买行动。而当产品进入成熟期，鉴于产品已在消费者中享有一定的声誉，加之市场上已有不少同类产品参与竞争，因此，为使消费者不“喜新厌旧”，对其产品仍有一种“怀念感”，企业应在广告宣传中突出宣传该产品的独到之处，即与同类产品相比有“差别性优势”，运用差异营销策略，使消费者通过比较，对该产品仍有信赖感，以激发其购买欲，使其生命周期得以延长。

（5）竞争者的营销策略

当竞争对手使用差异营销时，本企业仍使用无差异营销策略则势必败北；若竞争对手采用无差异营销策略时，如果某些其他因素对自己有利，则可采用差异营销策略与之竞争。

（6）竞争者的数目

若市场上的竞争对手寥寥无几或企业推出的产品不愁销路，就不必采用成本较高的差异营销策略。反之，当市场上同类产品的竞争对手众多时，企业为突出其产品与同类产品所存在的差异性，强化购买者对该产品的印象，使不同的消费者对本企业产品“一见钟情”，以扩大其市场覆盖面，自然差异营销策略为上策。

总之，企业在选择目标市场营销策略时，必须根据主客观条件进行通盘考虑，权衡利弊，做出明智的选择。

（二）市场竞争策略的操作方式

市场竞争策略在操作上有：竞争者导向、顾客导向。

竞争者导向，指公司以竞争者为中心，根据竞争者的行动和反应来采取行动。公司将其大部分时间用于追踪竞争者的行动、市场占有率，试图找出对策来反击。

竞争者导向的优点是随时保持警觉，可以找出自己的弱点和竞争者的弱点。但有时也会导致公司反应过度。以竞争者导向为市场竞争策略的公司的行动以竞争者的行动为根据，而非实施自己一贯的顾客导向策略。结果由于过度依赖竞争者，公司并没有根据计划好的路线行动来走向目的地，而且往往不知道将止于何处。

顾客导向即以顾客为中心，具体指公司在制定营销计划时更着重发展顾客。以顾客为中心的公司更容易确认新的市场营销机会，并且能制定具有长期意义的策略。通过观察顾客需求，可以决定什么样的顾客群体以及什么样的紧急需求最值得服务，最值得设置公司目标，投入公司的资源。

与竞争者导向相比，顾客导向的公司所实施的任何战略，所作出的任何反应均是以顾客的行为为根据的，这样的做法具有现实性，而且公司的行为和结果之间往往存在着直接的联系，是有目的的行为方式。从现实的需求出发，努力满足顾客的需求，这是公司的首要任务，当然，完成任务之后也能收到预期的效果。

但是，顾客导向也有其自身的不足，如：只考虑顾客，而不顾现实环境，所作出的行为不适应环境，终将被环境所淘汰，现实的竞争环境说明，只有好好利用环境，才能在环境中生存下去。竞争使公司不断创新，不断进取。

四、产品组合战略与波士顿矩阵

一般来说，企业都会有一个或几个经营业务或产品，如何对这些业务或产品进行投资组合分析是企业管理者在制定战略时要重点考虑的问题。

（一）波士顿矩阵

投资组合分析法中最常用的方法是波士顿矩阵，它是美国波士顿咨询公司（BCG）在1960年提出的一种产品结构分析方法。

波士顿矩阵，又名BCG矩阵、波士顿咨询集团法、四象限分析法等，它是通过对企业产品市场增长率、相对市场份额的分析，明确产品在企业中的地位，以不断调整企业产品营销策略，并对企业有限的资源进行有效地分配，使企业产品结构合理化，以保证企业收益最大化。如图4.3所示。

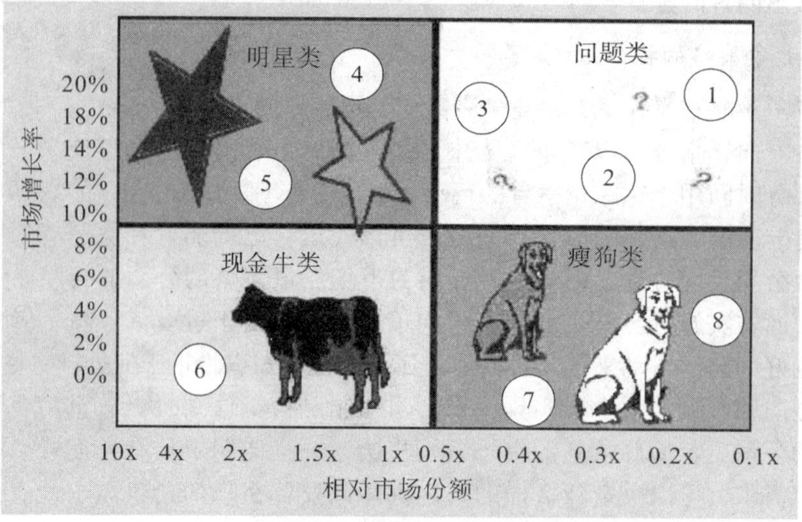

图 4.3 波士顿矩阵

在图 4.3 中，矩阵的横轴表示市场占有率，即企业在行业中的相对市场份额地位，是指企业某项业务的市场份额与这个市场中最大的竞争对手的市场份额的比率。相对市场份额的分界线是 1.0 ~ 1.5，划分出高低两个区域。某项产品或业务的相对市场份额多，表示其竞争地位强，在市场中处于领先地位；反之，则表示其竞争地位弱，在市场中处于从属地位。

纵轴表示销售增长率，即市场增长率，是指企业所在的行业的某项业务最近两年的市场销售额增长的百分比。这一增长率表示每一经营业务所在市场的相对吸引力。在分析中，通常用 10% 的增长率作为增长高低的界限。最近两年平均增长率超过 10% 的为高增长业务，低于 10% 的为低增长业务。

波士顿矩阵将企业所有产品从销售增长率和市场占有率角度进行再组合，将坐标图划分为四个象限，依次为“明星（★）”、“现金牛（￥）”、“问题（?）”、“瘦狗（×）”。

1. 高增长/强竞争地位的“明星”产品（stars）

它是指处于高增长率、高市场占有率象限内的产品群。这类产品处于迅速增长的市场，具有很大的市场份额。在企业的全部产品中，“明星”产品在增长和盈利上有着极好的长期机会，但它们是企业资源的主要消费者，这种产品需要加大投资，积极扩大经济规模和市场机会，以长远利益为目标，提高市场占有率，加强竞争地位。

2. 低增长/强竞争地位的“现金牛”产品（cash cow）

它是指处于低增长率、高市场占有率象限内的产品群，已进入成熟期。其特点是销售量大，产品利润率高、负债比率低，对于这种产品，可以采取降低投资，采用榨油式方法获取短期利润最大化，对于这一象限内的销售增长率仍有所增长的产品，应进一步进行市场细分，维持现存市场增长率或延缓其下降速度。对于现金牛产品，适合于用事业部制进行管理，其经营者最好是市场营销型人物。

3. 高增长/低竞争地位的“问号”产品（question marks）

它是处于高增长率、低市场占有率象限内的产品群。前者说明市场机会大，前景好，而后者则说明在市场营销上存在问题。其特点是利润率较低，所需资金不足，负债比率高。例如在产品生命周期中处于引进期、因种种原因未能开拓市场局面的新产品即属此类问题的产品。对问题产品应采取选择性投资战略。即首先确定对该象限中哪些产品经过改进可能会使其成为明星类产品，并对其进行重点投资，提高市场占有率，使之转变成“明星产品”；对其他将来有希望成为明星类的产品则在一段时期内采取扶持的对策。因此，对问题产品的改进与扶持方案一般均列入企业长期计划中。

4. 低增长/弱竞争地位的“瘦狗”产品（dogs）

此类产品也称衰退类产品。它是处在低增长率、低市场占有率象限内的产品群。其特点是利润率低、处于保本或亏损状态，负债比率高，无法为企业带来收益。对这类产品应采用撤退战略：首先，应减少批量，逐渐撤退，对那些销售增长率和市场占有率均极低的产品应立即淘汰；其次，是将剩余资源向其他产品转移；最后，整顿产品系列，最好将瘦狗产品与其他事业部合并，统一管理。

波士顿矩阵分析的目的在于帮助企业确定自己的总体战略。在总体战略的选择上，波士顿矩阵有两点重要的贡献：

（1）该矩阵指出了每个经营业务在竞争中的市场地位，使企业了解了它的作用或任务，从而有选择的和集中的运用企业的优先资金。例如，企业要把现金牛业务作为重要的资金来源，并放在优先的位置上；同样，企业可以考虑把资金集中在未来有希望的明星业务上；并根据情况，有选择的抛弃“瘦狗”业务和无希望的“问题”业务。如果企业对经营业务不加区分，采取一刀切的办法，规定同样的目标，按相同的比例分配资金，配备相同数量的机器和人员等，结果往往是对“现金牛”和“瘦狗”投入了太多的资金，而对明星和问题业务投资不足。这样的企业难以获得长期的发展。

（2）波士顿矩阵将企业内不同经营领域的业务综合到一个矩阵中，具有简单明了的效果。在其他战略没有发生变化的前提下企业可以通过波士顿矩阵判断自己各经营业务的机会和威胁，优势和劣势，判断当前的主要战略问题和企业未来的竞争地位。比较理想的投资组合使企业有较多的明星和现金牛业务，少数的问题业务和极少的瘦狗业务。

（二）波士顿矩阵局限性及建议

在把波士顿矩阵作为一种分析方法时，一定要注意到它的局限性。

在实践中，企业要确定各业务的市场增长率和相对市场份额是困难的。有时，数据会与现实不符。

波士顿矩阵按照市场增长率和相对市场份额，把企业的市场业务分为四种类型，相对来说，有些过于简单。实际上，市场中还存在着很难确切归入某象限中的业务。

波士顿矩阵中市场地位和获利之间的关系会因行业或细分市场的不同而发生变化。在有些行业里，企业的市场份额大，会在单位成本上形成优势；而有些行业则不然，过于庞大的市场份额可能会导致企业的成本增加。实际上，市场占有率小的企业，如果采用创新和产品差异化策略，仍然能获得很高的利润。

企业要对自己的一系列经营业务进行战略评价，仅仅依靠市场增长率和相对市场份额是不够的，还需要其他指标。

波士顿矩阵假设公司的业务发展依靠的是内部融资，而没有考虑外部融资。举债等方式筹措资金并不在波士顿矩阵的考虑之中。

波士顿矩阵假设这些业务是独立的，但是许多公司的业务是紧密联系在一起的。比如，如果金牛类业务和瘦狗类业务是互补的业务组合，如果放弃瘦狗类业务，那么金牛类业务也会受到影响。

波士顿矩阵注重单一产品的效益最大化，没有更多的关注企业整体效益，而且在产品策略调整中，假设企业是完全控制的，没有考虑其他企业是否能接受本企业的一些策略：比如当放弃双低的瘦狗产品，有谁会愿意接手呢？

规模不是形成竞争优势的充分条件，波士顿矩阵的前提假设是“成本领先战略”，当企业在各项业务上都准备采用成本领先战略时，可以考虑采用波士顿矩阵，但是如果企业准备在某些业务上采用差异化战略，那么就不能采用波士顿矩阵了。规模的确能降低一定的成本，但那是在成熟的市场运作环境中成立，比如在我国物流和营销模式并不发达的情况下，往往做好物流和营销模式创新可以比生产降低更多的成本。

五、新产品开发战略与产品生命周期

作为生产企业，必须根据市场需求的变化，不断评估现有产品的获利能力，以推陈出新，以保证企业持续、稳定的发展。新产品的开发是企业发展的生命线，是企业持续保持竞争优势、实现利润最大化的关键。

那如何制定新产品开发战略，如何开发新产品，使企业能够更好的维护现有产品的优势？产品生命周期理论可以帮助我们解决这个问题。

产品生命周期是指产品从投入市场到推出市场所经历的全部时间。整个分为投入期（包括产品开发期、引进期）、成长期、成熟期和衰退期。在不同时期，企业的销售额、利润、竞争条件等会发生不断的变化，在产品的各个不同时期，企业需要采取不同的市场营销、财务和生产等战略。如图 4. 4 所示。

1. 投入期（包括产品开发期、引进期）

从开发产品的设想、产品制造成功到新产品新上市，此期间该产品销售额从零起步，销售缓慢，公司投资不断增加。由于引进产品的费用太高，初期通常利润偏低或为负数，但此时没有或只有极少的竞争者。为了刺激新产品销售，扩大市场份额，企业可采取利用现有产品的品牌优势带动销售以及大规模的促销吸引顾客。

2. 成长期

产品经过一段时间已有相当知名度，销售快速增长，利润也显著增加。但由于市场及利润成长较快，容易吸引更多的竞争者。此时，企业可以采用降价、开发新市场、建立企业竞争优势等策略。

3. 成熟期

此时市场成长趋势减缓或饱和，产品已被大多数潜在购买者所接受，利润在达到

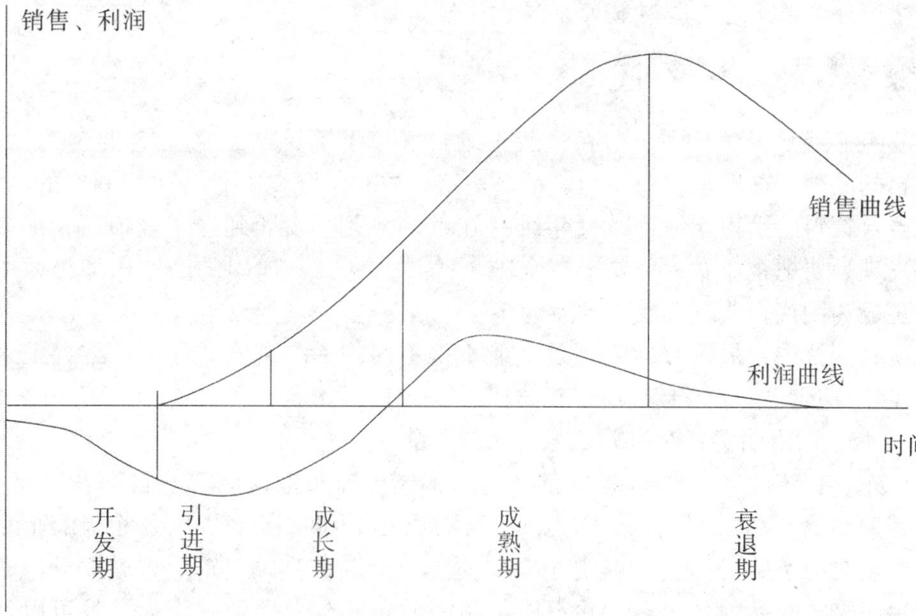

图 4.4　产品生命周期

顶点后逐渐走下坡路。此时市场竞争激烈，公司为保持产品地位需投入大量的营销费用。企业可采取以下策略与对手竞争：对产品重新定位、增加产品的功能和用途；开发新产品；扩大产品的销售渠道，以不断满足不同消费层次的需求。

4. 衰退期

这期间产品销售量显著衰退，利润也大幅度滑落。优胜劣汰，市场竞争者也越来越少。此时，企业可采取维持现有市场份额、逐步推出市场、抢占竞争者市场等策略。

但是，需要注意的是，该理论仅适用于一般产品的生命周期的描述，不适用于风格型、时尚型、热潮型和扇贝型产品的生命周期的描述。

第三节　经典案例——红罐王老吉品牌定位战略

凉茶是广东、广西地区的一种由中草药熬制，具有清热去湿等功效的“药茶”。在众多老字号凉茶中，又以王老吉凉茶最为著名。王老吉凉茶发明于清道光年间，至今已有 175 年，被公认为凉茶始祖，有“药茶王”之称。到了近代，王老吉凉茶更随着华人的足迹遍及世界各地。

20 世纪 50 年代初由于政治原因，王老吉凉茶铺分成两支：一支完成公有化改造，发展为今天的王老吉药业股份有限公司，生产王老吉凉茶颗粒（国药准字）；另一支由王氏家族的后人带到香港。在中国内地，王老吉的品牌归王老吉药业股份有限公司所有；在中国内地以外的国家和地区，王老吉品牌为王氏后人所注册。加多宝是位于东莞的一家港资公司，经王老吉药业特许，由香港王氏后人提供配方，该公司在中国内地独家生产、经营王老吉牌罐装凉茶（食字号）。

一、背景

2002年以前，从表面看，红色罐装王老吉（以下简称“红罐王老吉”）是一个活得很不错的品牌，在广东、浙南地区销量稳定，盈利状况良好，有比较固定的消费群，红罐王老吉饮料的销售业绩连续几年维持在1亿多元。发展到这个规模后，加多宝的管理层发现，要把企业做大，要走向全国，就必须克服一连串的问题，甚至原本的一些优势也成为困扰企业继续成长的障碍。

而所有困扰中，最核心的问题是企业不得不面临一个现实难题——红罐王老吉当“凉茶”卖，还是当“饮料”卖？

1. 广东、浙南消费者对红罐王老吉认知混乱

在广东，传统凉茶（如颗粒冲剂、自家煲制、凉茶铺煲制等）因下火功效显著，消费者普遍当成“药”服用，无需也不能经常饮用。而“王老吉”这个具有上百年历史的品牌就是凉茶的代称，可谓说起凉茶就想到王老吉，说起王老吉就想到凉茶。因此，红罐王老吉受品牌名所累，并不能很顺利地让广东人接受它作为一种可以经常饮用的饮料，销量大大受限。

加多宝生产的红罐王老吉配方源自香港王氏后人，是经国家审核批准的食字号产品，其气味、颜色、包装都与广东消费者观念中的传统凉茶有很大区别，而且口感偏甜，按中国“良药苦口”的传统观念，消费者自然感觉其“降火”药力不足，当产生“下火”需求时，不如到凉茶铺购买，或自家煎煮。所以对消费者来说，在最讲究“功效”的凉茶中，它也不是一个好的选择。

在广东区域，红罐王老吉拥有凉茶始祖王老吉的品牌，却长着一副饮料化的面孔，让消费者觉得“它好像是凉茶，又好像是饮料”，陷入认知混乱之中。

而在加多宝的另一个主要销售区域浙南，主要是温州、台州、丽水三地，消费者将“红罐王老吉”与康师傅茶、旺仔牛奶等饮料相提并论，没有不适合长期饮用的禁忌。加之当地在外华人众多，经他们的引导带动，红罐王老吉很快成为当地最畅销的产品。企业担心，红罐王老吉可能会成为来去匆匆的时尚，如同当年在浙南红极一时的椰树椰汁，很快又被新的时髦产品替代，一夜之间在大街小巷上消失的干干净净。

面对消费者这些混乱的认知，企业急需通过广告提供一个强势的引导，明确红罐王老吉的核心价值，并与竞争对手区别开来。

2. 红罐王老吉无法走出广东、浙南

在两广以外，人们并没有凉茶的概念，甚至在调查中频频出现“凉茶就是凉白开”、“我们不喝凉的茶水，泡热茶”这些看法。教育凉茶概念显然费用惊人。而且，内地的消费者“降火”的需求已经被填补，他们大多是通过服用牛黄解毒片之类的药物来解决。

做凉茶困难重重，做饮料同样危机四伏。如果放眼整个饮料行业，以可口可乐、百事可乐为代表的碳酸饮料，以康师傅、统一为代表的茶饮料、果汁饮料更是处在难以撼动的市场领先地位。

而且，红罐王老吉以“金银花、甘草、菊花等”草本植物熬制，有淡淡的中药味，对口味至上的饮料而言，的确存在不小的障碍，加之红罐王老吉3.5元的零售价，如果加多宝不能使红罐王老吉和竞争对手区分开来，它就永远走不出饮料行业“列强”的阴影。这就使红罐王老吉面临一个极为尴尬的境地：既不能固守两地，也无法在全国范围推广。

3. 推广概念模糊

如果用“凉茶”概念来推广，加多宝公司担心其销量将受到限制，但作为“饮料”推广又没有找到合适的区隔，因此，在广告宣传上不得不模棱两可。很多人都见过这样一条广告：一个非常可爱的小男孩为了打开冰箱拿一罐王老吉，用屁股不断蹭冰箱门。广告语是“健康家庭，永远相伴”。显然这个广告并不能够体现红罐王老吉的独特价值。

在红罐王老吉前几年的推广中，消费者不知道为什么要买它，企业也不知道怎么去卖它。在这样的状态下红罐王老吉居然还平平安安地度过了好几年。出现这种现象，外在的原因是中国市场还不成熟，存在着许多市场空白；内在的原因是这个产品本身具有一种不可替代性，刚好能够填补这个位置。在中国，容许这样一批中小企业糊里糊涂地赚得盆满钵满。但在发展到一定规模之后，企业要想做大，就必须搞清楚一个问题：消费者为什么买我的产品？

二、重新定位

2002年年底，加多宝找到成美营销顾问公司（以下简称“成美”），初衷是想为红罐王老吉拍一条以赞助奥运会为主题的广告片，要以“体育、健康”的口号来进行宣传，以期推动销售。

成美经初步研究后发现，红罐王老吉的销售问题不是通过简单的拍广告可以解决的——这种问题目前在中国企业中特别典型：一遇到销量受阻，最常采取的措施就是对广告片动手术，要么改得面目全非，要么赶快搞出一条“大创意”的新广告——红罐王老吉销售问题首要解决的是品牌定位。

红罐王老吉虽然销售了7年，其品牌却从未经过系统、严谨的定位，企业都无法回答红罐王老吉究竟是什么，消费者就更不用说了，完全不清楚为什么要买它——这是红罐王老吉缺乏品牌定位所致。这个根本问题不解决，拍什么样“有创意”的广告片都无济于事。正如广告大师大卫·奥格威所说：一个广告运动的效果更多的是取决于你产品的定位，而不是你怎样写广告（创意）。经一轮深入沟通后，加多宝公司最后接受了建议，决定暂停拍广告片，委托成美先对红罐王老吉进行品牌定位。

按常规做法，品牌的建立都是以消费者需求为基础展开，因而大家的结论与做法亦大同小异，所以仅仅符合消费者的需求并不能让红罐王老吉形成差异。而品牌定位的制定，是在满足消费者需求的基础上，通过了解消费者认知，提出与竞争者不同的主张。

又因为消费者的认知几乎不可改变，所以品牌定位只能顺应消费者的认知而不能与之冲突。如果人们心目中对红罐王老吉有了明确的看法，最好不要去尝试冒犯或挑战。就像消费者认为茅台不可能是一个好的“啤酒”一样。所以，红罐王老吉的品牌定位不能与广东、浙南消费者的现有认知发生冲突，这样才可能稳定现有销量，为企业创造生存以及扩张的机会。

为了了解消费者的认知，成美的研究人员一方面研究红罐王老吉、竞争者传播的信息，另一方面，与加多宝内部、经销商、零售商进行大量访谈，完成上述工作后，聘请市场调查公司对王老吉现有用户进行调查。以此基础，研究人员进行综合分析，厘清红罐王老吉在消费者心中的位置——即在哪个细分市场中参与竞争。

在研究中发现，广东的消费者饮用红罐王老吉主要在烧烤、登山等场合。其原因不外乎“吃烧烤容易上火，喝一罐先预防一下”、“可能会上火，但这时候没有必要吃牛黄解毒片”。

而在浙南，饮用场合主要集中在“外出就餐、聚会、家庭”。在对当地饮食文化的了解过程中，研究人员发现：该地区消费者对于“上火”的担忧比广东有过之而无不及，如消费者座谈会桌上的话梅蜜饯、可口可乐都被说成了“会上火”的危险品而无人问津。（后面的跟进研究也证实了这一点，发现可乐在温州等地销售始终低落，最后“两乐”几乎放弃了该市场，一般都不进行广告投放。）而他们对红罐王老吉的评价是“不会上火”，“健康，小孩老人都能喝，不会引起上火”。这些观念可能并没有科学依据，但这就是浙南消费者的观念，这是研究需要关注的“唯一的事实”。

消费者的这些认知和购买消费行为均表明，消费者对红罐王老吉并无“治疗”要求，而是作为一个功能饮料购买，购买红罐王老吉的真实动机是用于“预防上火”，如希望在品尝烧烤时减少上火情况发生等，真正上火以后可能会采用药物，如牛黄解毒片、传统凉茶类治疗。

再进一步研究消费者对竞争对手的看法，则发现红罐王老吉的直接竞争对手，如菊花茶、清凉茶等由于缺乏品牌推广，仅仅是低价渗透市场，并未占据“预防上火的饮料”的定位。而可乐、茶饮料、果汁饮料、水等明显不具备“预防上火”的功能，仅仅是间接的竞争。

同时，任何一个品牌定位的成立，都必须是该品牌最有能力占据的，即有据可依。如可口可乐说“正宗的可乐”，是因为它就是可乐的发明者，研究人员对于企业、产品自身在消费者心中的认知进行了研究 ，结果表明，红罐王老吉的“凉茶始祖”身份、神秘中草药配方、175 年的历史等，显然是有能力占据“预防上火的饮料”这一定位。

由于“预防上火”是消费者购买红罐王老吉的真实动机，自然有利于巩固加强原有市场。而能否满足企业对于新定位“进军全国市场”的期望，则成为研究的下一步工作。通过二手资料、专家访谈等研究表明，中国几千年的中医概念“清热祛火”在全国广为普及，“上火”的概念也在各地深入人心，这就使红罐王老吉突破了凉茶概念的地域局限。研究人员认为：“做好了这个宣传概念的转移，只要有中国人的地方，红罐王老吉就能活下去。”

至此，品牌定位的研究基本完成。在研究一个多月后，成美向加多宝提交了品牌定位研究报告，首先明确红罐王老吉是在“饮料”行业中竞争，竞争对手应是其他饮料；其品牌定位——“预防上火的饮料”，独特的价值在于——喝红罐王老吉能预防上火，让消费者无忧地尽情享受生活：吃煎炸、香辣美食，烧烤，通宵达旦看足球，等等。这样定位红罐王老吉，是从现实格局通盘考虑，主要益处有四：

（1）利于红罐王老吉走出广东、浙南。由于“上火”是一个全国普遍性的中医概念，而不再像“凉茶”那样局限于两广地区，这就为红罐王老吉走向全国彻底扫除了障碍。

（2）避免红罐王老吉与国内外饮料巨头直接竞争，形成独特区域。

（3）成功地将红罐王老吉产品的劣势转化为优势。淡淡的中药味，成功转变为“预防上火”的有力支撑；3.5元的零售价格，因为“预防上火”的功能，不再“高不可攀”；“王老吉”的品牌名、悠久的历史，成为预防上火“正宗”的有力的支撑。

（4）利于加多宝企业与国内王老吉药业合作。

正由于加多宝的红罐王老吉定位在功能饮料，区别于王老吉药业的“药品”，因此能更好促成两家合作共建“王老吉”品牌。两家企业共同出资拍摄一部讲述王老吉凉茶创始人行医的电视连续剧《岭南药侠》。

成美在提交的报告中还提出，由于在消费者的认知中，饮食是上火的一个重要原因，特别是“辛辣”、“煎炸”饮食，因此建议在维护原有的销售渠道的基础上，加大力度开拓餐饮渠道，在一批酒楼打造旗舰店的形象。重点选择在湘菜馆、川菜馆、火锅店、烧烤场等。

凭借在饮料市场丰富经验和敏锐的市场直觉，加多宝董事长陈鸿道当场拍板，全部接受该报告的建议，决定立即根据品牌定位对红罐王老吉展开全面推广。

“开创新品类”永远是品牌定位的首选。一个品牌如若能够将自己定位为与强势对手所不同的选择，其广告只要传达出新品类信息就行了，而效果往往是惊人的。红罐王老吉作为第一个预防上火的饮料推向市场，使人们通过它知道和接受了这种新饮料，最终红罐王老吉就会成为预防上火的饮料的代表，随着品类的成长，自然拥有最大的收益。

确立了红罐王老吉的品牌定位，就明确了营销推广的方向，也确立了广告的标准，所有的传播活动就都有了评估的标准，所有的营销努力都将遵循这一标准，从而确保每一次的推广，在促进销售的同时，都对品牌价值（定位）进行积累。

这时候才可以开始广告创意，拍广告片。

三、品牌定位的推广

明确了品牌要在消费者心中占据什么位置，接下来的重要工作，就是要推广品牌，让它真正地进入人心，让大家都知道品牌的定位，从而持久、有力地影响消费者的购买决策。

紧接着，成美为红罐王老吉确定了推广主题“怕上火，喝王老吉”，在传播上尽量凸现红罐王老吉作为饮料的性质。在第一阶段的广告宣传中，红罐王老吉都以轻松、欢快、健康的形象出现，避免出现对症下药式的负面诉求，从而把红罐王老吉和“传统凉茶”区分开来。

为更好地唤起消费者的需求，电视广告选用了消费者认为日常生活中最易上火的五个场景（如图4.5）：吃火锅、通宵看球、吃油炸食品薯条、烧烤和夏日阳光浴，画面中人们在开心享受上述活动的同时，纷纷畅饮红罐王老吉。结合时尚、动感十足的广告歌反复吟唱“不用害怕什么，尽情享受生活，怕上火，喝王老吉”，促使消费者在吃火锅、烧烤时，自然联想到红罐王老吉，从而促成购买。

图4.5　红罐王老吉的影视广告

红罐王老吉的电视媒体选择主要锁定覆盖全国的中央电视台，并结合原有销售区域（广东、浙南）的强势地方媒体，在2003年短短几个月，一举投入4000多万元广告费，销量立竿见影，得到迅速提升。同年11月，企业乘胜追击，再斥巨资购买了中央电视台2004年黄金广告时段。正是这种疾风暴雨式的投放方式保证了红罐王老吉在短期内迅速进入人们的头脑，给人们一个深刻的印象，并迅速红遍全国大江南北。

2003年初，企业用于红罐王老吉推广的总预算仅1000万元，这是根据2002年的实际销量来划拨的。红罐王老吉当时的销售主要集中在深圳、东莞和浙南这三个区域，因此投放量相对充足。随着定位广告的第一轮投放，销量迅速上升，给企业极大的信心，于是不断追加推广费用，滚动发展。到2003年底，仅广告投放累计超过4000万元（不包括购买2004年中央台广告时段的费用），年销量达到了6亿元——这种量力而行、滚动发展的模式非常适合国内许多志在全国市场，但力量暂时不足的企业。

图 4.6　红罐王老吉的户外广告

在地面推广上，除了强调传统渠道的 POP 广告外，还配合餐饮新渠道的开拓，为餐饮渠道设计布置了大量终端物料，如设计制作了电子显示屏（如图 4.6）、灯笼等餐饮场所乐于接受的实用物品，免费赠送。在传播内容选择上，充分考虑终端广告应直接刺激消费者的购买欲望，将产品包装作为主要视觉元素，集中宣传一个信息："怕上火，喝王老吉饮料。"餐饮场所的现场提示，最有效地配合了电视广告。正是这种针对性的推广，消费者对红罐王老吉"是什么"、"有什么用"有了更强、更直观的认知。目前餐饮渠道业已成为红罐王老吉的重要销售传播渠道之一（如图 4.7）。

图 4.7　红罐王老吉在餐饮业的广告

在频频的消费者促销活动中，同样是围绕着"怕上火，喝王老吉"这一主题进行（如图 4.8）。如在一次促销活动中，加多宝公司举行了"炎夏消暑王老吉，绿水青山任我行”刮刮卡活动。消费者刮中“炎夏消暑王老吉”字样，可获得当地避暑胜地门票两张，并可在当地度假村免费住宿两天。这样的促销，既达到了即时促销的目的，又有力地巩固了红罐王老吉“预防上火的饮料”的品牌定位。

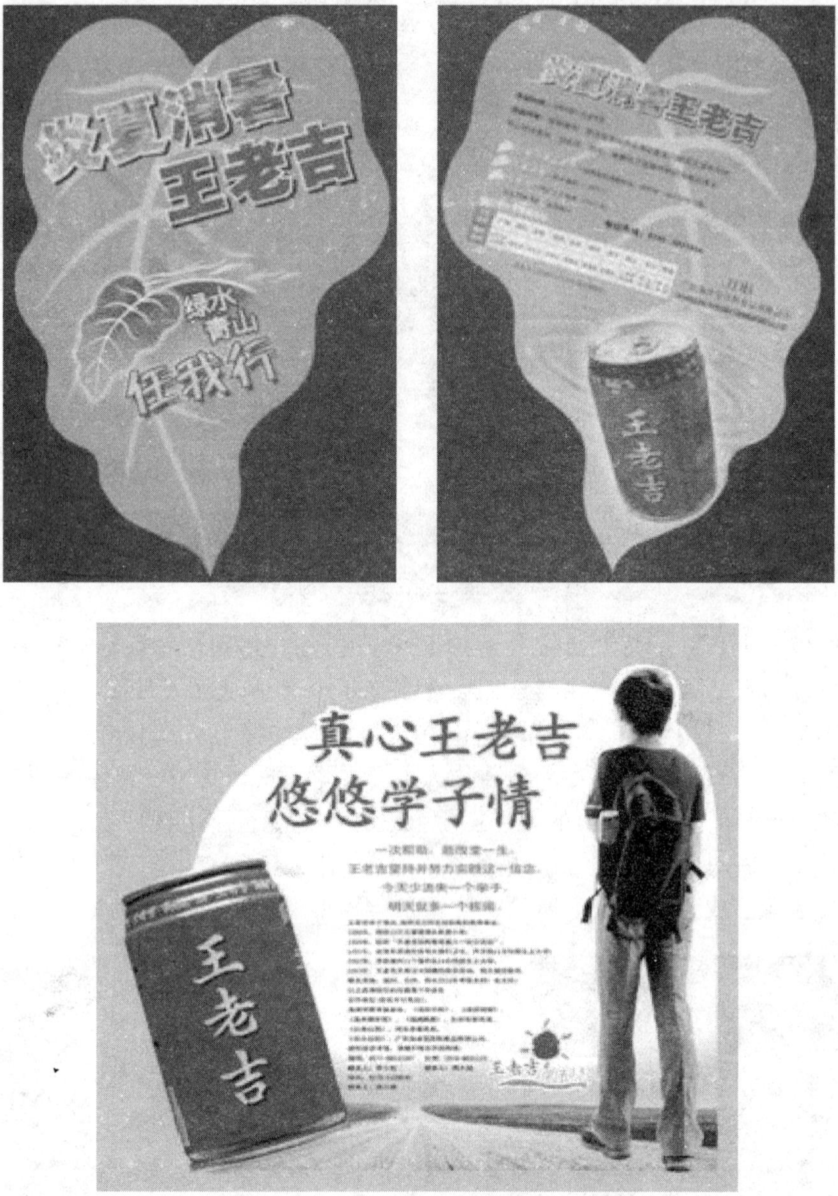

图4.8 王老吉温州“学子情”活动

同时，在针对中间商的促销活动中，加多宝除了继续巩固传统渠道的“加多宝销售精英俱乐部”外，还充分考虑了如何加强餐饮渠道的开拓与控制，推行“火锅店铺市”与“合作酒店”的计划，选择主要的火锅店、酒楼作为“王老吉诚意合作店”，投入资金与他们共同进行节假日的促销活动。由于给商家提供了实惠的利益，因此红罐王老吉迅速进入餐饮渠道，成为主要推荐饮品。

图 4.9　红罐王老吉的广告物料

这种大张旗鼓、诉求直观明确“怕上火，喝王老吉”的广告运动，直击消费者需求，及时迅速地拉动了销售；同时，随着品牌推广的进行，消费者的认知不断加强，逐渐为品牌建立起独特而长远的定位——真正建立起品牌。

四、推广效果

红罐王老吉成功的品牌定位和传播，给这个有 175 年历史的、带有浓厚岭南特色的产品带来了巨大的效益：2003 年红罐王老吉的销售额比去年同期增长了近 4 倍，由 2002 年的 1 亿多元猛增至 6 亿元，并以迅雷不及掩耳之势冲出广东；2004 年，尽管企业不断扩大产能，但仍供不应求，订单如雪片般纷至沓来，全年销量突破 10 亿元，以后几年持续高速增长，2008 年销量突破 100 亿元大关。

五、结语

红罐王老吉能取得巨大成功，总结起来，以下几个方面是加多宝公司成功的关键所在：

（1）为红罐王老吉品牌准确定位；

（2）广告对品牌定位传播到位，这主要有两点：广告表达准确；投放量足够，确保品牌定位进入消费者心中。

（3）企业决策人准确的判断力和果敢的决策力；

（4）优秀的执行力，渠道控制力强；

（5）量力而行，滚动发展，在区域内确保市场推广力度处于相对优势地位。

六、王老吉相关数据

（1）王老吉饮料历年销量

2002 年　1.8 亿元

2003 年　6 亿元

2004 年　14.3 亿元

2005 年　25 亿元（含盒装）

2006 年　近 40 亿元（含盒装）

2007 年　近 90 亿元（含盒装）

2008 年　近 120 亿元（含盒装）

（2）加多宝公司历年建厂的投资

1995 年，加多宝公司成立，在广东东莞长安镇投资建厂，一期投资金额 2000 万美元。

1999 年，在广东东莞长安镇投资扩建二期，投资金额 3000 万美元。

2003 年，在北京经济技术开发区投资建厂，投资金额 3000 万美元。

2004 年，在浙江绍兴袍江工业区投资建厂，投资金额 2500 万美元。

2005 年，在福建石狮市祥艺镇投资建厂，投资金额 3000 万美元。

2006 年，在广东南沙开发区投资建厂，投资金额 1 亿美元。

2007 年，在浙江杭州下沙经济开发区投资建厂，投资金额约 2500 万美元。在湖北武汉经济技术开发区投资建厂，投资金额 9980 万美元。

思考与练习

1. 本年度模拟企业的产品获利能力

目前产品的分类

____

产品生命周期分析

____

2. 谈谈本年度模拟企业的产品市场战略，为什么这样制定？

产品市场战略

	现有市场	新市场
现有产品		
新产品		

增加市场份额

____

____

产品开发

____

____

扩大现有市场

____

____

多样化

____

____

第五章　生产管理

第一节　生产管理的陷阱

一、采购陷阱

当一个公司管理层根据市场需求决定要生产一种产品的时候，就应该对市场的需求做出一个准确度较高的预测，以便公司能够根据它来采购原材料，做出正确的生产计划。

当对市场需求估计错误时，公司就会在订购原材料时出现订购的原材料不足或原材料过剩，让公司陷入采购陷阱。

原材料不足，导致生产线停工，满足不了市场的需求，削弱公司的利润，给公司带来直接的经济损失。同时生产线停工，使公司的生产设备处于停产状态，加大了设备的损失。

原材料过剩，会造成公司的资金积压，生产成本增加；提高了产品的上市价格，使公司利润空间减少，降低了产品的竞争力。

当公司陷入采购陷阱，应采取以下方法应对：

（1）了解自身需求；

（2）对多家供应商进行培训和考察，建立战略零部件供应商；

（3）引入竞争机制；

（4）引进供应商管理库存机制，弥补采购时容易出现的陷阱环节。

二、产能陷阱

当一个公司陷入产能陷阱会出现两种情况。一是产能不足；二是产能过剩。

（1）产能不足。一是公司的生产设备的生产能力跟不上订单的需求；二是短期内市场对这种商品的需求过多，供不应求。产能不足会让企业接下的订单无法按时交货，从而导致违约赔偿。

（2）产能过剩。一是产品库存持续急剧上升，销售呈现停滞状态；二是产销率大幅下降，供求关系严重失衡；三是产品价格大幅度回落，长期处于成本线以下；四是行业出现大面积的企业亏损，企业被迫举债经营。供过于求，造成产品积压，占用资金，加大产品成本，削弱了产品的竞争力；如果产品更新换代很快，则可能导致产品成为淘汰品，给公司带来直接的经济损失。产品过剩必然导致原材料订购过多，可能导致公司的资金短缺，使公司陷入资金短缺陷阱。

解决方法：①产能是生产能力，是生产供销售的产品的基础保障，产能的取得、维持和提高需要厂房、设备、人员、材料、动力、维修等方面的投资。②正确预测市场需求和企业的销售量，就可能很好的确定一个合适的产能，如果综合经济学和统计学的理论，大概产能应在90%的时间里应该是高于实际销售的，这样就不会造成产能投资浪费，也可以在绝大部分时间里满足市场需求，保住订单。③对于订单水平变化幅度非常大的产品，可以从产能以外的因素上多下一些工夫，比如多备一些半成品，找一些合作的外包或外协工厂做应急，与客户协商延期交货的优惠条款等。

公司的市场部应该对市场的需求进行很准确的预测，并与公司的生产总监随时进行沟通，并随时根据市场的需求和生产能力，对产品的订单做出调整，尽量避免不必要的失误给公司带来的损失。

三、生产线不平衡陷阱

产品生产过程所经过的路线，即是从原料进入生产现场开始，经过加工、运送、装配、检验等一系列生产活动所构成的路线。狭义的生产线是按对象原则组织起来的，完成产品工艺过程的一种生产组织形式，即按产品专业化原则，配备生产某种产品（零、部件）所需要的各种设备和各工种的工人，负责完成某种产品（零、部件）的全部制造工作，对相同的劳动对象进行不同工艺的加工。

生产线的种类，按范围大小分为产品生产线和零部件生产线，按节奏快慢分为流水生产线和非流水生产线，按自动化程度，分为自动化生产线和非自动化生产线。

生产线的主要产品或多数产品的工艺路线和工序劳动量比例，决定了一条生产线上拥有为完成某几种产品的加工任务所必需的机器设备，机器设备的排列和工作地的布置等。生产线具有较大的灵活性，能适应多品种产品生产的需要；在不能采用流水生产的条件下，组织生产线是一种比较先进的生产组织形式；在产品品种规格较为复杂，零部件数目较多，每种产品产量不多，机器设备不足的企业里，采用生产线能取得良好的经济效益。

不平衡的生产线会造成以下问题：

（1）系统负荷或在制品水平分布不均，波动较大，系统瓶颈漂移频繁；

（2）多余的在制品在增加调度难度的同时，造成资金沉积，企业运营困难；

（3）频繁的瓶颈漂移不仅使现场调度困难，无法最大化系统产出，而且无法实现制订的生产计划，系统的生产绩效也因此降低。

四、停产陷阱

由于市场调查不利等原因，造成产品生产过多，大量积压在仓库，企业停产，这给企业带来的损失是不可估量的，在停产过程中，企业的管理费要照常开支，还有设备的维修费，折旧费等。

企业一旦掉进停产陷阱，将会处于十分被动的局面：财政困难，产品销售无门，还要白白的开支大量费用。每个企业必须仔细调研市场，做好生产计划，避免掉进停产陷阱。以下具体实例：

联合化工（002217）2008 年 11 月 13 日公告称，近日接到控股子公司沂源联合化肥有限公司通知，四季度以来该公司的产品市场需求疲软，价格持续走低，未来几个月内市场形势不明朗，而其使用的原材料水洗块煤的降价幅度有限，所使用的动力电的价格没有变化，经测算，主要产品的售价已不能满足持续生产的条件。为化解市场急剧变化带来的不利影响，尽力减少损失，联合化肥决定暂时停产检修，并将根据市场情况择机恢复生产。由于暂时停产检修期间受相关资产（固定资产、长期待摊费用、存货等）减值及可预计的其他费用影响，11 月和 12 月份将产生约 370 万元亏损，对联合化工 2008 年合并报表造成约 290 万元影响。

第二节　生产管理方法介绍

一、物料需求计划介绍与计算

物料需求计划（Material Requirement Planning，简称 MRP）系统是生产管理的又一重要功能，其注重物料需求管理及生产过程自动化计算管理，适应于中大型复杂物料的生产加工企业。该功能相对于前两个功能增加了生产需求分析功能，该功能主要能解决企业的如下问题：销售订单数量是多少？企业现有成品库存是多少？需要生产多少？需要多少原材料？材料什么时候到位？需要生产多少个半成品和产成品？得出各种需求资料后系统提供自动计算功能，能够自动生成生产派工单、材料领料单、委托加工领料单和交回单等；生产部门只需要按照各种单据进行采购、领料、生产加工、成品交库等；月底进行人工费、制造费的自动分摊并计算出生产成本，就可以完成比较复杂的生产管理。

生产管理系统中的 MRP 系统主要功能有物料需求分析和生产管理，物料需求分析有统一汇总分析和按指令单分析两种，生产管理是按照指令单（派工单）来进行管理。MRP 系统是生产管理系统的主要系统，是从需求信息出发，对生产管理的物料需求、采购计划、生产计划等进行自动明细化管理。

MRP 通用计算公式：净需求 = 毛需求 + 已分配量 + 安全库存 - 计划在途 - 实际在途 - 可用库存

相对于净需求而言，毛需求量是不考虑库存、制造、采购的需求量。如果是独立需求，那么毛需求 = 主生产计划需求量/（1 - 料品不良率）。如果是相关需求，那么毛需求 = 上层料品的下达量。其中独立需求是指某一存货项目的需求与其他项目需求没有关联。

（一）用简单的手段实行控制

MRPII 的流程如图 5.1 所示。

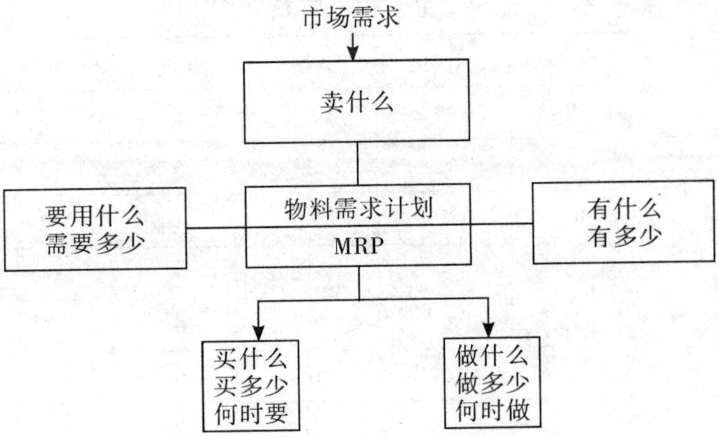

图 5. 1　MRPII 流程示意图

(二) 生产计划和能力需求计划

主生产计划的制定如图 5. 2 所示。

承上启下：将宏观计划转换为微观计划

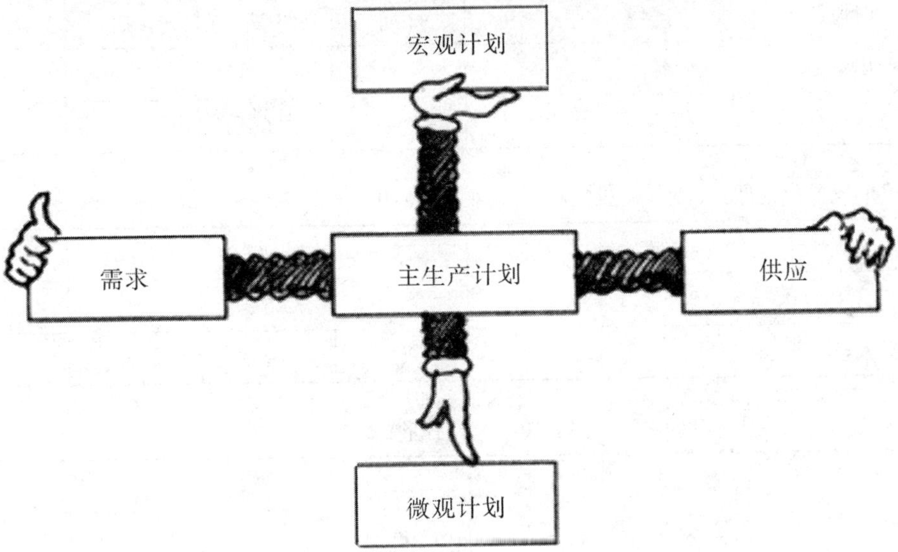

沟通内外：集成市场信息与内部信息

图 5. 2　主生产计划的制定示意图

1. 主生产计划

主生产计划（MPS）是根据市场需求预测制定的，如表 5. 1 所示。已知产品名称为 Crystal，其生产提前期为 1 期，现有库存量为 8 个，生产批量为 3 个。

表 5.1　　主生产计划示例

时段	当期	1 期	2 期	3 期	4 期	5 期
合同量		12	8	5	5	9
毛需求		12	8	5	5	9
预计库存量	8	2	0	1	2	2
净需求		4	6	5	4	7
计划产出量		6	6	6	6	9
计划投入量	6	6	6	6	9	

2. 能力需求计划

能力需求计划（CRP）是核定瓶颈工作中心、人力和原材料等资源是否能满足 MPS，并进行简化的 MRP 运算。如表 5.2 所示。

表 5.2　　能力需求计划示例

产品 Crystal　提前期：1 期　　批量：1　　现有量：0

时段	当期	1 期	2 期	3 期	4 期	5 期
计划产出量					6	9
计划投入量				6	9	

产品 Beryl　　提前期：1 期　　批量：1　　现有量：0

时段	当期	1 期	2 期	3 期	4 期	5 期
计划产出量				6	9	
计划投入量			6	9		

原料 M1　　提前期：1 期　　批量：10　　现有量：5

时段	当期	1 期	2 期	3 期	4 期	5 期
毛需求			6	9		
库存量	5	5	9			
净需求			1			
订单下达		10				

3. 产能预估

根据图 5.3 可以预测每条生产线当年产出量，并把结果填在表 5.3 中。

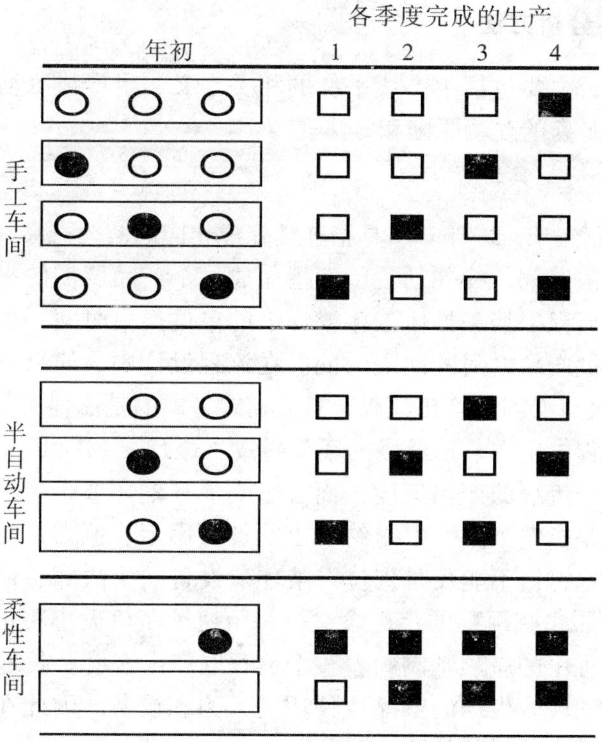

图 5.3　各生产线的产能预估图

表 5.3　各生产线产能预估表

		1 季度	2 季度	3 季度	4 季度
生产线 1	产品：				
生产线 2	产品：				
生产线 3	产品：				
生产线 4	产品：				
生产线 5	产品：				
生产线 6	产品：				
生产线 7	产品：				
生产线 8	产品：				

合计：

Beryl：　　Q2：1 个，Q3：1 个

Crystal：　Q1：1 个，Q2：2 个，Q3：1 个，Q4：2 个

4. 评价 MPS

如果需求 > 能力，则：

改变负荷量：重排订单；拖延订单；中止订单；订单拆零；等等

改变能力：改变工艺；加班；外协加工；雇佣临时工；等等

二、生产线平衡的分析方法

生产线平衡分析主要包括生产线平衡的相关定义、生产线平衡的意义、工艺平衡率的计算、生产线平衡的改善原则和方法。

（一）相关术语的定义

流程的“节拍”（Cycle Time）是指连续完成相同的两个产品（或两次服务，或两批产品）之间的间隔时间。换句话说，即指完成一个产品所需的平均时间。节拍通常只是用于定义一个流程中某一具体工序或环节的单位产出时间。如果产品必须是成批制作，则节拍指两批产品之间的间隔时间。在流程设计中，如果预先给定了一个每天（或其他单位时间段）必需的产出流程，首先需要考虑的是流程的节拍。

通常把一个流程中生产节拍最慢的环节叫做“瓶颈”（Bottleneck）。流程中存在的瓶颈不仅限制了一个流程的产出速度，而且影响了其他环节生产能力的发挥。更广义地讲，所谓瓶颈就是指整个流程中制约产出的各种因素。例如，在有些情况下，可以利用的人力不足、原材料不能及时到位、某环节设备发生故障、信息流阻滞等，都有可能成为瓶颈。正如“瓶颈”的字面含义，一个瓶子瓶口大小决定着液体从中流出的速度，生产运作流程中的瓶颈则制约着整个流程的产出速度。瓶颈还有可能“漂移”，这取决于在特定时间段内生产的产品或使用的人力和设备。因此在流程设计中和日后的日常生产运作中都需要引起足够的重视。

与节拍和瓶颈相关联的另一个概念是流程中的“空闲时间”（Idle Time）。空闲时间是指工作时间内没有执行有效工作任务的那段时间，可以指设备或人的时间。当一个流程中各个工序的节拍不一致时，瓶颈工序以外的其他工序就会产生空闲时间。这就需要对生产工艺进行平衡。制造业的生产线多半是在进行了细分之后的多工序流水化连续作业生产线，此时由于分工作业，简化了作业难度，使作业熟练度容易提高，从而提高了作业效率。然而经过了这样的作业细分化之后，各工序的作业时间在理论上，现实上都不能完全相同，这就势必存在工序间节拍不一致，而出现瓶颈的现象。除了造成的无谓的工时损失外，还会造成大量的工序堆积，严重的还会造成生产的中止。为了解决以上问题就必须对各工序的作业时间平均化，同时对作业进行标准化，以使生产线能顺畅活动。“生产线工艺平衡”即是对生产的全部工序进行平均化，调整各作业负荷，以使各作业时间尽可能相近。是生产流程设计与作业标准化必须考虑的重要问题。生产线工艺平衡的目的是通过平衡生产线使用现场更加容易理解“一个流”的必要性及“小单元生产”（Cell Production）的编制方法，它是一切新理论新方法的基础。

（二）生产线平衡的意义

（1）提高作业员及设备工装的工作效率；

（2）减少单件产品的工时消耗，降低成本（等同于提高人均产量）；

（3）减少工序的在制品，真正实现“一个流”；

（4）在平衡的生产线基础上实现单元生产，提高生产应变能力，对应市场变化，实现柔性生产系统；

(5) 通过平衡生产线可以综合应用到程序分析、动作分析、规划（Layout）分析、搬运分析、时间分析等 IE 手法，提高全员综合素质。

(三) 工艺平衡率的计算

要衡量工艺总平衡状态的好坏，公司必须设定一个定量值来表示，即生产线平衡率或平衡损失率，以百分率表示。首先，要明确一点，虽然各工序的时间长短不同，但如前所述，决定生产线的作业周期的工序时间只有一个，即最长工序时间（Pitch Time），也就是说最长工序时间等于节拍（cycle time）。

1. 生产线的平衡计算公式

$$平衡率 = \frac{各工序时间总和}{工位数 \times 节拍} \times 100\%$$

$$= \frac{\sum ti}{工位数 \times 节拍} \times 100\%$$

2. 生产线的平衡损失率计算公式

$$平衡损失率 = 1 - 平衡率$$

(四) 生产线工艺平衡的改善原则及方法

平衡率改善的基本原则是通过调整工序的作业内容来使各工序作业时间接近或减少这一偏差。实施时可遵循以下方法：

(1) 首先应考虑对瓶颈工序进行作业改善，作业改善的方法，可参照程序分析的改善方法及动作分析、工装自动化等 IE 方法与手段；

(2) 将瓶颈工序的作业内容分担给其他工序；

(3) 增加各作业员，只要平衡率提高了，人均产量就提高了，单位产品成本也随之下降；

(4) 合并相关工序，重新排布生产工序，相对来讲在作业内容较多的情况下容易拉平衡；

(5) 分解作业时间较长的工序，把该工序安排到其他工序当中去。

三、产能规划的方法介绍

产能规划是提供一种方法来确定由资本密集型资源——设备、工具、设施和总体劳动力规模等——综合形成的总体生产能力的大小，从而为实现企业的长期竞争战略政策提供有力的支持。产能规划所确定的生产能力对企业的市场反应速度、成本结构、库存策略以及企业自身管理和员工制度都将产生重大影响。产能规划具有时间性和层次性。

不同企业进行产能规划的程序各不相同，但是，一般来说，企业进行产能规划时，都必须遵循以下几个步骤：

1. 估计未来的能力需求

在进行产能规划时，首先要进行需求预测。由于能力需求的长期计划不仅与未来的市场需求有关，还与技术变化、竞争关系以及生产率提高等多种因素有关。

2. 计算需求与能力之间的差

以现有生产能力为基础，预计未来若干期的产能限额，并与需求预测进行比较，求出未来若干期需求与生产能力的差值。

3. 制定候选方案

处理能力与需求之差的方法可有多种，最简单的一种是：不考虑能力扩大，任由这部分顾客或订单失去。

4. 评价每个方案

评价包括定量评价和定性评价。定量评价主要是从财务的角度，以所要进行的投资为基准，比较各种方案给企业带来的收益以及投资回收情况。

（一）线性规划

线性规划方法是在第二次世界大战中发展起来的一种重要的数量方法，是企业进行总产量计划时常用的一种定量方法。线性规划是运筹学的一个最重要的分支，理论上最完善，实际上应用得最广泛，主要用于研究有限资源的最佳分配问题，即如何对有限的资源作出最佳的调配和最有利的使用，以便最充分地发挥资源的效能去获取最佳的经济效益。由于有成熟的计算机应用软件的支持，采用线性规划模型安排生产计划，并不是一件困难的事情。在总体计划中，用线性规划模型解决问题的思路是，在有限的生产资源和市场需求条件约束下，求利润最大的总产量。该方法的最大优点是可以处理多品种问题。

（二）动态规划

动态规划法（Dynamic Programming Method，简称 DPM）是系统分析中一种常用的方法，在 20 世纪 50 年代由贝尔曼（R. Bellman）等人提出，用来解决多阶段决策过程问题的一种最优化方法。所谓多阶段决策过程，就是把研究问题分成若干个相互联系的阶段，对每个阶段都作出决策，从而使整个过程达到最优化。许多实际问题利用动态规划法处理，常比线性规划法更为有效，特别是对于那些离散型问题。实际上，动态规划法就是分多阶段进行决策，其基本思路是：按时空特点将复杂问题划分为相互联系的若干个阶段，在选定系统行进方向之后，逆着这个行进方向，从终点向始点计算，逐次对每个阶段寻找某种决策，使整个过程达到最优，故又称为逆序决策过程。

动态规划的实质是分治思想和解决冗余，因此，动态规划是一种将问题实例分解为更小的、相似的子问题，并存储子问题的解而避免计算重复的子问题，以解决最优化问题的算法策略。

动态规划算法的基本步骤：

1. 划分阶段

按照问题的时间或空间特征，把问题分为若干个阶段。注意这若干个阶段一定要是有序的或者是可排序的（即无后向性），否则问题就无法用动态规划求解。

2. 选择状态

将问题发展到各个阶段时所处于的各种客观情况用不同的状态表示出来。当然，状态的选择要满足无后效性。

例 5.1：某工厂用 A 配件生产甲、乙两种产品。每生产一件甲产品使用 4 个 A 配件，耗时 1 小时；每生产一件乙产品使用 4 个 A 配件，耗时 2 小时。已知该厂每天最多可从配件厂获得 16 个 A 配件，按每天工作 8 小时计算，该厂所有可能的日生产安排是什么？

问题 1：该厂生产什么？怎么生产？

设计意图：引导读题，完成实际问题数学化的过程。进一步熟练如何从实际问题中抽象出不等式组（约束条件）并用平面区域表示。设每日分别生产甲、乙两种产品 x、y 件，从而得出二元一次不等式组：

$$\begin{cases} x+2y\leqslant 8 \\ 4x+4y\leqslant 16 \\ 0\leqslant x\leqslant 8 \\ 0\leqslant y\leqslant 4 \end{cases}$$

问题 2：给出可能的日生产安排。

可以结合几何画板，如图 5.4，“读出”可行解，即可行域中的 18 个整点：

(0，0)，(0，1)，(0，2)，(0，3)；

(1，0)，(1，1)，(1，2)，(1，3)；

(2，0)，(2，1)，(2，2)，(2，3)；

(3，0)，(3，1)，(3，2)；

(4，0)，(4，1)，(4，2)。

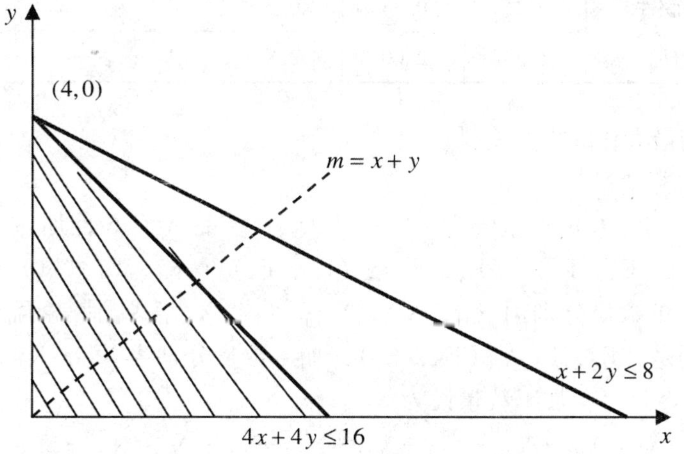

图 5.4　日生产可能性曲线图

问题 3：若每生产一件甲产品获利 2 万元，每生产一件乙产品获利 3 万元，如何安排使生产利润最大？

设最大利润为 m，那么 $m=2x+3y$，得出下列方程组：

$$\begin{cases} x+2y\leqslant 8 \\ 4x+4y\leqslant 16 \\ 0\leqslant x\leqslant 8 \\ 0\leqslant y\leqslant 4 \end{cases}$$

最优解为 $x=4$，$y=2$，则最大利润 $m=14$。

例 5.2：某企业生产 A、B、C 三种产品，都需要经过 E、F 两道工序。假设 E 工序分别可以在设备 E_1、E_2 上来加工，同时有 F_1、F_2、F_3 三种设备可以进行 F 工序的加工过程。加工单位产品所需工序时间及其他各项数据见表 5.4。例如，产品 A 可以在 E、F 任何一种设备上加工；B 产品可在任何规格的 E 设备上加工。试给出最优生产安排，以使企业获取总利润最大。假设所有产品均能卖掉。

表 5.4　　工艺参数

设备	产品			设备有效台时	设备加工费用
	A	B	C		
E_1	5	10		6000	0.05
E_2	7	9	12	10 000	0.03
F_1	6	8		4000	0.06
F_2	4		10	7000	0.11
F_3	7			4000	0.05
原材料费（百元/件）	0.25	0.35	0.5		
售价（百元/件）	1.25	2.00	2.8		

要求：利润最大化的生产安排。

（1）明确决策变量

假设产品 A、B、C 的产量各为 X_1、X_2、X_3。产品 A 有 6 种加工方案，分别利用设备（E_1，F_1）、（E_1，F_2）、（E_1，F_3）、（E_2，F_1）、（E_2，F_2）、（E_2，F_3），各种方案加工的产品 A 的数量分别用 X_{11}，X_{12}，X_{13}，X_{14}，X_{15}，X_{16}来表示；产品 B 有 2 种加工方案，分别是（E_1，F_1），（E_2，F_1），加工数量分别为 X_{21}，X_{22}；产品 C 只有 1 种加工方案（E_2，F_2），加工数量设为 X_3。有：

$$X_1=X_{11}+X_{12}+X_{13}+X_{14}+X_{15}+X_{16},\quad X_2=X_{21}+X_{22}$$

（2）构建目标利润函数

设企业的目标为盈利最大，其中盈利为销售收入与相关的原材料费和设备加工费之差：

$$\text{MAX}\ (1.25-0.25)X_1+(2.0-0.35)X_2+(2.8-0.5)X_3-0.05(5X_{11}+5X_{12}+5X_{13}+10X_{21})-0.03(7X_{14}+7X_{15}+7X_{16}+9X_{22}+12X_3)-0.06(6X_{11}+6X_{14}+8X_{21}+8X_{22})-0.11(4X_{12}+4X_{15}+10X_3)-0.05(7X_{13}+7X_{16})$$

$= MAX(X_1 + 1.65X_2 + 2.3X_3 - 0.25X_{11} - 0.25X_{12} - 0.25X_{13} - 0.5X_{21} - 0.21X_{14} - 0.21X_{15} - 0.21X_{16} - 0.27X_{22} - 0.36X_3 - 0.36X_{11} - 0.36X_{14} - 0.48X_{21} - 0.48X_{22} - 0.44X_{12} - 0.44X_{15} - 1.1X_3 - 0.35X_{13} - 0.35X_{16})$

（3）构建约束条件

由于 E_1 设备的有效台时为6000小时，所以A产品的前三种制造方案与B产品的第一种制造方案在 E_1 设备上的总工时不能超过6000小时，数学表达式如下：

$$5X_{14} + 5X_{12} + 5X_{13} + 10X_{21} \leqslant 6000$$

由于 E_2 设备的有效台时为10 000小时。所以这时A产品的后三种制造方案、B产品的第二种制造方案与C产品的制造方案在 E_2 设备上的总工时不可以超过10 000小时，数学表达式如下：

$$7X_{14} + 7X_{15} + 7X_{16} + 9X_{22} + 12X_3 \leqslant 10\,000$$

类似地，有：

$$6X_{11} + 6X_{14} + 8X_{21} + 8X_{22} \leqslant 4000$$
$$4X_{12} + 4X_{15} + 10X_3 \leqslant 7000$$
$$7X_{13} + 7X_{16} \leqslant 4000$$
$$X_1 = X_{11} + X_{12} + X_{13} + X_{14} + X_{15} + X_{16}$$
$$X_2 = X_{21} + X_{22}$$

并且根据企业生产的实际情况，决策变量应当为非负的整数，即有：

$X_{ij} \geqslant 0$，且为整数。

（4）建模求解

使用EXCEL的线性规划求解，得一个最优解，最大盈利为12.5万元。

生产作业安排的结果为，A产品采取第二、第三与第五种加工方案，分别为680件、519件与52件，合计1251件；B产品采取第二种加工方案，500件；C产品在唯一的制造方案下为428件。

根据线性规划求解结果不仅可以看出生产作业计划的合理安排，同时也可以了解到企业生产运作过程中的资源利用情况。E_1 型设备和 F_3 型设备均未得到充分利用。从这一角度可以看出，该企业想要扩大生产规模，可考虑在“瓶颈” E_2 型、F_1 型和 F_2 型机器设备加大投资力度，以有效地实现生产产量与总利润的增加，否则会浪费有限的资源。

思考题：销量已知情况下的产能规划

某公司生产Beryl一种产品，售价为5元，原材料成本为1元，加工费用也为1元。有两种生产线可以生产，生产线属性如表5.5所示，请按利润最大化原则确定最佳生产决策：每年的投产数量和投产时期；假如工厂最多可以布置4条生产线，什么时候更换生产线最合适？

表 5.5　　生产线属性

生产线	购价	安装周期	生产周期	加工费用	维护成本	残值
手工线	4	0Q	3Q	1/个	1/年	1
自动线	18	3Q	1Q	1/个	2 年	6

已知：

（1）每年多生产的产品由于占用资金，会产生库存成本，库存成本等于 10% 的生产成本（生产线上的产品不计库存，只计算成品库存）。

（2）所有订单应按时交货，若延迟一年则按产品售价的 10% 罚款，不允许延迟两年交货。

（3）生产线只要购买了就开始折旧，每年按购价的 10% 折旧。

（4）第一年初始状态有三条手工线和一条自动线，四条生产线均有一个 Beryl 产品正在第一季度生产。

（5）销售预测如表 5.6。

表 5.6　　销售预测表

年份	1	2	3	4	5	6
销量预测	6	5	7	9	8	10

第三节　经典案例——生产与经营战略的匹配

2001 年深圳海量信息产品公司在福田保税区建设了新工厂，生产线数量为 25 条，并有 1600 多名员工，具备了年产 100 万台服务器产品、台式电脑产品、笔记本电脑产品的综合产能。作为 IBM 在中国唯一的计算机生产基地，海量信息产品公司的产品不仅满足国内的全部需求，还出口到日本、韩国、马来西亚、新加坡、澳大利亚等亚太地区，海量信息产品公司在 IBM 中的定位从纵向来看，属于 IBM 个人电脑事业部下的一个业务单元，对内拥有人事任免及财务决策的权力，但公司总经理的任命、重大策略的调整都是由美国总部来决定。

海量内部实行直线职能部门管理，各个职能部门由海量的管理层领导，是一种树型结构；但从 IBM 的角度来看是一种矩阵式结构，因为具体到部门内部的运作，与其在美国总部对应的部门也有着从属关系。通常总部的部门更关注部门职能的核心部分和整合内部信息的功能，如采购部门，美国的部门会更多的负责供应商的开发，审核，价格谈判等，而中国的部门只负责向审核通过的供应商下订单，订单跟踪，供应商评估等。

各部门内部都有各种 IT 工具来改善信息流，如 IBM 全球的采购部门都可以通过访问基于互联网平台的全球供应商数据库来共享信息；工程部门也有自己的产品管理数据库。

从横向来看，海量与其他的 IBM 业务单元又是平行的合作伙伴关系，不同地区的销售部门根据自己的销售计划向海量下订单，而海量在订单确认之后，负责计划、采购、生产、发货至终端用户、渠道代理商或者是 IBM 的分销中心。IBM 个人电脑事业部任何战略调整、策略变化都会或多或少的体现在海量及其他 IBM 业务单元上。

一、计算机行业目前状况

2002 年，世界三大经济体先后陷入了经济发展的困境，甚至步入了衰退。受其影响，世界 IT 产业的发展也首次遭遇了困难，全球计算机销售出现了下滑趋势，裁员风潮席卷世界各大 IT 公司。美国、欧洲部分地区计算机市场快接近饱和也是计算机市场衰退的一个重要原因。相对于欧美，亚洲国家（不包括日本）当前的技术市场还比较小，2003 年的计算机消费支出仍有希望保持较高的增长速度。中国是亚洲地区最大的计算机市场，但相对以前的快速增长，发展速度有所减缓，这表明经过前几年主要行业对计算机设备的过度投资，中国信息产业在突飞猛进之后，目前也基本上进入了调整阶段。

随着亚太地区信息化建设的加速和计算机普及率的提高，预计该地区市场将继续保持较大幅度的增长。所以计算机厂商在中国的成功将直接关系到今后市场份额的增加。今后几年将是国际计算机知名厂商进入该市场的最佳时机，市场竞争将有进一步激化的趋势。计算机厂商必须尽快就此制定新的具体的经营策略，加大投资规模，以获得在整个中国市场的成功。目前，一些大的计算机生产厂家采取从美国以外的市场增加销售额的经营措施，其市场占有率将从美国市场迅速转向世界其他市场，尤其是亚洲市场，即使在今后几年亚太地区成为计算机的主要市场，该地区的市场竞争也必将更加惨烈。

二、SWOT 分析及确定商业机会

SWOT 分析法用于估量公司的资源强势和弱势以及外部的机会和威胁，可以从整体上概要地说明一家公司的业务位置是健康还是不健康。SWOT 分析法的理论基础是：战略制定的目标必须是寻求和产生公司战略同公司外的环境之间的良好匹配。因此，清晰地了解公司的资源能力和缺陷、公司所面临的市场机会以及危及公司未来利益的外部威胁有着至关重要的意义。海量公司的生产策略取决于 IBM 公司对电脑产品的战略布局。表 5. 7 对 IBM 电脑事业部进行了 SWOT 分析以评估商业机会。

表 5.7　　　　IBM 电脑事业部的 SWOT 分析

	机会 亚太市场需求持续增长 网络兴起并主导市场需求 客户更强调服务	威胁 硬件价格下降 戴尔直销
优势 专业人才 广大客户群 优势研发能力 全球化经营	推出符合网络需求的产品 提供更好的服务	通过直销获取更多高端利润 通过转移生产基地，OEM 等方式降低成本
劣势 对低端 PC 相关产品营销不擅长	在亚太与低端产品的大型渠道商建立关系	退出低端 PC 的生产

1. SO（优势—机会）策略

IBM 公司已经推出了基于网络概念的 Netvista 品牌台式电脑，但电脑的发展到目前已基本定型，虽然每年有不少技术更新，但微软和英特尔的行业驱动力没有改变，所以不必对这个策略抱太多期望。提供更好的服务应当是方向，IBM 公司通过多年的宣传已在消费者心目中有清晰的“IBM 就是服务”的形象，可以利用本身的优势，继续在这方面进行差异化营销；另外，相对于低成本策略，戴尔已经销得非常成功，如果市场中有两个或两个以上的厂商使用这种策略，那么灾难性的价格战不可避免，IBM 走差异化策略对自己对行业都是有好处的。

2. WO（劣势—机会）策略

在亚太国家与低端产品的大型渠道商建立关系，由于 IBM 公司本身不擅长低端产品的营销，寻找低成本的销售资源加以利用应该是不错的方法；同时亚太国家的物流体系还不十分发达，戴尔的直销对市场的冲击不如在欧美那么大，那么传统的渠道销售方法的生存空间更大些；但也要注意库存的控制，努力将销售渠道扁平化。销售渠道要更多地发挥自己的优势，提供更多的增值服务，而不只是运送了商品。

3. ST（优势—威胁）策略

通过直销获取更多高端利润，IBM 公司在大型机、高端服务器的销售上一直是这样做的，通过销售代表直接拜访客户而不是通过渠道。可以向戴尔学习，利用互联网进行更多的直销，这主要针对利润高一点的产品（如低端服务器、手提电脑等）或转换成本比较低的地区。如果抛弃渠道代理商引起的反应太大，转换成本太高，直销策略可以缓行；通过转移生产基地，OEM 等方式降低成本到目前也初见成效。这种防御性策略的好处在于，在不影响竞争环境，不引起竞争者报复的情况下，优化自己的价值链。

4. WT（劣势—威胁）策略

由于 IBM 公司已经转型到服务，大部分的利润来源于服务、软件和高端服务器，虽然个人电脑的利润率下降，但由于来源于这部分的利润本来就很少，所以对公司总的利润水平没有太多影响。基于IBM本身的业务状况，按照波士顿矩阵，在低端台式电脑业务上可采取收割策略，不增加大笔投资，优化本身的成本结构赢利（或退出生产）。

综合来看，在不断发展的新兴市场中，可以利用本地资源进行扩张性策略；在比较成熟的市场中，可以通过低成本对本身价值链系统优化来提高利润水平。

三、根据生命周期特点分析战略

公司的战略与产品生命周期相关，随着行业结构的变化，在进入、成长、成熟、下降四个不同时期，供求关系也发生了转化，而在不同的生命周期阶段，也需要不同的战略给予支持。

在新产品引进的时候，产品需求还不确切，市场也未成型，这是需要发现更多的客户，同时根据其修正自己的产品并且开发与之相符的营销渠道。这时的关注点主要在于市场研究和产品开发。

在市场不断成长的时期，供给渐渐满足需求，主要的投资将用于满足市场需求，如销售能力扩张，生产能力扩张，新的分销渠道。

在市场成熟期，供给渐渐超过需求，竞争日益激烈，市场格局和竞争态势也已非常清楚，这时的目标通常是严格控制成本，不仅仅要保持盈利，而且要从中释放资源到其他的业务中。公司的主要目标就是保持市场份额，并产生大量现金，利润通常会用到新的产品或市场投资上。这时更多的是采用防守型投资策略，以提高生产率，优化流动资本来适应预期的变化。

计算机行业基本上进入了成熟期，增长放缓，竞争日益激烈，更加强调了成本和服务都是成熟期的特点，行业的特点也越来越清晰，技术更新快，产品降价快，利润率下降。同样IBM个人电脑事业部应该更加根据自己的特点来指定与成熟行业相匹配的竞争战略：

（1）加强对成本降低的重视，将低价值的活动从价值链中清除出去，包括生产的外包，生产基地向低成本地区转移，简化分销渠道；

（2）“修剪”产品线，将那些薄利产品从产品线中“剪掉”以降低成本，使公司可以更加集中于那些利润率高以及有着竞争优势的产品之上。

四、海量公司的生产策略对IBM战略的支持

（一）生产基地转移策略分析

在这样一个全球营销和全球生产的时代，公司的生产工厂建在何处，以及各个工厂之间的产能如何分配是非常重要的问题。考虑到交货期和运输成本，生产需要尽可能的靠近客户，但另一方面还要考虑当地的资源情况，以获取低工资、低成本或高技能人才。

随着海量的采购本地化，日常管理生产质量的提高，成本优势日益突显，根据市

场范围理论，两个生产企业的市场边界是相对生产和运输成本的函数。以下结合 IBM 另外两大工厂对海量的市场范围做一个分析。

先分析手提电脑，从中国到西欧的航空运费大约相当于销售价格的 1% ~3%，而中国的工资成本只有爱尔兰的 1/6，显然对西欧供货，海量更具优势，那么爱尔兰工厂的手提电脑完全可以由海量来生产；但是相对与墨西哥工厂，海量的供货成本就比较高了。因此，海量的市场范围，对于手提电脑可覆盖除美洲地区之外的其他区域；对于台式机和低端服务器则由于物流成本高于手提电脑，仅可以覆盖亚太区域；对于高端服务器，由于技术输出的限制，还不能生产。所以海量的目标市场范围大大超过了目前的国内范围。

有了如此大的目标市场，销售量将是目前的两倍，在福田保税区建厂就变得理所当然，即使信息系统软件硬件的投资较大，公司也承担得起。同时将爱尔兰的产能转移到海量也符合在新兴市场扩展和在衰退市场收割的策略。

（二）持续改善运动——缩短生产周期

通过新工厂的建立，分销体系的调整，组织架构的变革，公司的转型已大体成型，同时公司仍鼓励各个部门持续改进来支持公司的战略实施。

很长一段时间，生产部忽视一个生产订单完成时间的管理，经常一个订单已生产很久了，仍然滞留在线上，可能是由于没有合适的物料进行维修，也可能是疏忽，但这造成很多库存，同时也造成整个数据管理的混乱。

在实施 MRP 和最优产能规划之后，利用线性规划和动态规划，工厂将订单完成时间减少到 48 小时之内，这包括在生产计划部发布一个新的生产订单之后的全部过程。在 2003 年第三季度，通过持续改进又使订单完成时间缩短在 36 小时之内。随着完成订单生产周期的缩短，客户更改订单率不断降低，准时交货率上升。

（三）零部件代工计划

机器的附件盒一直是生产的难点，附件盒内包括各种软硬件，机器说明书，CD 光盘，以及一些小型外围设备，如鼠标，键盘等。由于其数量众多，有些部件生产单元周期长，生产能力不平衡，非常难以管理，最后决定外包给 MMI 公司代工。MMI 为专业的计算机周边设备生产商，当海量提供技术文件之后，MMI 可以利用自己的资源更好更快地进行生产、分配、包装等工作，大大提高了 IBM 效率。虽然交货准确率还有待提高，而且生产的柔性降低，但通过外包，海量所面对的生产线不平衡大大减少，节约了生产时间，MMI 也从长期合约中得到了很好的回报。

随着业务量的不断增加，MMI 在海量的物料仓库附近新建生产线，以实现 JIT（准时化生产），由生产消耗来实现拉动管理，同时 MMI 的计划部将专门有一个小组与海量计划部进行协作，以更好地做出需求预测，也更好地管理双方的存货。通过供应商与海量的资源整合，提高了供应链的反应能力。

思考与练习

1. 根据海量公司的案例，您是否制定了正确的生产策略，您的生产策略是否符合整个公司的竞争与发展战略？

2. 当您的生产策略遇到困难时，您是如何改善的？

第六章 财务报表分析和财务比率的运用

第一节 经营陷阱

目前，一个被财务管理界普遍接受的公理是：企业的目标是通过有效的配置资源使股东的财富最大化或企业价值最大化。为了考察这一目标是否得以实现，我们通常以一些财务比率（特别是获利能力型财务比率）作为股东财富的代表，并以这些指标为依据对经营者进行激励。而且这些指标一直是了解企业经营状况的有效途径。

但是随着企业内部组织结构以及外部环境的变化，这些工具的有效性和可靠性受到越来越多的人们质疑。其主要原因可以归结为以下几点：①会计核算所依据的权责发生制原则以及稳健性原则使得会计数据具有较大的主观随意性，从而容易产生盈余管理等问题。这主要存在于折旧计提，以及存货计价等方面。②会计数据只是对企业历史业绩的计量，不能反映企业未来的现金流量状况，而企业未来的现金流量状况又是计算企业价值的基础。也就是说，会计数据和企业价值没有多大关系。③以这些指标为考核依据有可能促使管理者采取与股东财富最大化原则不相符的行动，从而使股东财富遭到破坏。

因此，一个好的指标应当具备两个基本条件：①能够准确反映企业的价值；②不易受操纵或被歪曲。而一些财务比率即便存在上述缺陷，会计也能为我们提供十分有价值的历史数据。这些历史数据包含有企业未来现金流量的信息——即反映企业价值的信息。因此，如果我们找出这些指标易被操纵和误导的方面，让使用者绕开这些陷阱，而不至于被这些数字的表面现象所迷惑，那么这些指标还是能起到一定业绩评价作用的。下面我们看看财务比率分析中的陷阱。

财务比率分析的陷阱主要是由三方面因素造成：①用于计算财务比率的报表信息本身就有局限性；②财务比率自身存在一定的局限性；③财务分析比率固有的局限性。

一、财务比率分析方法的陷阱

财务比率分析同其他分析方法一样，在衡量企业财务状况时并不是万能的。由于财务比率指标本身固有的弱点及财务比率分析自身的约束率分析方法本身的不严谨。这主要体现在比率的选择、比率的确切定义以及比率的解释在很大程度上带有判断和假定的主观色彩。

（一）财务比率分析方法本身的不严谨性

这主要体现在比率的选择、比率的确切定义以及比率的解释在很大程度上带有判断和假定的主观色彩。尤其当我们用损益表中的某一数值与资产负债表中的某一数值计算比率时，这个问题就更为突出。因为资产负债表反映的是会计期末的时点指标，而损益表反映的是整个会计期间的时期指标，如果资产负债表的数值在该会计期间不具有代表性，那么计算出来的结果将不可避免地与实际情况产生偏差。

（二）财务比率体系结构不严密

财务比率分析是以单个比率为单位，每一个比率只能反映企业的财务状况或经营状况的某一方面，如流动比率反映偿债能力，资产周转率反映资产管理效率，营业利润率反映盈利能力等。正因为比率分析是以单个比率为中心，每一类比率都过于强调本身所反映的内容，所以导致整个指标体系结构不严密，比率与比率之间“打架”的现象比较常见。如同一企业可能会某些比率很好而某些比率很差，这样很难就此判断该企业财务状况的好坏。

（三）比率分析侧重于发现问题，而不能提出解决问题的对策和方法

财务比率分析所要揭示的不是比率间的差异，而是形成这种差异的原因。比如负债比率高，既可能是企业积累能力不足，财务风险过高的反映，也可能是企业经营业绩良好，发展前景乐观，从而负债能力增强的反映。因此，财务比率本身并不能向我们提供问题的答案，它的作用在于提供发现问题和解决问题的线索，帮助我们迅速找到造成问题的真正原因和解决方法。

二、财务分析比率固有的局限性陷阱

评价企业经营业绩的财务分析比率主要是由偿债能力、营运能力、和盈利能力三类比率构成，但这三类比率都存在着一定的局限性，直接影响了比率分析的效果。

（一）偿债能力比率的内在局限性

企业偿债能力指标只能在一定程度上反映企业对各类债权人的清偿能力。反映偿债能力的财务比率主要有流动比率、速动比率和资产负债率，它们的资料来源于反映时点状况的资产负债表，即某一时点的（流动）负债与可用于偿债资产的关系。报告日时点的静态状况，具有较强的粉饰效应。企业可以通过瞬时增加资产或减少负债等方法来粉饰比率，人为操纵其大小，达到自己“理想”的财务报表数据，从而误导信息使用者。而且在流动资产中包含了大量的不良应收账款、变现能力较弱的存货、不能变现的预付费用和企业的短期股票因投资套牢而转化为事实上的长期投资等，这势必造成账面流动资产可以及时足额偿付到期债务的假象，从而减弱企业的偿债能力。

另外，有一些会增强或减弱偿债能力的资料数据并不能从财务报表上获取，如可动用的银行贷款指标、企业信用额度等因素，它们会提高企业的偿债能力；企业的或有负债、由担保责任引起的负债等，它们会增加企业的偿债负担。因此，仅仅依据财务报表数据进行的财务分析其有效性必然受到影响。

（二）资产管理比率的内在局限性

资产管理比率是反映企业资产运营情况和管理效率的指标。各种资产周转率计算公式中的分母为该项资产期初与期末的平均数，并非真正的期间平均值。企业只需调节该资产期初、期末两个报表值，就可以改变该项比率的计算结果。如应收账款周转率，它不能准确地反映年度内收回账款的进程及均衡情况；当销售具有季节性，尤其是当赊销业务量各年相差悬殊时，该指标不能对跨年度的应收账款回收情况进行连续反映。在实际运用中，销售成本的高低受存货计价方法的影响很大。另外，该指标很容易受企业管理层的操纵，比如可通过降低存货水平，来达到提高周转率的目的。而且，存货水平高、存货周转率低，未必表明资产使用效率低，因为存货增加可能是企业经营策略的结果，比如预测未来存货价格将上涨采取的投机行动等。当企业实施存货控制、实现零库存的管理时，再对其进行考核，该比率将失去意义。

（三）盈利能力比率的内在局限性

盈利能力比率主要是用（净）利润与投资额相比计算比值，反映企业盈利能力的强弱。由于利润的计算过程除了受折旧计提方法、间接费用分配方法、成本计算方法和会计估计等大量人为因素的影响外，还要受筹资方式甚至股利分配政策的影响，该类指标极易被操纵、虚报或瞒报。此外，公司利润并不完全来源于企业的主营业务利润。随着企业经营方式的多元化，有些企业的偶然性收益超过了经常性收益，如营业外收入超过了主营业务收入。经常性收益和偶然性收益所反映的企业经营业绩水平是不一样的，所以，以利润为基础计算的财务比率就不能真实地反映企业盈利水平及收益质量。

第二节　理论分析

一、财务报表理论

（一）财务报表的定义和内涵

一般认为，财务报表分析产生于19世纪末20世纪初。最早的财务报表分析主要是为银行服务的信用分析。当时，借贷资本在企业资本中的比重不断增加，银行家需要对贷款人进行信用调查和分析，借以判断客户的偿债能力。

资本市场形成后发展出盈利分析，财务报表分析主要由为贷款银行服务扩展到为投资人服务。随着社会筹资范围扩大，非银行的贷款人和股权投资人增加，公众进入资本市场和债务市场，投资人要求的信息更为广泛。财务报表分析开始对企业的盈利能力、筹资结构、利润分配进行分析，发展出比较完善的外部分析体系。

财务报表分析是指以财务报表和其他资料为依据和起点，采用专门的方法，系统地分析和评价企业过去和现在的经营成果、财务状况及其变动，目的是了解过去、评价现在、预测未来，帮助利益关系集团改善决策。财务分析的最基本功能，是将大量的报表数据转换成对特定决策有用的信息，减少决策的不确定性。

财务报表分析的起点是财务报表，分析使用的数据大部分来源于公开发布的财务报表。因此，财务分析的前提是正确理解财务报表。财务报表分析的结果是对企业的偿债能力、盈利能力和抵抗风险能力做出评价，或找出存在的问题。

财务报表分析的内涵可以从以下几个方面来理解：①财务报表分析是在企业经济活动分析、财务管理学和会计学的基础上形成的一门综合性、边缘性学科，旨在对企业的经济活动进行分析，做出科学决策；②财务报表分析有完整的理论体系，它的体系正日趋成熟；③财务报表分析有健全的方法体系；④财务报表分析有系统、客观的资料依据，它的最基本资料是财务报表；⑤财务报表分析有明确的目的和作用。

（二）财务报表分析的主体、对象和目的

财务报表分析的主体包括内部管理者、现行和潜在的投资者、雇员、贷款者、原材料供应商及其他债权人、客户、政府部门和公众等，他们通过财务报表来满足不同信息的需求。

财务报表分析的对象主要是企业提供的财务报表，说得详细一点就是报表中的财务数据和相关指标；同时包括财务报表中的附注和审计报告。

财务报表的目的是提供某一企业的财务状况、经营状况和财务变化情况的信息，这种信息在许多报告使用者做经济决策时都是有用的，而财务报表分析的一般目的可以概括为：评价过去的业绩，衡量现在的财务状况，预测未来的发展趋势。

（三）财务报表分析对象

1．资产负债表

资产负债表综合分析的目的，主要是了解企业财务状况的变化以及对变化做出个总的评价。因此，亦可称为财务状况变化分析，通过编制比较资产负债表进行趋势分析和通过编制百分比资产负债表进行资金构成分析。

（1）资产变化情况分析

总资产变化情况，因为它代表了企业占有的经济资源是否增加、经营规模是否扩大。

总资产构成情况，分别分析流动资产、长期投资、固定资产和无形资产及其他资产变化情况。将其层层深入，比如对固定资产占总资产比重、应收账款、存货总额等变化情况进行讨论，从而确定企业的经营能力、资金流动性和风险等财务状况。

（2）负债变化情况分析

同资产变化分析类似，先看负债总额变化情况，粗略地了解企业的财务风险。然后再了解负债构成情况，对流动负债和长期负债的内部结构等进行初步的了解。

（3）所有者权益变化情况分析

首先，看所有者权益总额变化情况，一般来说，本年度没发行新股情况下，它的增长表明经营有成绩。然后，从所有者权益占总资金来源的比重来看，确定年末企业财务风险的变化。

（4）根据前面的分析结果，对财务状况变化进行总括分析和评价。

2. 损益表

损益表综合分析的目的，在于了解企业盈利能力的变化趋势，并对该变化做出个总评价。因此，这亦可称为盈利能力变化趋势分析，通过编制比较百分比损益表进行综合分析。

在比较百分比损益表中，既反映了利润的形成情况和各有关项目的增减变化情况，又反映了企业利润的分配和积累情况。如由企业销售收入、产品销售利润、营业利润、利润总额以及净利润等的变化情况的分析可得企业盈利能力的变化趋势。

3. 现金流量表

现金流量表的分析目的，在于了解企业现金流量变化的趋势，以及对该变化趋势做出一个总的评价。该分析是通过编制变形的比较百分比现金流量表来进行。在比较百分比现金流量表中，基本分为两大块：现金流入量和现金流出量，从流入和流出两方面进行分析。

在现金流量变化分析中，主要是对经营活动产生的现金流入量占总现金流入量比重、销售产品收到的现金、投资和筹资活动产生的现金流入量以及相应的流出量的相关指标进行分析。

（四）财务报表分析方法

财务报表分析是个认识过程，这个认识过程是分析和综合的统一，它先把整个财务报表的数据分成不同部分，并找出它们之间的关系，以达到认识企业偿债能力、盈利能力和抵抗风险能力的目的，然后在分析的基础上总体把握企业的财务状况和经营能力。其核心问题是在于解释原因，并不断深化，寻找最直接的原因，财务报表分析方法可以分为三种。

1. 比较分析法

比较分析法，简称比较法，是对两个或两个以上有关的可比数据进行对比，以便确定指标差异及其形成原因的一种分析方法。比较分析属于差量计算，通过这种差量计算可以揭示企业经营管理工作中的差距，其重要作用就在于通过揭示企业经营管理中客观存在的差距及这些差距形成的原因，以帮助分析人员发现问题，挖掘潜力，不断改善经营管理。

2. 比率分析法

比率分析法，简称比率法，是利用各种财务比率之间的比率关系，从相对数上对企业的财务状况进行分析和考察，借以评价企业的财务状况和经营中存在的问题的一种分析方法。通过相关比率分析可以从财务比率的相互联系中认识企业财务活动的基本规律，使财务分析更为全面深刻。将这些相关财务比率的本期实际数与上期或上年同期实际数、与特定历史时期实际数、与同行业先进企业实际数进行对比，还可以全面揭示企业财务状况的发展变化情况。

3. 因素分析法

因素分析法是财务分析中常用的方法，又称连环代替法，是在数量上分别测定每项因素对总指标影响程度的一种方法。该方法的选择条件有两个：一是它适用于对某些财务比率的影响因素的分析；二是所分析的财务比率必须能够分解为“乘”或“除”的关系式；当所给资料同时具备这两个条件时，则可使用因素分析法进行分析。

企业是一个有机的整体，每个指标的高低都受若干因素的影响。从数量上测定各因素的影响程度，可以帮助人们抓住主要矛盾，或更有说服力地评价经营状况。

上述三种方法中，比率分析法在整个财务分析中占有十分重要的地位，对企业同一时期财务状况和盈利能力的分析都较为全面。本章以比率分析法为主、比较分析法为辅进行财务报表分析讲解。

二、财务比率的运用

（一）传统财务比率

1. 偿债能力指标

企业偿债能力，是指企业偿还到期债务的能力，包括短期偿债能力和长期偿债能力。

（1）短期偿债能力

短期偿债能力，就是企业以流动资产偿还流动负债的能力，它反映企业偿付日常到期债务的实力。企业能否及时偿付到期的流动负债，是反映企业财务状况好坏的重要标志，财务人员必须十分重视企业对短期债务的偿还能力，维护企业的良好信誉。

评价企业短期偿债能力的指标主要有：

①流动比率。流动比率是流动资产与流动负债的比率，它表明企业每一元流动负债有多少流动资产作为偿还的保证，反映企业用在短期内可转变为现金的流动资产偿还到期流动负债的能力。计算公式如下：

流动比率 = 流动资产/流动负债

一般情况下，流动比率越高，反映企业短期偿债能力越强，债权人的权益越有保证，流动比率高，不仅反映企业拥有可用以抵偿债务的营运资金多，也表明企业可以变现的资产数额大，债权人遭受损失的风险小。按照西方企业的长期经验，一般认为合理的最低流动比率是2。它表明企业财务状况稳定可靠，除了满足日常生产经营的流动资金需要外，还要有足够的财力偿付到期短期债务。如果比例过低，则表示企业可能捉襟见肘，难以如期偿还债务。但是，流动比率也不能过高，过高则表明企业流动资产占用较多，会影响资金的使用效率和企业的获利能力。流动比率过高还可能是由于应收账款占用过多，在产品、产成品积压的结果。因此，在分析流动比率时还需注意流动资产的结构、流动资产的周转情况、流动负债的数量与结构等情况。

②速动比率。速动比率是企业流动资产中扣除存货部分与流动负债的比率，也称为酸性测试比率。这一比率用以衡量企业的流动资产中可以立即用于立即偿付流动负债的财力。计算速动资产时，要扣除存货，因为存货是流动资产中变现较慢的部分，因此，不应计入速动资产。计算公式如下：

速动比率 = （流动资产 - 存货）/流动负债

速动比率可用作流动比率的辅助指标。有时企业流动比率虽然较高，但流动资产中易于变现、可用于立即支付的资产很少，企业的短期偿债能力仍然较差。因此，速动比率能更准确的反映企业的短期偿债能力。根据经验，一般认为正常的速动比率为1。如果速动比率过低，说明企业的偿债能力存在问题，但同时如果速动比率过高，则又说明企业因拥有过多的货币性资产，有可能失去一些有利的投资和获利机会。

③现金比率。现金比率是现金与期间流动负债之间的比率。这个比率在反映企业短期变现能力方面，可以弥补以上两个指标的不足。计算公式为：

现金比率 = 现金/流动负债

该比率反映的是企业的即刻变现能力，因此，最稳健或者说保守的方法是采用现金比率来衡量企业的短期偿债能力。

（2）长期偿债能力

长期偿债能力，是指企业偿付到期长期负债的能力。企业的长期负债包括长期借款、应付长期债券等。长期偿债能力的强弱与企业短期内获取现金的能力关系不密切。因为企业目前获取现金的能力，与未来长期负债到期时获取现金的能力并无直接关系。从理论上讲，企业长期偿债能力的强弱，与企业盈利能力的高低呈高度正相关。只要企业盈利状况一直良好，就能从经营中形成足够的现金流入量，这样企业才能保证按期付息和到期还本。因此，企业的长期偿债能力是和企业的盈利能力密切相关的。

评价企业长期偿债能力的指标主要有：

①资产负债率。资产负债率又称负债与资产的比率。它是企业在一定时点上负债总额与资产总额的比率，表示企业总资产中有多少是通过负债筹集的。因此，它又称为举债经营比率。该比率是我国国有资本金效绩评价指标体系中偿债能力判断的基本指标。其计算公式如下：

资产负债率 = 负债总额/资产总额

该指标表明债权人所提供的资金占企业全部资产的比重，揭示企业出资者对债权人的债务保障程度。对企业债权人而言，希望资产负债率越低越好，从股东与投资者的角度而言，在资产息税前收益率高于负债利息率时，股东与投资者就可以获得财务杠杆利益并增加其收益，于是希望负债比例越大越好，当然，过度的举债经营也会增加股东的风险；当资产息税前收益率低于负债利息率时，股东则会蒙受收益减少的损失。该比率的大小，与企业的经营思想密切相关，激进的经营思想会使该比率较高，保守的经营思想会使该比率较低，所以，资产负债率又是企业经营活力的反映。

②负债—权益比率。负债—权益比率又称作产权比率，它是指负债总额与所有者权益的比率，其计算公式如下：

负债—权益比率 = 负债总额/所有者权益总额

该项指标反映由债权人提供的资本与股东提供的资本的相对关系，反映企业基本财务结构是否稳定。一般来说，股东资本大于借入资本较好，但也不能一概而论。从股东来看，在通货膨胀时期，企业多借债可以把损失和风险转嫁给债权人；在经济繁荣时期，多借债可以获得额外的利润；在经济萎缩时期，少借债可以减少利息负担和财务风险。该指标高，则表示是高风险、高报酬的财务结构；反之，则表示是低风险、低报酬的财务结构。

该指标同时也表明债权人投入的资本受到股东权益保障的程度，或者说是企业清算时对债权人利益的保障程度。

③权益乘数。权益乘数是资产总额与所有者权益总额的比率，其计算公式如下：

权益乘数 = 资产总额/所有者权益

该指标从另一个侧面反映了企业财务状况和长期偿债能力。权益乘数越大，表明股东投入的资本在资产总额中所占的比重越小，企业的负债经营手段利用得越充分，同时，财务风险也就越高。

④利息保障倍数。利息保障倍数又称已获利息倍数，是指企业生产经营所获得的息税前利润与利息费用的比率，计算公式如下：

利息保障倍数 = 息税前利润（EBIT）/利息费用

该指标反映了企业盈利能力大小和企业盈利能力对债务偿付的保证程度，只要该指标足够大，企业就有充足的能力偿付利息。如何合理确定企业的利息保障倍数，这需要将该企业的这一指标与其他企业，特别是与本行业平均水平进行比较，来分析决定本企业的指标水平。同时从稳健性的角度出发，应以倍数较低的年度为评价依据。从长远看，该指标至少应当大于1，好的保障倍数应大于5，若利息保障倍数过小，企业将会面临经营亏损，偿债安全性与稳定性下降的局面。

2. 企业营运能力分析

营运能力又称作资产利用能力，是指通过企业生产经营资金周转速度的有关指标所反映出来的企业资金利用的效率，它表明企业管理人员经营管理、运用资金的能力。企业生产经营资金周转的速度越快，表明企业资金利用的效果越好、效率越高，企业管理人员的经营能力越强。

评价企业营运能力的指标主要有：

①存货周转率。在流动资产中，存货所占的比重较大，存货的流动性将直接影响企业的流动比率，因此，必须重视对存货的分析。存货周转率是衡量和评价企业购入存货、投入生产、销售收回等各环节管理状况的综合性指标。其计算公式如下：

存货周转率 = 销售成本/平均存货

一般来说，存货周转速度越快，存货的占用水平越低，流动性越强，存货转换为现金或应收账款的速度越快。提高存货周转率可以提高企业的变现能力，而存货周转率越慢，则变现能力越差。该指标的好坏反映了存货管理水平，它不仅影响企业的短期偿债能力，而且也是整个企业管理的重要内容。存货周转分析的目的是从不同角度和环节上找出存货管理中的问题，使存货管理在保证生产经营连续性的同时，尽可能少占用经营资金，提高资金的使用效率，增强企业短期偿债能力，促进企业管理水平的提高。

②应收账款周转率。应收账款和存货一样，在流动资产中有着举足轻重的地位。应收账款周转率就是年度内应收账款转为现金的平均次数，它说明了应收账款流动的速度。其计算公式如下：

应收账款周转率 = 销售收入/平均应收账款

一般来说，应收账款周转率越高，平均收账期越短，说明应收账款的收回越快，能够及时收回应收账款，不仅可以增强企业的短期偿债能力，也可以反映出企业管理应收账款方面的效率。否则，企业的营运资金会过多地呆滞在应收账款上，影响正常资金周转。

③总资产周转率。总资产周转率，是指销售收入与平均资产总额的比值，表示每单位的资产能创造出来的销售收入。其计算公式为：

总资产周转率 = 销售收入/平均资产总额

该项指标反映了资产总额的周转速度。周转越快，反映销售能力越强。并且这个比率是资本密集的度量，低总资产周转率意味着高资本密集度，高总资产周转率则相反。

总之，各项资产的周转指标用于衡量企业运用资产赚取收入的能力，将它们和反映盈利能力的指标结合在一起使用，可以全面地评价企业的盈利能力，下面将反映企业盈利能力的相关指标。

3. 企业盈利能力分析

盈利能力是指企业获取利润的能力。不论是投资人、债权人还是企业经理，都日益重视和关心企业的盈利能力。利润是投资者取得投资收益、债权人收取本息资金来源，是经营者经营业绩和管理效能的集中表现，也是职工集体福利设施不断完善的重要保障。因此，企业盈利能力分析是从与企业利益相关的各个方面了解企业、认识企业、改进企业经营管理的重要手段之一。

评价企业盈利能力的主要指标有：

①利润率。这里的利润率，是指企业净利润占商品销售收入的百分比，表明企业每元商品销售收入平均获得的纯利。其计算公式为：

利润率 = 净利润/销售收入

利润率是反映和考核企业综合经济效益的重要指标。一般而言，该指标越高，表明企业的经济效益越好。对于股东和投资人来说，利润率越高就越理想。

然而，有时高利润率与低利润率没有必然的好坏之分。因为，利润率与总资产周转率呈反向变动，这并非偶然。一种情况，公司增加了产品的价值，假如某公司可以要求高利润率，但是由于增加产品价值要求大量的总资产，这类公司倾向于保持低资产周转率；另一种情况，零售商没有增加产品价值，比如某公司有极低的利润率但有极高的总资产周转率。因此，经营结果好坏依赖于利润率和总资产周转率的共同作用。

②资产报酬率（ROA）。该指标又称作资产净利率，是指企业净利润与资产总额的百分比。是衡量投资者资金收益能力的重要指标。其计算公式为：

资产报酬率 = 净利润/资产总额 = 利润率 x 资产周转率

该指标是由企业经营活动的盈利水平和资金运用效率共同决定的，比率越高，表明资产利用效率越好，整个企业盈利能力越强，财务管理水平就越高。当资产报酬率相同时，就要观察总资产周转率指标，因为它反映了总资产变现速度，当然周转率快的资产报酬率价值要大于资产周转率慢的资产报酬率，因为其风险相对要小。所以，提高企业的盈利能力，首先要注意提高企业经营活动的盈利水平，其次要注意企业资金的有效利用，实现高盈利的销售活动和快速的资金周转，不能单纯增加投资而不注意提高资金的周转效率。

③权益报酬率（ROE）。该指标也称作净资产报酬率，是用来衡量股东在该年度的盈利情况的比率。在投资者及资深管理者中，是个普遍的业绩评价尺度。它是企业利润净额与所有者权益之比。其计算公式为：

权益报酬率（ROE）＝净利润/所有者权益总额

权益报酬率反映了企业所有者权益的投资报酬率，具有很强的综合性，该比率越高，说明企业的盈利能力越强。拿 ROE 与 ROA 相比，若 ROE 大于 ROA，就反映了企业对财务杠杆的运用情况。

（二）基于现金流量表的财务比率

现金流量是以企业经营活动中产生的现金流量、投资活动中产生的现金流量和筹资活动中产生的现金流量三部分构成。现金流量表是以收付实现制为编制基础，反映企业在一定时期内现金收入和现金支出的情况。现金流量表主要是要反映出资产负债表中各个项目对现金流量的影响，并根据其用途划分为经营、投资及融资三个活动分类。现金流量表可用于分析一个企业在短期内有没有足够的现金去应付开销。在当前企业信誉存在问题较多的情况下，与企业有密切关系的供货商、投资者、银行、财政、税务、工商等部门不仅需要了解企业的资产、负债、所有者权益的结构情况与经营结果，更需要了解企业的偿还支付能力，了解企业现金流入、流出及净流量信息。而对企业经营者来说，现金流量在很大程度上决定着企业的生存和发展能力。因此，会计报表使用者需要对现金流量表进行分析。现金流量表的财务比率分析是以经营活动现金净流量与资产负债表等财务报表中的相关指标进行对比分析，全面揭示企业的经营水平，测定企业的偿债能力，反映企业的支付能力等。具体来说，现金流量表的财务比率分析可以从以下几个方面进行：

1. 流动比分析

反映流动比的指标主要有：

（1）现金到期的债务比

现金到期的债务比＝经营活动现金净流量/本期到期的债务。这里的本期到期债务不包括短期借款和应付账款，只包括本期到期的长期债务和本期应付票据。通过这种指标分析，可以帮助报表使用人对企业即将到期又不能展期的债务偿还能力加以衡量。

（2）现金流动负债比

现金流动负债比＝经营活动现金净流量/流动负债。它可以更好地反映企业偿还流动负债的能力。该比率若偏低，说明企业依靠现金偿还债务的压力较大，企业的资金周转不畅；若比率较高，则说明企业能轻松地依靠现金偿债，企业的资金周转比较正常。当一个企业现金流动负债比高于同业的平均水平时，表明企业具有较好地偿还流动负债的能力。

(3) 现金债务总额比

现金债务总额比 = 经营活动现金净流量/债务总额。它可以准确地体现和反映企业对债务规模的维持程序，它们之间的比率越高，说明企业的债务承担能力越强。但是以上比率值并非越大越好，因为现金的收益性较差，若现金流量表中“现金增加额”项目数额过大，则可能是企业现在的生产能力不能充分吸收现有资产，使资产过多地停留在盈利能力较低的现金上，从而降低了企业获得较丰厚利润的能力。

2. 获现能力分析

反映获现能力的指标主要有：

(1) 销售现金比率

销售现金比率 = 经营活动现金流量净额/销售收入。该指标值揭示的是每实现 1 元的营业收入能带回多少现金净流量。如果该指标大于销售利润率，说明销售前景看好；反之，则会计利润可能受到人为操纵或存在大量应收账款。

(2) 每股营业现金净流量

每股营业现金净流量 = (经营活动的净现金流量 - 优先股股利) /流通在外的普通股股数。这个比率越大，说明企业进行资本支出和支付股利的能力越强。

(3) 全部资产现金回收率

全部资产现金回收率 = 经营活动现金净流量/ (年初总资产值 + 年末总资产值)。该指标说明企业在会计年度内平均每 1 元资产所获得的经营活动现金净流量，用于衡量企业经营资产的利用效果。通过考察近几年的指标数列，可揭示企业经营资产利用效率的发展变化趋势。该指标值越大越好，结合同业标准值比较，可帮助判断企业的行业地位和行业竞争力。

3. 财务弹性分析

反映该能力的指标主要有：

(1) 现金满足投资比率

现金满足投资比率 = 近 5 年经营活动的现金净流量/ (近 5 年平均资本支出 + 近 5 年存货平均增加 + 近 5 年平均现金股利)。该指标说明企业经营产生的现金满足资本支出、存货增加和发放现金股利的能力，其值越大越好。比率越大，资金自给率越高。该指标达到 1 时，说明公司可以用经营获取的现金满足扩充所需的资金，公司有一定的成长潜力。若小于 1，则说明公司是靠外部融资来补充，虽可以在一定程度上利用财务杠杆，但会加大公司的财务风险。

(2) 现金股利保障倍数

现金股利保障倍数 = 每股经营活动现金净流量/每股现金股利。该比率越大，说明公司支付现金股利的能力越强，公司运用股利分配政策的余地越大。公司财务弹性越大，适应各种环境和资金需求的灵活性越强，抗风险的能力越大。

3. 收益质量分析

反映收益质量的指标主要有：

$$营运指数=经营活动现金净流量/经营所得现金$$

其中，经营所得现金＝净利润－非经营收益＋非付现费用。

营运指数反映企业经营活动创造或获取现金的能力。该指标数值越低，说明企业经营活动获取现金的能力越差，说明企业获取现金主要依赖于固定资产折旧、无形资产及递延资产的摊销、处置长期资产的损益、对外投资收益、存货及经营性应收和应付项目的变动，等等。而这些来源所获现金的能力往往不具备长期的稳定性。因此，营运指数应越高越好。

由于现金流量表是财务报表的三个基本报表之一，会计报表使用者要注意运用总体分析、结构分析、项目分析等方法，并与资产负债表和利润表相结合，才能对所分析企业的财务状况得出更为全面和合理的结论。

第三节　经典案例——青岛海尔公司财务报表案例分析

一、青岛海尔公司背景简介

青岛海尔股份有限公司成立于1989年4月28日，它是在对原青岛电冰箱总厂改组的基础上，以定向募集资金方式设立的股份有限公司。公司于1993年10月12日向社会公开发行股票，并于11月19日在上海证券交易所上市交易，股票简称：青岛海尔，股票代码：600690。上市10多年来，公司取得了长足的发展。主营业务收入由上市初的6.8亿元增长到2005年的165.09亿元，在股本大比例扩张的情况下，2005年实现每股收益0.20元。同时，公司由原先只生产电冰箱的单一业务扩展到目前涉及电冰箱、空调、冷柜、系列小家电、滚筒洗衣机、电脑板、注塑件、电子商务等业务。公司良好的业绩也逐渐为广大投资者所认同，公司挂牌“青岛海尔”连续入围上证180指数和道中88指数，连续入选“上市公司50强”、“中证亚商中国最具发展潜力上市公司50强”等。在中央电视台《经济半小时》栏目与国际最具权威的会计师事务所——普华永道共同对2001年度“中国令人尊敬的上市公司”评选的当中，青岛海尔一枝独秀，得票高居榜首，是证券市场蓝筹绩优股的典型代表。

与此同时，改制上市也使公司从根本上转变了经营机制，企业的产权关系也更加明晰。股票上市后，公司严格按照有关要求，建立、健全了法人治理结构，理顺了股东大会、董事会、监事会、经理层的关系，并在公司内部形成了股东、员工、用户互动的价值链，使公司的发展目标与股东的投资回报有效地结合起来。

股票上市后，充分发挥上市公司优势，积极利用资本市场整合市场资源，在公开发行股票后，又先后进行了四次再融资，整合了市场资源，极大地促进了公司的发展。

二、公司财务表现趋势比较

（一）综合指标分析

表6.1　　财务比率综合分析

流动性比率	2001年	2002年	2003年	2004年	2005年	行业平均
流动比率	2.14	1.84	2.89	5.05	5.33	1.49
速动比率	1.75	1.52	2.45	3.97	4.11	0.77
资产管理比率						
存货周转率	15.46	16.63	16.57	15.60	16.59	3.74
应收账款周转率	13.35	18.55	19.06	15.97	16.31	6.48
在外日销售	26.96	19.41	18.88	22.54	22.07	
固定资产周转率	7.35	7.29	6.80	9.49	10.85	3.59
总资产周转率	1.65	1.56	1.59	2.15	2.44	0.62
债务管理比率						
资产负债率	0.23	0.26	0.21	0.13	0.11	51.52
赢利比率						
主营业务毛利率	0.17	0.13	0.15	0.13	0.12	0.20
销售利润率	0.05	0.03	0.03	0.02	0.01	(7.19)
总资产回报率	0.09	0.05	0.05	0.05	0.04	(1.48)

从表6.1可以看到，青岛海尔的负债水平较低，其资产负债率接近于行业最低水平，而有形资产负债率、债务与有形净值的比率都远远低于本行业平均值。由此可见，该公司各项偿债能力指标处于行业领先水平。值得注意的是青岛海尔在主营业务毛利率低于行业平均水平的情况下仍取得了远高于行业平均水平的销售利润率和总资产回报率，说明该公司在销售成本和存货周转方面做的相当出色。2001年青岛海尔每股收益0.77元，总资产利润率8.9%，均居行业前列，这体现了该公司作为家电行业的龙头企业地位十分牢固。从资产营运能力的角度来看2001年的存货、流动资产和总资产周转率均居行业之冠，但是公司的盈利能力有下降趋势，应收账款和固定资产周转率处于行业中等水平，还有待改进。与现金能力有关的指标基本处于行业中游，因此管理者和投资者应该关注公司现金流量的安全问题。

（二）财务比率分类分析

1. 经营效率分析

表6.2　　公司近五年经营效率趋势比较

项目/年度	2001年	2002年	2003年	2004年	2005年
存货周转率（%）	15.46	16.63	16.57	15.60	16.59
存货周转天数（天）	23.29	21.65	21.73	23.08	21.70
固定资产周转率（%）	7.35	7.29	6.80	9.49	10.85

表6.2（续）

项目/年度	2001年	2002年	2003年	2004年	2005年
总资产周转率（%）	1.65	1.56	1.59	2.15	2.44
股东权益周转率(%)	14.34	14.48	14.65	12.79	13.80
主营业务收入增长(%)	1.38	1	1.167	30.894	7.909

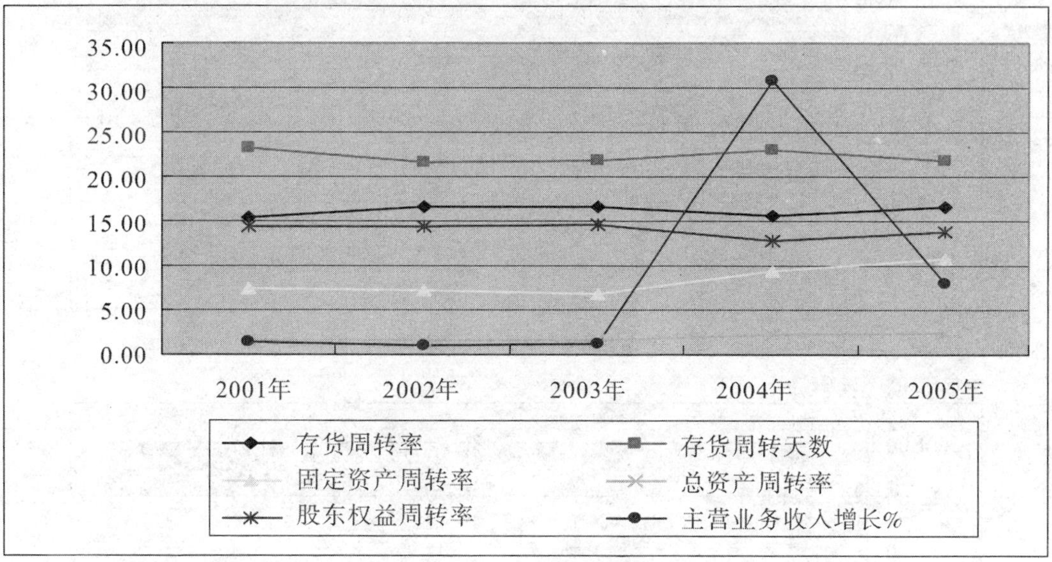

图6.1　经营效率分析

从以图6.1和表6.2可以看出公司的各项经营指标都在合理区间，特别是存货周转率和存货周转天数一直都保持在较低水平。大多数指标在前期较低，随着公司对市场的熟悉，业务开展量的逐步提升，各项指标在以后几年在保持平稳的同时缓慢提升，显示了公司对市场的适应和经营业绩的提升。值得注意的是主营业务收入在2004年有一个明显增长但在2005年又急剧回落。其主要原因是在美国市场经营失误，导致8个亿的应收账款无法回收，致使坏账激增。这说明公司应该加大营销力度以培养稳定市场和加强财务风险控制避免投资失误。

2. 盈利能力分析

表6.3　　公司近五年盈利能力趋势比较

项目/年度	2001年	2002年	2003年	2004年	2005年
销售毛利率（%）	16.92	13.38	14.90	13.24	11.68
销售净利率（%）	5.68	3.94	3.53	2.54	1.53
资产收益率（%）	8.90	5.37	5.00	5.20	3.53
股东权益收益率(%)	12.53	7.80	6.85	6.46	4.27
每股收益（元）	0.77	0.62	0.46	0.31	0.20

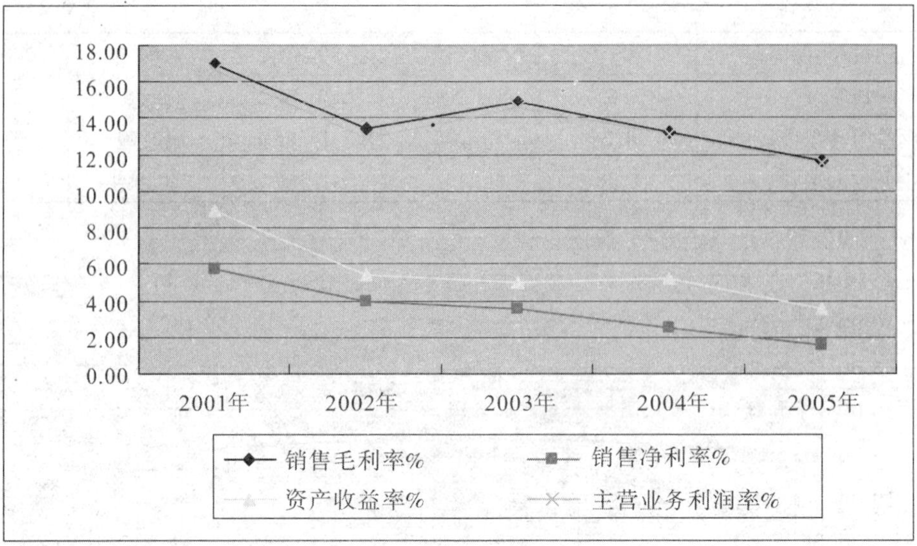

图 6.2 盈利能力分析比较 1

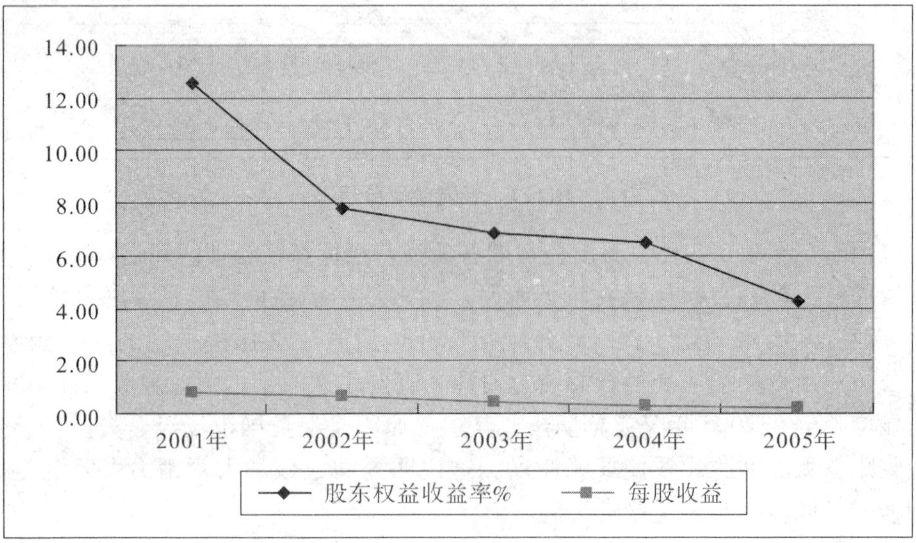

图 6.3 盈利能力分析比较 2

盈利能力各指标变化同经营效率指标变化不大相同，从图 6.3 中可以看出大部分指标呈波动下降的趋势。各指标在第一年为最高，随后开始波动下降。在 2002 年销售净利润的下滑幅度小于销售毛利润的下滑幅度，说明公司在控制经营费用的工作上取得了一定的成绩。但综合来看各项盈利指标持续下滑一方面说明了市场竞争的激烈，另一方面也指出了公司在今后应该加强管理，并采用更合理的投资方式。

3. 偿债能力分析

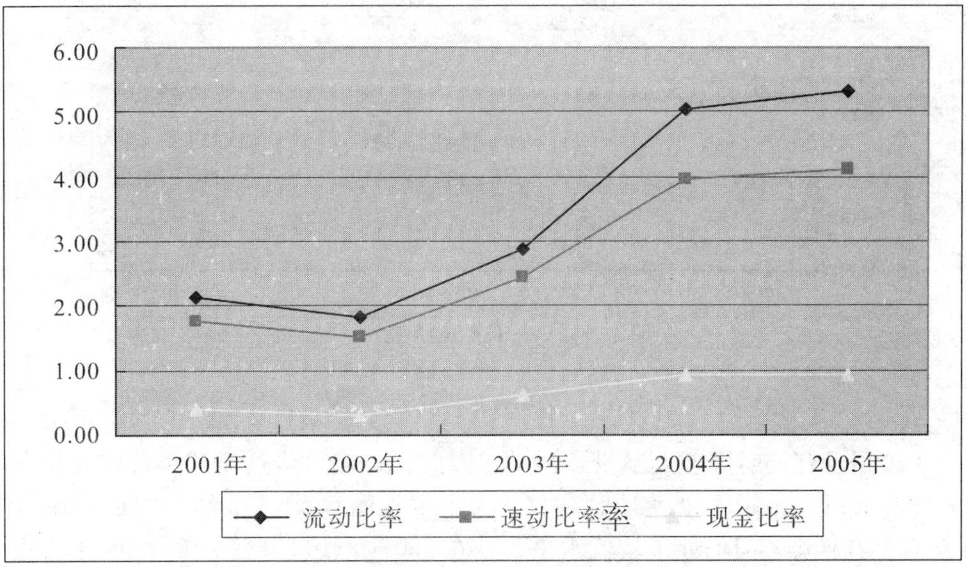

图 6.4　偿债能力纵向比较

从图 6.4 可以看出，公司偿债能力的各项指标都比较好，各项流动指标在 2001—2002 年少许下降后都开始逐年提升。这主要是公司大部分项目都使用自有资金进行投资，因此总体负债比较少，偿债压力相对较小，负担较轻。

4. 资本构成分析

表 6.4　　　　公司资本构成趋势比较

项目/年度	2001 年	2002 年	2003 年	2004 年	2005 年
股东权益比率（%）	71. 04	68. 84	73. 09	80. 46	82. 61
资产负债比率（%）	23. 27	25. 74	20. 85	13. 09	10. 67
长期负债比率（%）	0. 03	0. 00	1. 96	2. 07	0. 02
固定资产比率（%）	24. 71	28. 48	23. 63	22. 80	22. 67
股东权益与固定资产比率（%）	287. 48	241. 71	309. 31	352. 95	364. 42

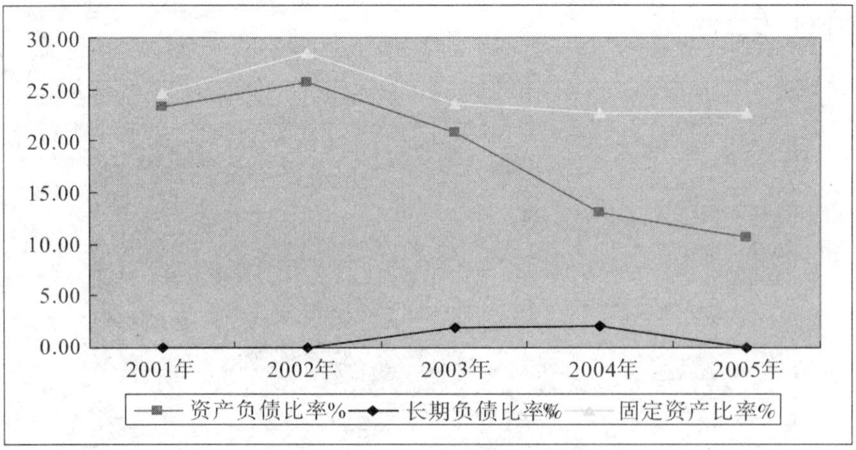

图 6.5　公司资本构成纵向比较

由于公司没有长期从事大型投资活动，因此，公司总体负债较小且成逐年下降趋势，资本构成以自由资本也就是股东权益为主（见图 6.5）。虽然长期负债在 2002—2004 年有上升趋势，但仍处于较低水平，且在 2005 很快就回落，到 2005 年为止公司的负债仍处于较低水平。总体上看公司资金充足、资产负债率持续下降，因此预计这一较低负债比率将继续延续。

5. 财务结构

表 6.5　　公司 2001—2005 财务结构趋势比较

项目/年度	2001 年	2002 年	2003 年	2004 年	2005 年
资本化比率（%）	0.04	0.00	2.61	2.50	0.02
固定资产净值率(%)	65.73	64.49	69.42	63.15	57.77
资本化固定比率(%)	70.91	76.63	62.22	55.07	52.39

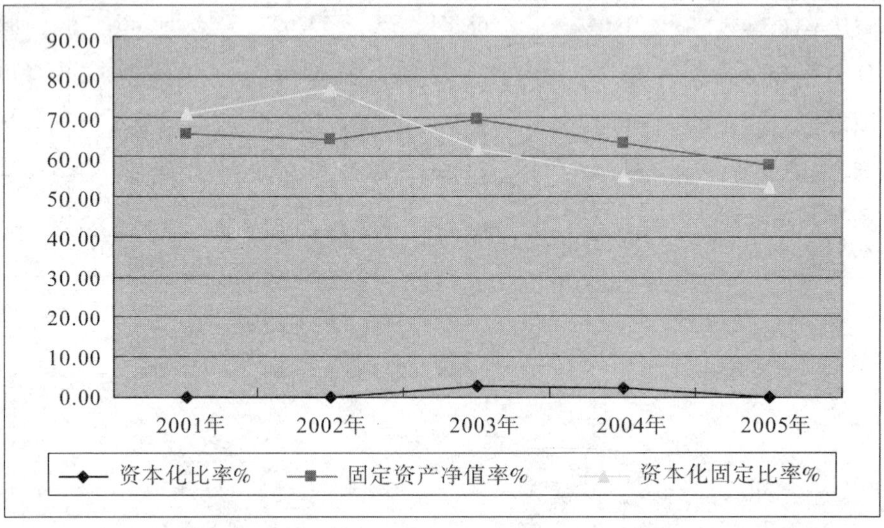

图 6.6　公司 2001—2005 财务结构纵向分析

从表6.5、图6.6中可以看出公司财务结构比率变动比较小，固定资产净值率和资本化率都比较高，这是因为海尔公司是全球第四大家电生产商，有大量的厂房设备，这都是制造性企业特点的充分反映。说明公司的资本情况良好。固定资产净值率在2003年起开始下降，这主要是受折旧的影响。

三、公司财务能力横向比较

（一）主要竞争对手

青岛海尔和四川长虹主营业务都是电视、电冰箱、空调等家用电器，并且都是该行业的龙头企业，因此将四川长虹作为青岛海尔的主要竞争对手进行分析。

（二）分类指标比较分析

1. 经营能力分析

表6.6 经营指标对比分析

	存货周转率(%)	存货周转天数(天)	固定资产周转率(%)	总资产周转率(%)	股东权益周转率(%)	主营业务收入增长率(%)
青岛海尔	16.59	21.70	10.85	2.44	13.80	7.19
四川长虹	3.16	113.94	4.90	0.95	1.54	30.52

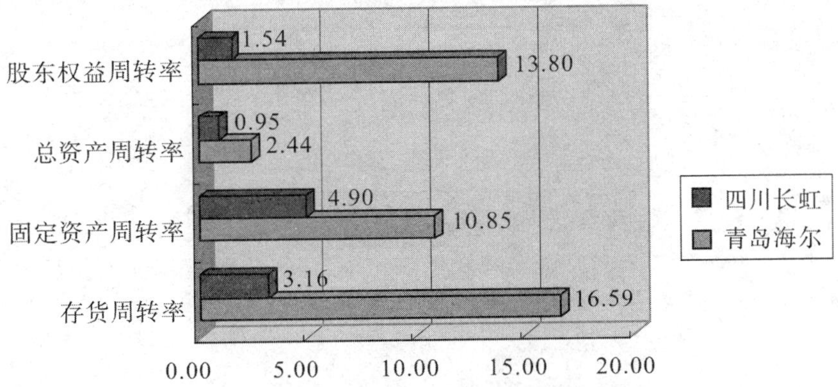

图6.7 经营指标分类分析1

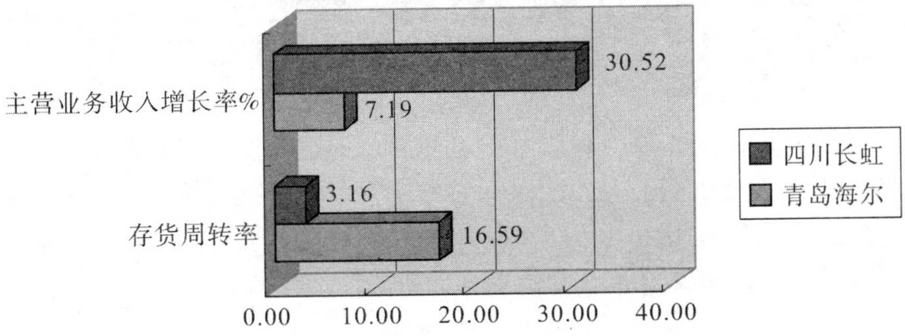

图6.8 经营指标分类分析2

从表6.6、图6.7及图6.8可以看出除主营业务增长率以外，青岛海尔各项经营效率指标都远高于四川长虹，说明海尔公司经营效率在长虹公司之上。而主营业务增长率较低是由于公司近两年努力拓展海外市场，在国内市场上投入相对不够而造成的较低增长率。但海尔公司在货物周转和经营费用控制方面的出色表现使公司的其他比率远高于四川长虹。

2. 盈利能力分析

表6.7　盈利能力对比分析表　单位:%

公司\项目	销售毛利率	销售净利率	主营业务利润率	股东权益收益率
青岛海尔	11.68	1.53	11.60	4.27
四川长虹	16.12	2.02	16.00	13.17

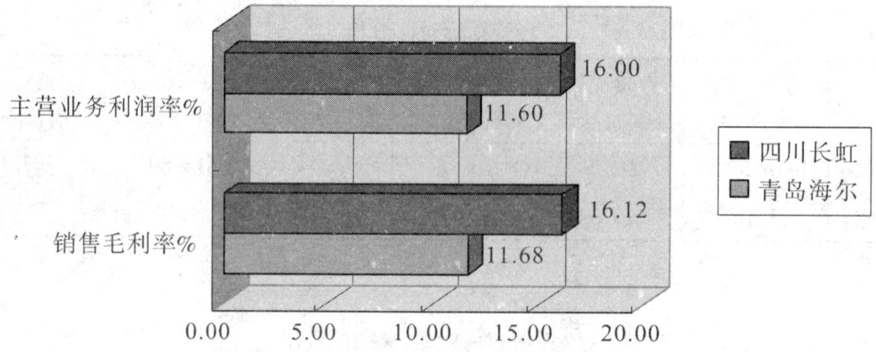

图6.9　盈利能力分类分析1

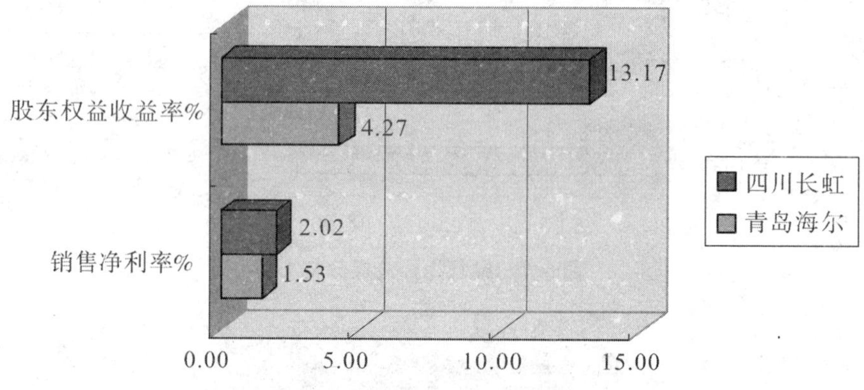

图6.10　盈利能力分类分析2

从表6.7、图6.9和图6.10可以看出青岛海尔的盈利能力略低于四川长虹，但值得注意的是青岛海尔在主营业务方面落后长虹4.4个百分点，但最终的销售净利润仅少0.49个百分点。这进一步说明青岛海尔在货物流转和经营费用控制上有着出色的表现。但青岛海尔应该在销售拓展和售货成本上加大工作力度。

3. 偿债能力分析

表 6.8　　偿债能力对比分析

公司＼项目	流动比例	速动比例	现金比例	应收账款周转率（%）
青岛海尔	5.33	4.11	0.93	16.31
四川长虹	2.14	1.31	0.22	4.88

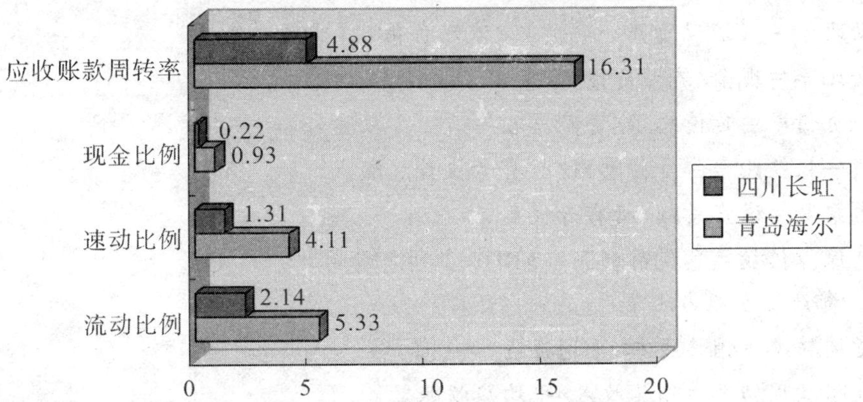

图 6.11　偿债能力对比分析

由表 6.9、图 6.11 可以看出，青岛海尔的各项长债比例都远高于四川长虹，特别是应收账款周转率、现金比例和速动比例都是接近长虹的四倍。因此，从总体上看公司的长债能力是相当突出的。

四、结论

海尔集团作为一个实业投资控股公司，要想进行统一管理或者控制这些分散的多元化产业，成本是相当高的，风险也是很大的。但通过分析，我们可以看出青岛海尔总体财务表现良好，各项指标均远超出行业平均水平，与主要竞争对手四川长虹相比其主要财务比率也处于领先水平。青岛海尔的负债水平较低，其资产负债率接近于行业最低水平，而有形资产负债率、债务与有形净值的比率都远远低于本行业平均值。由此可见，该公司各项偿债能力指标处于行业领先水平。特别是该公司在销售成本和存货周转方面做的出色表现使得青岛海尔在主营业务毛利率低于行业平均水平的情况下仍取得了远高于行业平均水平的销售利润率和总资产汇报率。2001—2005 年，青岛海尔平均每股收益 0.47 元，总资产平均利润率 5.60%，均居行业前列，这体现了该公司作为家电行业的龙头企业的地位十分牢固。从资产营运能力的角度来看 2001—2005 年的存货、流动资产和总资产周转率均居行业之冠，但是公司的盈利能力有下降趋势，应收账款和固定资产周转率处于行业中等水平，还有待改进。与现金能力有关的指标基本处于行业中游，因此管理者和投资者应该加强财务控制，关注公司现金流量的安全问题。

思考与练习

1. 运用财务比率分析模拟企业的财务状况

学习了以上案例，请运用以下比率分析模拟企业的财务状况。

(1) 负债能力比率

流动比率＝流动资产/流动负债

速动比率＝（流动资产－存货）/流动负债

现金比率＝现金/流动负债

资产负债率＝负债总额/资产总额

负债—权益比率＝负债总额/所有者权益总额

权益乘数＝资产总额/所有者权益

利息保障倍数＝息税前利润（EBIT）/利息费用

(2) 资产管理能力比率

存货周转率＝销售成本/平均存货

应收账款周转率＝销售收入/平均应收账款

总资产周转率＝销售收入/平均资产总额

(3) 盈利能力比率

利润率＝净利润/销售收入

资产报酬率＝净利润/资产总额＝利润率×资产周转率

权益报酬率（ROE）＝净利润/所有者权益总额

(4) 基于现金流量表的财务比率

①流动比分析

现金到期的债务比＝经营活动现金净流量/本期到期的债务

现金流动负债比＝经营活动现金净流量/流动负债

现金债务总额比＝经营活动现金净流量/债务总额

②获现能力分析

销售现金比率＝经营活动现金流量净额/销售收入

每股营业现金净流量＝（经营活动的净现金流量－优先股股利）/流通在外的普通股股数

全部资产现金回收率＝经营活动现金净流量/（年初总资产值＋年末总资产值）

③财务弹性分析

现金满足投资比率＝近5年经营活动现金净流量/（近5年平均资本支出＋近5年存货平均增加＋近5年平均现金股利）

现金股利保障倍数＝每股经营活动现金净流量/每股现金股利

④收益质量分析

营运指数＝经营活动现金净流量/经营所得现金

(5) 分析结论

2. 思考：如何解决财务比率分析中的陷阱和局限?

第七章　成本核算方法

第一节　经营陷阱

我国现行的企业间接成本是用两种方法列销的：对于车间水、电、生产控制、设施运转、工装模具、作业之间的调整准备、质量控制、搬运等环节发生的制造费用，由于它们一般难以追溯到具体产品上，因此采用按产品耗用工时或机时进行分配，进入产品成本；对于销售、产品设计、出厂试验等费用，习惯上把它们作为期间费用直接从当期损益列销。

大多数企业采用两步程序分配制造费用。首先，将归集起来的辅助生产部门（如动力车间、维修车间等）费用分配到各生产部门，其次，将归集到生产部门的总费用分配到各个产品上去。许多企业在第一步分配上做得很好，但是在把生产部门的费用追踪到单个产品上去却做得很简单，多数企业是用直接人工工时作为分配基础，一次分配到位。现实中也有某些企业注意到直接人工的重要性日益下降，而采用两个额外的分配基准；与材料相关的开支（如用于购买、接收、检查和存储材料的开支）按照直接材料的一定百分比直接计入产品成本；高度自动化的企业则多采用机器工时来分配费用。由于工时、机时、原材料消耗量这类分配基础与产品数量密切相关，因此可以把传统方法称为“以数量为基础”的成本分摊方法。

一、传统成本分摊方法的问题

用直接人工分配制造费用的方法在传统制造企业是合理的，因为其中大多数企业只生产少数几种产品，构成产品成本最重要的因素是直接人工成本和直接材料成本，这两种成本占产品成本的很大部分，而制造费用的比重很小。因此，少量的制造费用按构成产品成本主体的直接人工去分配，所导致的扭曲是非常微小的，产品成本信息是比较准确的。这时，增加花费进行更多数据的收集和处理，并不能相应地增加成本的准确性和有用性，因此很难使人们接受复杂的分配间接费用的方法。现今，随着科学技术的快速发展，全球性竞争的加剧，企业及其生产经营环境发生了巨大变化，这些变化使传统成本分摊方法遇到了两大问题。

（一）产品成本失真

科技进步导致的资本密集，反映到生产工具上是设备价值提高和经济寿命缩短，设备价值提高和经济寿命缩短反映到会计上是单位会计期间内的固定资产折旧增大

(制造费用增大)。科技进步的另一个后果是需要越来越多掌握现代科学技术的高素质生产人员（这些人区别于传统人），他们可以以一当十（如加工中心或机器的操作人员），其结果是传统方法下用以分配制造费用的直接人工工时大大减少。竞争对制造费用和直接人工工时也有类似影响。制造费用增大和直接人工减少的双重作用，使传统成本分摊法的制造费用分配率很大，且生产自动化程度越高，分配率越大。过大的分配率在产品工时发生误差时，也会导致产品成本的巨大误差。显然这不是产品的真实消耗，是由于成本分摊方法本身所造成的虚假表象。

(二) 虚假的成本信息

科技的发展促进了产品更新换代，生产力的提高使世界上大多数市场成为买方市场。顾客需求的个性化、多样化已成为潮流。激烈的竞争使得传统的少品种、大批量的生产模式让位于多品种、少批量的生产模式。这样，与单个产品生产工时无关的间接费用，如设备调整准备费用、搬运费用、质检费用、设计费用、试验费用、采购费用等会大大增加。仔细观察，很多间接费用与产出数量并无对应关系，诸如设备调整准备费用、生产管理费用、模具费用、设备及其维护费用等，如果把这些与产品生产工时无关的费用强行按工时分配给产品，必然造成分配结果扭曲。例如某种产品的工时费用很多，而质量检验费用很少，传统成本分摊方法下，该产品一定多分了质量控制费用；又如，一种产品需要很多模具费用，但是对它加工的时间很短，传统成本分摊方法下，该产品一定少分了工模具费用，等等。另外，目前以工时为基准的成本计算体系是建立在基本劳动时间的基础上的，即以基本劳动时间作为分配基准。基本劳动时间是按加工生产时间统计的，它不包括原材料采购、模具加工、搬运以及转换产品等花在调整准备上的时间，甚至不包括质量检验、设备启动时间，这样产品耗用工时的统计值大大小于其实际值，从而更加大了成本的扭曲。

上述问题掩盖了成本发生的实质，造成不同产品之间的“成本转移”问题。

二、传统成本分摊方法的后果

传统成本分摊方法会造成不同批量、不同工艺、不同规格品种之间的成本转移，使产品的成本失真。失真的产品成本信息将对公司经营决策、成本控制和财务报告等，造成不利影响。

(一) 扭曲的产品成本信息可能导致经营决策失误

扭曲的产品成本信息，将导致扭曲的产品毛利信息，从而会使公司进行不恰当、不获利的经营决策。例如：企业某产品传统成本法提供的单位产品成本是每件200元，企业在市场上以每件240元销售，每件毛利率20%，通过计算，该产品的真实成本是230元，那么，企业实际上是在微利或亏损状态下经营；反之，若该产品真实成本是170元，当竞争对手降价到195元，企业根据传统成本法提供的成本信息（即单位产品成本200元），认为企业不能再降价销售，而应退出市场。其实，根据该产品的真实消耗，企业产品的保本价应在170元，如果降价到190元，仍有11%的毛利。可见，扭曲的成本信息不利于企业采取正确的决策，使企业做出错误的判断，招致经营失败。

同样道理，在投招标产品进入或退出市场、扩大或缩小市场的决策中，以及相应的资本支出决策中，扭曲的产品成本信息可能导致判断失误，甚至战略决策错误。具体表现为：

（1）大量销售盈利低甚至亏损的产品，放弃赢利水平高的产品；

（2）错误地计算了与各个客户的相关成本，从而导致拥有一批不获利的顾客，即企业提供给客户产品的总成本高于客户所愿意支付的价值，更为严重的是企业并未认识到这个问题；

（3）错误地进行半成品外购、自制决策；

（4）做出错误的资本支出决策，等等。

（二）扭曲的产品成本信息，可能导致成本失控并降低财务报告的可靠性

传统产品成本法提供的综合成本信息不利于成本改进，而扭曲的成本信息又往往给成本控制提供错误的指向，从而使成本改进和成本控制失效。更重要的问题是由于成本信息的扭曲，使企业财务报告的可靠性和公允性受到影响。这是因为产品的成本影响企业的获利能力，而产品获利能力又是实现企业净利润的基础，如果基础不可靠，那么在其上的净利润可靠性就会受到怀疑。传统成本法影响成本控制有效性的具体表现有：

1. 昂贵的产品设计成本

传统成本系统为了降低直接成本或单位变动成本，会在产品设计时忽略使用通用件等，其结果往往是大大增加了因复杂性而产生的成本。

2. 昂贵的工艺成本

先进的制造企业提倡设计人员采用大批便于流动的小型设备取代少量的大型设备进行工艺设计，以增加生产和管理的弹性。但是，传统成本系统反对这一点，它认为大型设备的购价往往低于多台小型设备，采用大型设备的直接人工也低于采用多台小型设备所需的直接人工，因此采用大型设备的成本较低。事实上，采用大型设备生产多品种的产品往往会增加生产计划及调度难度，加大了存货的数量和材料处理的复杂性，增加了生产线维持和监督管理的难度及成本，产品的实际成本往往是高而小是低。

3. 制定错误的削减成本战略，会导致产品成本的急剧增加

尽管传统成本计算方法对制造费用的处理不科学，但这种成本计算方法能长期存在，除了惯性和企业多样性等原因之外，另一个重要的原因是它计算简便。但是，在当今科技高速发展的环境中，这种方法就不适合了。传统成本计算法通常不能准确把握单位产品和制造费用之间的因果关系，从而生成错误的成本信息。使用这些有缺陷的成本信息将会使公司在成本控制、业绩评价、产品获利能力和经营决策、战略决策等方面的机能失调，公司自动化的效益可能因此被抵消，最终使公司利润下降。

第二节　理论分析

一、传统成本核算方法概述

传统成本核算的基本方法有品种法、分批法和分步法三种。

（一）品种法

品种法是指以产品品种为成本计算对象，计算成本的一种方法。它用于大量大批的单步骤生产企业。品种法的主要特点如下：

（1）计算对象是产品品种；

（2）品种法下一般定期（每月月末）计算产品成本；

（3）如果企业月末有在产品，要将生产费用在完工产品和在产品之间进行分配。品种法成本核算流程如图 7.1 所示。

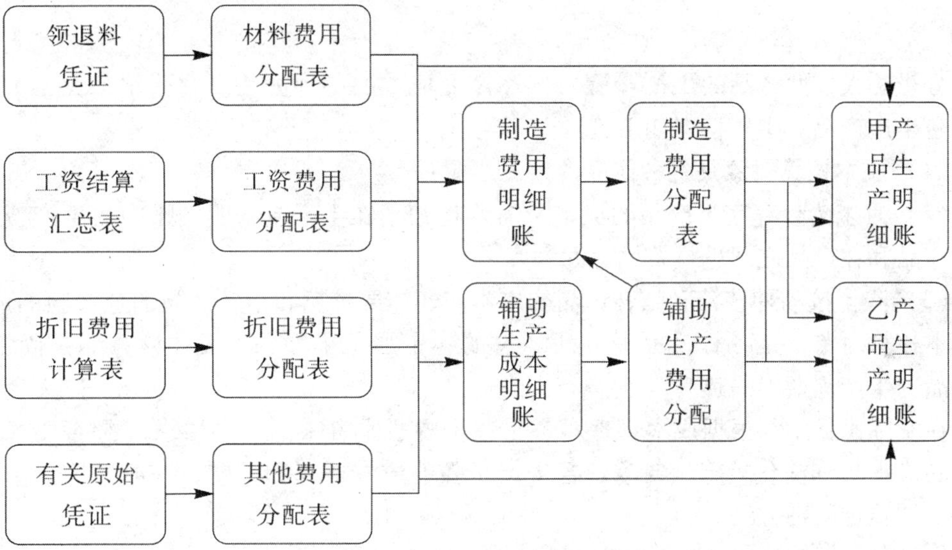

图 7.1　品种法核算流程

（二）分批法

分批法是指按照产品批别，核算产品成本的一种方法，它主要适用于单件小批产品的生产，主要特点如下：

（1）成本计算对象是产品的批别。由于产品的批别大多是根据销货订单确定的，因此也称为订单法。

（2）分批法下，产品成本的计算与生产任务通知单的签发和产品生产周期紧密配合，因此产品成本计算是不定期的。成本核算期与产品生产周期基本一致，而与核算报告期不一致。

（3）在分批法下，由于成本核算期与产品生产周期基本一致，因而在核算月末产品成本时，一般不存在完工产品与在产品之间分配费用的问题。

分批法成本核算流程如图 7.2 所示。

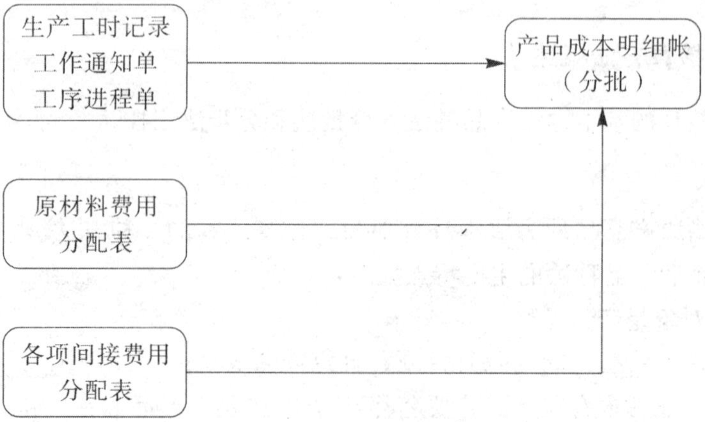

图 7.2　分批法核算流程

（三）分步法

分步法是按照产品的生产步骤，核算产品成本的一种方法。它适用于大量大批的多步骤生产产品。主要特点如下：

（1）成本核算对象是各种产品的生产步骤；

（2）月末为计算完工产品的成本，需要将归集在生产成本明细账中的生产费用在完工产品和在产品之间进行费用分配；

（3）除了按品种核算和结转产品的成本，还需要核算和结转产品的各步骤的成本。其成本核算对象，是各种产品及其所经过的各个加工步骤。其成本核算期是固定的，与产品的生产周期不一致。

在实际工作中，根据成本管理对各生产步骤成本资料的不同要求（是否要求核算半成品成本）和简化核算的要求，各生产步骤的成本核算和结转，一般采用逐步结转和平行结转这两种方法。

1. 逐步结转分步法成本核算流程

逐步结转分步法成本核算流程如图 7.3 所示。

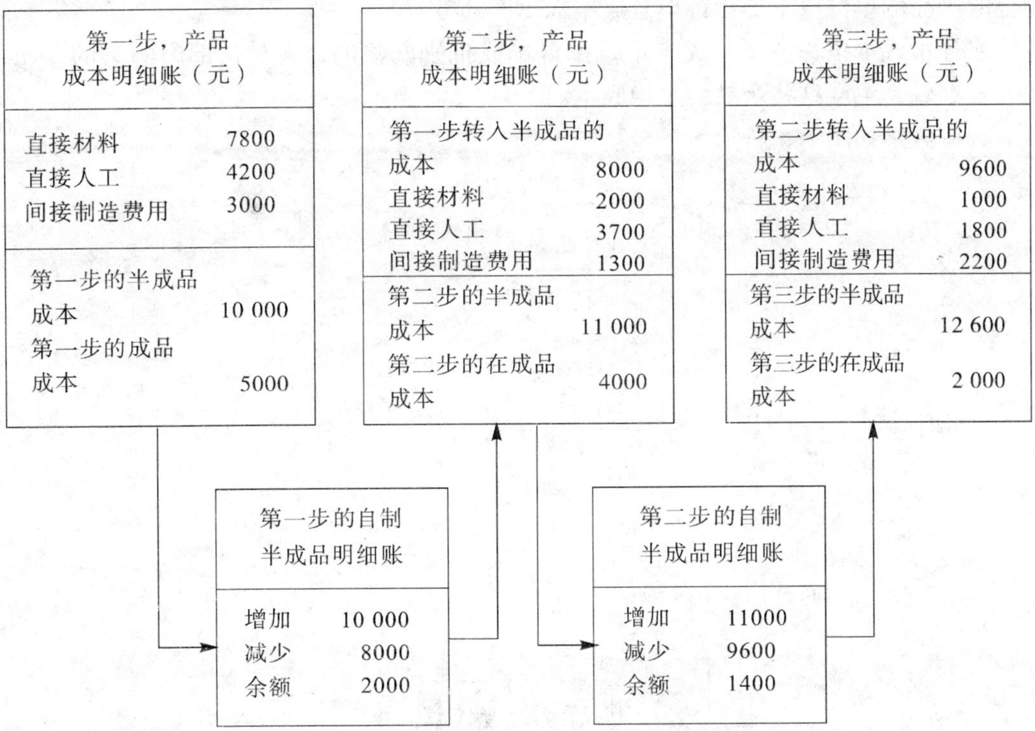

图 7.3　逐步结转分步法成本核算流程

2. 平行结转分步法成本核算流程

平行结转分步法成本核算流程如图 7.4 所示。

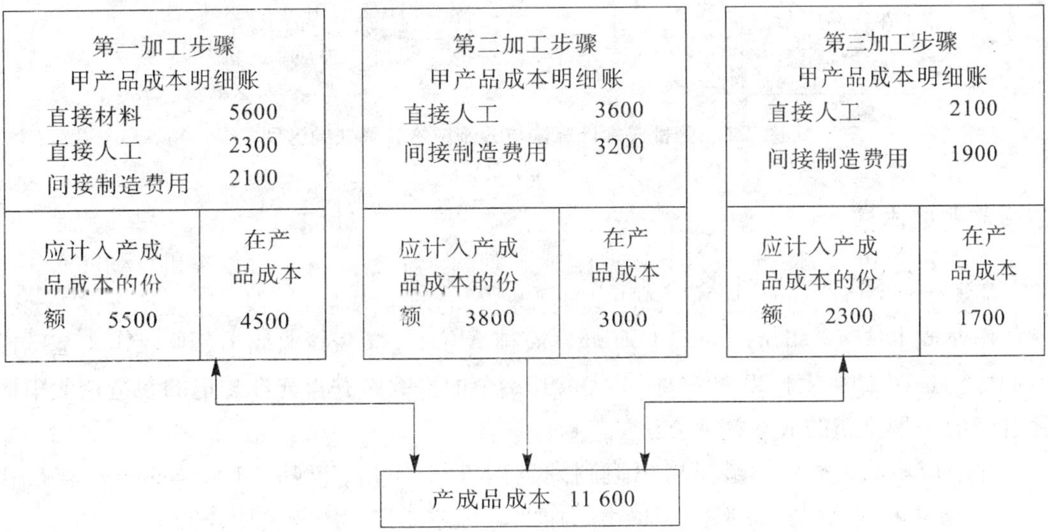

图 7.4　平行结转分步法成本核算流程

（四）分批法与分步法的区别

在分批成本核算法下，成本按订单归集，并在分批成本核算单上记录。每一张订单上的产品的单位成本等于订单总成本除以产品数量。

在分步成本核算法下，成本不是按订单或批别归集的，而是按部门归集的。而且单位成本就是生产这些产品的平均成本。

具体区别如图 7.5 所示。

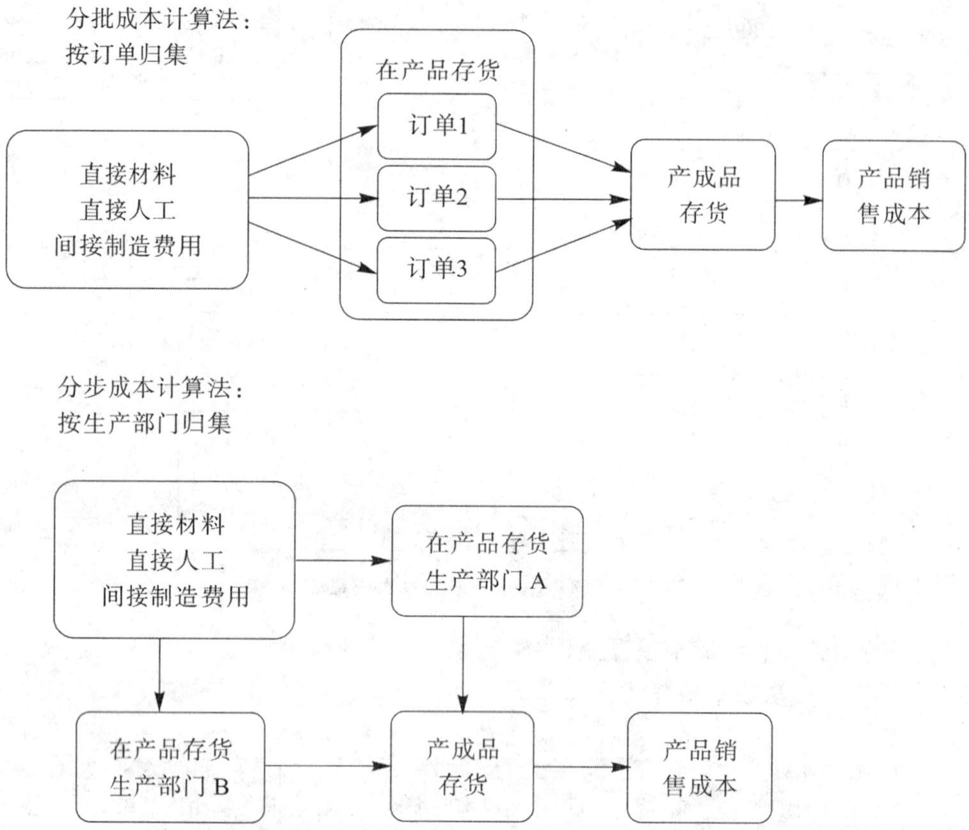

图 7.5　分批成本计算法与分步成本计算法的区别

二、作业成本法

（一）作业成本法的产生背景

作业成本法（Activity-Based Costing，简称 ABC），又叫作业成本计算或作业基础成本制度，是西方国家于20 世纪 80 年代末开始全面兴起，并首先在先进的制造企业中应用起来的一种全新的成本核算方法。

作业成本法的产生，最早可以追溯到美国人埃里克·科勒（Eric Kohier）教授在1952 年编著的《会计师词典》中提出的作业、作业账户、作业会计等概念。

1971 年，乔治·斯托布斯（George LStaubus）教授在《作业成本计算和投入产出会计》中对“作业”、“成本”、“作业会计”、“作业投入产出系统”等概念作了全面系统的讨论。

1986 年美国哈佛商学院在案例系列 John Deere Component Works（A）and（B）中

第一次使用了 ABC 这一术语。而首先对 ABC 给予明确解释的则是哈佛大学学者罗宾·库珀（Robin Cooper）和罗伯特·卡普兰（Robert S. Kaplan）。

作业成本法的产生不是偶然的，而是在科技进步、适时制、生产方式变革、计算机技术发展等因素的共同作用下产生并发展起来的。自 20 世纪 70 年代以来，高科技的发展对社会的发展起到了极大的推动作用，日本及欧美各国纷纷实行自动化生产、电脑辅助设计以及电脑制造，这就为生产经营的革命性变革提出了要求，同时也为它提供了技术上的可能。在这种情况下，为了正确计算产品成本，提供更为广泛和相关的成本信息，以满足企业经营管理的需要，客观上就要求把成本计算的重点放到间接制造费用上来。显然，传统的成本核算方法不能满足已经变化了的企业经营管理的需要。因此，为了适应已经大大变化了的客观环境。自 20 世纪 80 年代末提出 ABC 法以后，会计理论界对 ABC 法研究的兴趣持续高涨，到 20 世纪 90 年代前期，在美国的《管理会计》（Management Accounting），《成本管理杂志》（Journal of cost Management）以及《哈佛商业评论》（Harvard Business Review），《注册管理会计师杂志》（CMA Magazine）等会计刊物发表关于 ABC 的论文数以百计。其后，一些公司在应用 ABC 法后由于种种原因又放弃了使用，理论界一度对 ABC 的研究趋于冷静，也有人发表文章对 ABC 的正确性、适用性提出质疑。但是，随着 ABC 在越来越多的公司、行业应用，特别是 ABC 应用软件的开发应用，ABC 又进入了一个新的发展期。

目前，ABC 法的应用已由最初的美国、加拿大、英国，迅速地向澳洲、亚洲、美洲以及欧洲扩展。在行业领域方面，也由最初的制造行业扩展到商品批发、零售行业、金融保险机构、医疗卫生等公共用品部门，以及会计师事务所、咨询类社会中介机构等。据有关研究，在公司内部会计部门和财务部门是使用 ABC 法最多的两个部门，其他按使用频率依次为生产、产品管理、工程设计和销售部门。ABC 法应用最重要的决策是在确认公司发展机会、产品管理决策和作业过程改进决策等方面，应用最多的业务领域包括生产加工、产品定价、零部件设计和确立战略重点等。

（二）作业成本法的基本概念

作业成本法是一种科学的成本管理方法，要了解作业成本法就必须先了解其所使用的一些基本概念

1. 资源

资源是指支持作业的成本和费用的来源，是企业生产耗费的最原始状态。如果把整个企业看成是一个与外界进行物质交换的投入产出系统，则所有进入该系统的人力、物力等都属于资源范畴。例如，制造企业的人工工时、机器工时、原材料、低值易耗品、生产用水、生产用电，等等，都属于企业的资源。通常，在企业财务部门所编制的预算中可以比较容易地得到各种资源项目。在制造企业中，典型的资源项目包括：原材料、辅助生产材料、动力燃料费用、折旧费用、办公费用和人工费等。在作业成本核算中，之所以把资源作为一个重要的范畴，主要是因为在成本核算方面需要处理以下两个方面的问题：

（1）要反映作业都消耗了哪些方面的资源，以及资源是如何被作业消耗的，即要

找到资源动因（此概念以后述及）以便把资源耗费按资源动因逐项地分解，分配到吸纳这些资源的不同作业中去。如果某项资源耗费可以直接被确认为是哪项作业耗费的，则应直接将其计入该作业，如果某项资源从最初消耗上呈混合性耗费状态，即支持多种作业的发生，则需要选择合适的量化依据将资源消耗分解到各作业，这个量化依据就是资源动因。

（2）区分有用消耗和无用消耗，以便把无用消耗的价值单独汇集为不增值作业价值，而只把有用消耗的资源价值分解到作业成本中去。

对于资源我们可以进行不同的分类，一般可以分为：①货币资源；②材料资源（对象资源）；③人力资源；④动力资源。

2. 作业、作业链和价值链的概念及其相互关系

在作业成本核算中，作业是连接资源耗费和产品成本的中介，是汇集资源耗费的第一对象。美国会计师詹姆斯 A. 布林逊（James A. Brimson）在《作业会计》（Activity Accounting）一书中认为：作业是企业为提供一定量的产品或劳务所消耗的原材料、人力、技术、方法和环境等的集合体。任何一个企业的生产经营过程无不是一系列资源投入和效果产出的实实在在的过程，而正是作业起到了沟通资源与产出（最终产品）的桥梁作用，贯穿于企业生产经营的全过程。作业成本法认为，企业管理深入到作业层次以后，现代企业实质上是为最终满足顾客需要而设计的一系列作业的集合体，这个有序的集合体就是作业链。在这条作业链上存在着这样一种关系：资源—作业—产品，其含义表示为：作业耗用资源，产品耗用作业。企业每完成一项作业，就会有一定量的资源被消耗，同时又有一定价值量的产出转移到下一项作业，照此逐步结转下去形成企业的最终产品。最终产品作为企业内部作业链的最后一环，凝结了作业链所形成并最终提供给客户的价值。因此，作业链同时也表现为价值链，作业的推移同时也表现为价值在企业内部的逐步积累和转移，最后形成转移给顾客的总价值，这个总价值就是产品成本。作业链的形成过程也就是价值链的形成过程。

3. 作业成本习性分析

成本习性反映的是成本总额与业务量的关系，它是传统管理会计进行最优管理决策和进行变动成本计算时，所依据的一个重要概念。传统管理会计将所有成本划分为固定成本和变动成本两大类，混合成本最终也要进行分解归入到固定成本和变动成本之中。当产品成本中直接成本的比重较高时，传统成本习性分析是有效的。但在高技术生产条件下，当间接费用的比重较高时，由于传统成本习性分析掩盖了间接费用的可变性，出现了小利于成本控制和不利于全面把握投入与产出之间本质联系的问题。而作业成本法的着眼点正是在于改进间接费用的分配，为了探究间接费用产生的原因，必须对成本习性进行更深入的分析。作业成本法认为：在高新技术制造环境下，大部分间接费用与产量无关，与作业量相关，并被各种成本动因所驱动，因此可将成本分为短期变动成本、长期变动成本和固定成本。

短期变动成本，是指与企业的产量成正比例变动的成本，它已与传统的变动成本意义相同，即以产品的产量为基础，故对此类成本应采用数量相关的成本动因。

长期变动成本，是指在较长时间内，不是随产量变动的成本，而是随作业量变化

而变动的成本，对此类成本应采用非数量相关的成本动因，即采用与作业量相关的成本动因作为成本分配的基础。

固定成本，是指在一个既定的时期内，不随任何作业量的变动而变动的成本，但这类成本从长远来看也是变动的。固定成本从短期来看是固定的，因为在短期内，企业的产量是较为稳定的，但从长期来看则是变动的，因为生产规模的变化必然引起固定成本的增减变化。

4．成本动因的概念及其分类

对于成本习性进行分析的一个重要因素就是辨别各种成本的成本动因。1987年，库柏和卡普兰提出了“成本动因”这一概念，他们认为ABC法要把间接成本与隐藏其后的推动力联系起来，这种推动力就是“成本动因”。

所谓成本动因就是决定成本产生的活动或事项，它支配成本行为，决定成本的产生，它可以是一个事件、一项活动或作业。所以，要把间接成本分配到各产品中去，就必须要了解成本行为，识别恰当的成本动因。根据成本动因在资源流动中所处的位置通常可将其分为资源动因和作业动因两类。如图7.6所示。

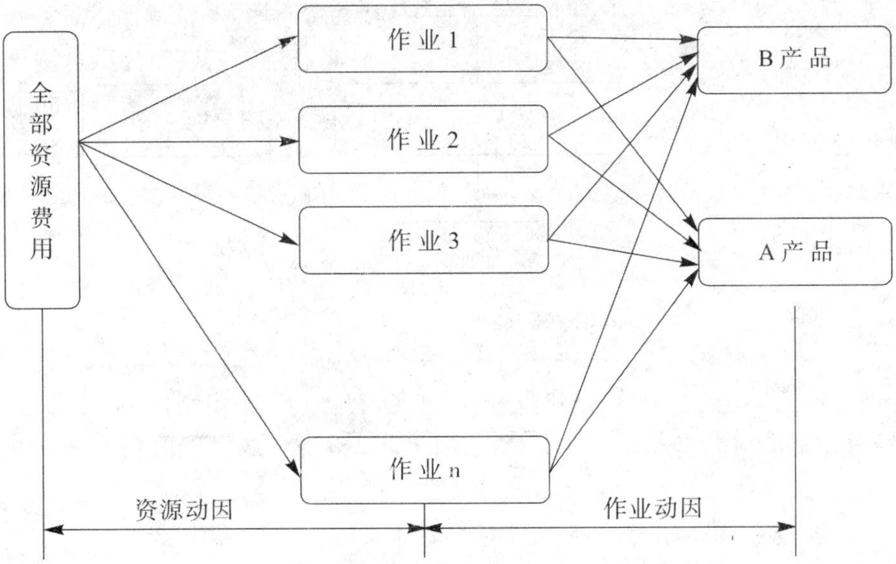

图7.6　成本动因图

资源动因，作业量的多少决定着资源的耗用量，资源耗用量与作业量的这种关系称为资源动因。资源动因作为衡量资源消耗量与作业量关系的计量标准，它是资源被各种作业消耗的方式和原因，反映了消耗资源的起因和作业对资源的耗费情况，是资源成本分配到作业的依据。例如，人工费用的耗费主要是和从事各项作业的人数有关，那么就可以以人数作为资源动因向各项作业分配人工方面的费用。

作业动因，是作业发生的原因，是将作业成本分配到最终产品或劳务的方式和原因，它反映了产品消耗作业的情况，是作业成本分配到产品中去的标准，是沟通资源耗费与最终产品的中介因素。例如，产品或劳务发生的设备维修费可用与其有关的维修小时作为作业动因，来分配与之相关的费用。

（三）作业成本法的基本原理

作业成本法认为，由于作业消耗了资源，产出消耗了作业，因此资源应该通过资源动因分配给作业形成作业成本，而作业成本应通过作业动因分配给产出。这里，成本动因是重要的量化基准，即作业动因是产出消耗作业的量化基准，资源动因是作业消耗资源的量化基准。ABC 法涉及两阶段的制造费用分配过程：第一阶段，把有关生产或服务的制造费用（资源）归集到作业中心，形成作业成本；第二阶段，通过作业动因把作业成本库中归集的成本分配到产品或服务（成本标的）中去，最终得到产出成本。ABC 原理如图 7.7 所示。ABC 法下，传统成本分摊方法的“黑箱”——作业箱被打开了，在计算产出成本时，已不再是一步把资源越过作业分配到产出，而是通过作业链分析，找出相应的作业和作业链，寻找出作业与资源、产出与作业的关系，进而恰当地进行成本分摊。可见，当我们把作业黑箱打开，视作业为连接资源与产出的中介后，则走进了成本计算方法的新方法——作业成本法。

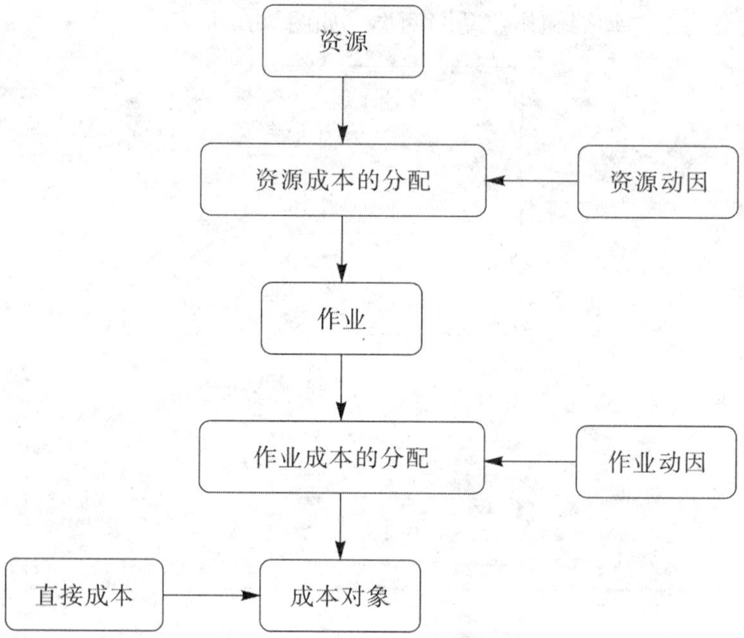

图 7.7　ABC 法的基本原理

（四）作业成本核算的一般步骤

1. 直接成本的归集

直接成本包括直接材料、直接人工成本以及其他直接费用，其计算方法与传统的成本计算方法一样。材料费用的归集和分配，要求处理两个问题：①确定本期材料总数是多少；②确定这些费用由哪些对象来负担。

2. 作业的鉴定

在企业采用作业成本核算系统之前，首先要分析确定构成企业作业链的具体作业，这些作业受业务量而不是产出量的影响。作业的确定是作业成本核算系统成功运行的前提条件。

3．成本库费用的归集

在确定了企业的作业划分之后，就需要以这些作业为对象，根据作业消耗资源的情况，归集各作业发生的各种费用，并把每个作业发生的费用集合分别列作一个成本库。

4．成本动因的确定

成本动因即为引起成本发生的因素。为各成本库确定合适的成本动因，是作业成本法分配成本库费用的关键。这一步的关键在于为每一成本库选择一个与成本库费用存在强线性关系的成本动因。

5．成本动因费率的计算

6．成本库费用的分配

有了成本动因费率之后，可根据各产品消耗成本库成本动因的数量，进行成本库费用的分配。每种产品从各成本库分配中所得的费用之和，即为每种产品的制造费用分配额。

7．产品成本的计算

三、作业成本法与传统成本核算方法的比较

作业成本法与我国制造企业传统成本核算方法存在着本质区别，现将这两种成本核算方法进行比较：

1．两者产生的社会背景不同

传统成本核算方法形成于20世纪初期，并于20世纪中后期发展成熟。其间，社会生产不够发达，社会产品相对不足，厂家处于卖方市场地位，从而形成了社会产品常规化和量化生产的特点。传统成本核算方法适应这种生产管理的需要。而随着社会的发展，当今西方经济发达国家的人们可支配收入大大增加，从而使消费者的行为变得更具选择性，其表现主要为由过去的单纯满足生活需要转变为追求标新立异、突出个性的需求。这就要求企业提供多样化的产品，因而使企业生产转变为多样化、个性化生产，作业成本法正好满足此种情况下成本计算的需要。

2．对成本内涵的认识不同

传统成本观认为，成本是企业生产经营过程中所耗费的资金总和。这一观点尽管对成本应包括的客观内容及成本的经济实质进行了概括，但这仅仅揭示了成本在经济学意义上的内涵。要揭示成本在会计学意义上的内涵，就有必要在此基础上，结合企业经营管理的需要对成本在其形成过程中所表现出来的特点进行归纳。而作业成本法正是从此角度出发来认识成本内涵的，作业成本法将成本定义为资源的耗用，而不是为获得资源而发生的支出；在作业观念下，是把作业作为费用发生与成本形成的中介，成本是一个与作业相联系的多层次概念。

3．对成本计算对象的认识不同

在传统成本核算中，人们关注的是产品成本本身，即传统的成本计算对象仅仅是企业所生产的各种产品，而且产品作业成本法不仅关注产品成本结果，而且更关注产

品成本形成过程和成本形成的原因，把着重点放在成本发生的前因后果上，从而它要求成本计算对象是多层次的，即与传统的成本核算相比，作业成本核算拓宽了成本核算的范围，它不仅把最终产品作为成本计算的对象，而且也将资源、作业等作为成本的计算对象。在传统成本核算法下，产品成本由三部分组成，直接材料、直接人工和制造费用，根据人工工时对制造费用进行分配，从而计算出产品总成本及单位成本。而在作业成本法下，成本计算思路是产品消耗作业、作业消耗资源。生产费用应根据其发生的原因，汇集到作业，并计入作业成本，再按产品所消耗的作业量，将作业成本计入到产品成本中。由此可见，两种成本计算方法中，直接成本的处理是没有区别的，都是直接计入产品成本，两者的区别在于间接费用的分配上，作业成本法由成本源头入手，将单一标准分配基础改为按成本动因的多标准分配，即先把资源费用根据其产生的原因汇集到作业，再按产品消耗的作业，将作业成本计入到产品成本中，从而提高成本计算的准确性。

4. 对成本的经济内容的认识不同

在传统成本观念下，产品成本只是制造成本，在经济内容上只包括与生产产品直接有关的费用，而用于企业管理和组织生产经营的费用以及产品销售费用则作为期间费用处理，产品成本按费用的经济用途设置成本项目。在作业观念下，产品成本则是完全成本。就某一企业而言，该企业所有的费用支出只要是合理的、有效的，都是对最终产出的有益支出，因而都应计入产品成本。作业成本法下也有期间费用，但是这个期间费用只是用来汇集各种无效的、不合理的支出，即虽然消耗资源，但不增加产品价值的各种支出。因此，作业成本法中的期间费用是可以通过各种方法消除的，并且也应该消除。

5. 对费用分配标准的认识不同

在传统成本制度下，间接费用的分配标准是生产工时或机器台时；在作业成本制度下，间接费用的分配标准是作业的数量化。作业成本法的分配基础不仅发生了量变，而且也发生了质变，它不再仅限于传统成本核算所采用的单一数量分配基础，而是集财务变量与非财务变量于一体，并且特别强调非财务变量（产品的零部件数量、调整准备次数、运输距离等）。由于作业成本法的分配基础提高了与产品实际消耗费用的相关性，所以使得作业成本法能提供相对准确的产品成本信息。

6. 两种成本核算方法适用的范围不同

传统成本核算方法根据人工工时分配间接费用，适用于间接费用的数额相对较小、且其发生与直接人工成本有一定相关的企业，即劳动密集型企业。而在现代社会，高新技术蓬勃发展并广泛应用于生产领域，从而使生产过程高度自动化，人工成本大大降低，间接费用占成本总量的比重相对过去而言大大增加，并且间接费用失去了与人工成本的相关性，如果再按传统方法分配间接费用，将导致成本信息失真。作业成本法改单标准间接费用分配为多标准间接费用分配，避免了上述问题的发生。因此，作业成本法能满足现代企业的需要，适用于现代企业。

第三节　经典案例——沈阳天诚制衣厂成品核算分析

一、企业背景简介

沈阳天诚制衣厂（该厂在辽宁省加工型企业中具有典型性）为私人家族式加工型企业，承做校服、运动服、童装、厂服、冬季棉服等；现有职工200余人，设备60余台，年产量18万套。成本核算人员多是家族内部成员。成本核算人员财务管理知识相对贫乏，成本意识淡薄，普遍存在成本与效益的不恰当配比问题。

二、采用传统成本法和作业成本法核算产品生产成本

鉴于天诚制衣厂成本核算方法较为落后，现分别用传统成本法和作业成本法核算其产品生产成本，并分析比较，选出较好的成本核算方法。

根据该厂2008年1月各种费用的原始记账凭证，该月生产三种服装，按作业中心编制汇总成本。见表7.1。

表7.1　　2008年1月生产成本汇总表　　单位：元

成本项目	金光绒运动服产品5000件	夏装套服产品3000件	T/C梭织运动服产品4200件	合计
直接材料	172 000	57 000	145 600	374 600
直接人工	60 000	15 000	42 000	117 000
采购人员	24 000			24 000
包装人员	33 600			33 600
工厂管理（后勤）	25 800			25 800
办公费	12 000			12 000
差旅费	8000			8000
招待费	3000			3000
电信费用	4800			4800
汽车费用	20 000			20 000
办公品折旧	16 000			16 000
车间折旧	22 000			22 000
机器折旧	50 000			
机器修理	8400			62 000
动力电	3600			
热和照明	12 000			12 000
其他	8000			8000
合计				773 600

该公司以往按传统成本计算程序分配制造费用，计算三种产品单位制造费用为，62 000（能量总成本）/12 200（总件数）≈5.1元/件。计算过程见表7.2。再计入直接成本，可得每件成本分别为51.5元、29.1元和49.8元。

表7.2　　传统成本核算方法成本计算表　　单位：元

成本项目	金光绒运动服产品	夏装套服产品	T/C梭织运动服产品
直接材料	172 000/5000 = 34.4	57 000/3000 = 19	145 600/4200 = 34.7
直接人工	60 000/5000 = 12	15 000/3000 = 5	42 000/4200 = 10
机器能量	62 000/12 200≈5.1	62 000/12 200≈5.1	62 000/12 200≈5.1
合计	51.5	29.1	49.8

根据上例数据分析可知，虽然每个订单订做的款式存在不同程度的差异，使用设备类型及使用时间长短不一定相同，即生产每款服装耗费的机器能量费用并不相等，但该法仍按表7.2中不加区别地一律以数量为基础进行了制造费用的分摊。采用作业成本计算法则可以获得较真实的产品成本。按各制造费用作业与数量的相关性，划分为若干成本库。具体可以通过计算产品消耗某种作业的比例（见表7.3）来划分。机器能量可归为成本库1。根据这三种产品的生产流程，测量每种机器设备的使用时间，再与相应设备功率相乘后相加汇总。采购人员可归为成本库2，作业可用产品订单数代表。检验人员可归为成本库3，作业以检验次数代表。包装人员可归为成本库4，作业以包装次数代表。基础成本以主要成本（直接材料+直接人工）为基础分配，归为成本库5。基础成本=总成本-主要成本-机器能量-采购、检验、包装成本。

计算各成本库的分配率R_1、R_2、R_3、R_4、R_5：

R_1=62 000 /255 200（三种产品生产数量×机器能量占用比例）=0.243元/kW1h

R_2=24 000/43（订单数）=558.14元/批

R_3=32 400/12 200（全检）=2.656元/件

R_4=33 600/10 400（包装次数）=3.23元/件

R_5=131 600/491 600（基础成本）=0.2677元/件

最后，分别把各成本库的成本分摊到产品上去。见表7.4。

表7.3　　产品消耗作业比例表

成本项目	机器能量（生产数量×机器能量占用比例）	订单数	检验个数	包装次数	直接材料+直接人工
金光绒运动服产品	25	13	25	25	580
夏装套服产品	14	11	15	6	180
T/C梭织运动服产品	21	19	21	21	469

表 7.4　　单位产品成本计算表（作业成本法）　　单位：元

成本项目	金光绒运动服产品		夏装套服产品		T/C 梭织运动服产品	
	单位成本	总成本	单位成本	总成本	单位成本	总成本
直接材料	34.4	172 000	19	57 000	34.7	145 600
直接人工	12	60 000	5	15 000	10	42 000
成本库 1	6.07	30 368.34	3.40	10 203 176	5.10	21 427.90
小计	52.47	262 368.34	27.4	82 203 176	49.8	209 027.9
成本库 2	2.656	13 278.69	2.656	7 967 121	2.656	11 154.10
成本库 3	1.145	7255.81	2.05	6 139 154	2.52	10 604.65
成本库 4	3.231	16 153.85	1.292	3 876 192	3.231	13 569.23
成本库 5	12.421	62 105.777	6.425	192 741 207	11.957	50 220.016
合计	72.228	361 162.47	39.823	119 461 164	70.164	294 575.9
合计（传统）	51.1		29.1		49.8	

由核算结果可知两种算法应用于以上三种产品所获结果的差异。最大差额表现在金光绒运动服产品，单位差额为 20.728 元；最小差额表现在夏装套服产品，单位差额为 10.723 元。

三、两种核算法计算结果差异分析

造成以上差距的原因有以下几种：

（一）构成不同

作业成本法所获结果中三种产品按一定比例分配了制造费用，而传统算法中分配计入到不同产品中的制造费用都相同。

（二）机器能量分配过程不同

作业成本法中机器能量的分配是按照单位产品占用机器的时间比例来分配的，而传统算法机器能量以机器能量总成本除以总件数所得的平均值作为记入单位成本的最终数据。这也是本例应用中差异最大的组成部分。

（三）对于服装生产企业来说，不同的企业在制造费用以及机器能量方面的差距也是有很大的不同

在本例中，制造费用在按照作业成本法分配至各单位产品中时，表现出了很大的差异。其中金光绒运动服产品获分配额为 12.421 元，夏装套服产品获分配额为 6.425 元，T/C 梭织运动服产品获分配额为 11.957 元。最大差异表现是金光绒运动服产品与夏装套服产品之间的差异，差额为 5.996 元；最小差异表现在梭织运动服产品与夏装套服产品之间，差额为 0.364 元。

（四）在机器能量分配方面，本例中生产企业的机器能量组成包括机器折旧、机器修理以及动力电

在分配过程中，最大差额表现在金光绒运动服产品与夏装套服产品之间，差额为

2.67 元；最小差额为金光绒运动服产品与梭织运动服产品之间的差值，差额为 0.97 元。可见，当间接费用在总生产成本中所占比例达到一定程度，所生产的产品有更大差异时，作业成本法的优势即能显现，并且随着间接费用的增加及生产品种的增多，其优势也更加突出。而生产品种增多，机器费用、基础成本日益增加，也正是目前大部分国内服装生产企业的发展趋势。另一个值得注意的情况来自夏装套服产品的表现。在制造费用方面，其所获分配额最小，为 6.427 元；在机器能量分配方面夏装套服产品所获分配额为 3.4 元，是三种产品中唯一低于单位机器能量 5.1 元的产品。作业成本法分析结果突出了该产品在企业产品构成中获利能力最高的地位，对于该企业调整产品构成具有指导意义。

所以作业成本法将传统的按单一标准分配改为按多种标准分配，对每种作业选取属于自己合理的分配率计算出每种作业的分配率，再根据每款服装消耗的某项作业量乘以相应的分配率，得出这种产品消耗的该项作业成本，再把这种产品消耗的各项作业成本加总，就是这种产品的作业总成本。作业成本法消除了传统成本法中用人工工时等作为唯一标准去分配全部间接费用的不合理性，解决了传统成本法带来的成本信息失真问题，使成本核算更准确。

思考与练习

1. 采用传统成本法和作业成本法核算当年模拟企业的产品成本

（1）传统成本核算方法

① Beryl 成本 =

② Crystal 成本 =

③ Ruby =

④ Sapphire =

（2）作业成本法核算

① Beryl 成本 =

② Crystal 成本 =

③ Ruby =

④ Sapphire =

2. 两种方法的比较

第八章　投融资问题

第一节　战略陷阱

在经济迅速发展的今天，企业运作的过程就是一个投资与融资结合的过程。融资行为所形成的资本结构不单单决定了企业的成本，用现代金融学的观点来看，还决定了整个企业的治理状况，而进一步，投资项目的选择本身又是在融资结构与成本的约束下进行的。因此，企业投融资是一个有机的依存过程，是企业在进行生产经营时，首要考虑的问题。下面我们先用沙盘当中经常会遇到的典型案例去体会投融资可能会带来的陷阱。

在游戏中，一家企业一开始就陷入了资金流陷阱，在第一年就因没有了流通的资金，短期贷款、长期贷款都借完了，实在没办法就只有借高利贷了。实际上，企业最容易陷入这个陷阱，不过要爬出这个陷阱也是很容易的。我们有厂房可以卖，还可以贴现，根本就不用去借高利贷，这些都是很简单的直接方法，但很多企业却完全没有贴现这一概念。第一年负债中的短期负债为 20M，长期负债为 10M，其中短期负债包括高利贷和短期贷款。从第一年的现金流量表上我们可以看出支付了上一年的短期贷款及利息 21M，并在第四季度借短期贷款 20M，年底支付长期贷款利息 1M。第二年与第一年一样，贷款续借，无变化。由于头两年连续亏损，所有者权益从 55M 降到了 52M，又降到了 36M，直接导致银行借款的最高额限制降到 72M。此时企业又决定开始大面积长线投资生产线、产品及认证的开发。第三年因资金需要，并不能更多地向银行贷款的情况下，公司考虑到若变卖固定资产厂房，虽然可以壮大现金流，但是租金费用的增加会导致所有者权益每年至少减少 6M，增加了贷款压力，所以综合各方面因素，选择借高利贷 50M，第四季度借长期贷款 50M，归还短期贷款及利息 21M。第四年公司的负债达到了最高，是六年中资金投入最多的一年。因商品，市场的开发未完，企业的业绩陷入了低谷。高利贷增加 40M，还本付息上一年度高利贷 53M，长期贷款和短期贷款还本或者付息。虽然运营仍未走上正轨，但净利润终于由负转正。由于第四年的所有者权益的增加，第五年的银行贷款限额上升为 86M，公司利用多出的额度，借 16M 短期借款，并两次归还高利贷并付利息共 48M。五年的经营周期，企业在资金周转困难的时候，多次考虑是卖厂房还是选择高利贷，经过价格及其他方面的比较，高利贷利息小于租金花费，且对当年利润影响较小。第六年，企业投资的生产线、专业认证、市场开拓等都全部可投入生产销售。由于招标成功，订单已尽可能地符合生产力要求并取得最大回报。资金大量回笼，年末短期负债余额为 20M，长期负债为

60M，第六年度所有者权益合计期末数为56M，负债合计期末数为86M，资产合计余额为142M。事实说明，此企业的融资策略还是比较成功的。短期贷款，长期贷款，高利贷，虽各有弊益，但都对企业的发展持续经营起到了不可或缺的作用。

从投资方面看，从生产线投资分析，手工线一个年度只能出产一个产成品，四条手工线一年就产四个产成品，而企业每年要上缴的广告费，原材料购买，加工费，各种折旧和维护费以及长短期贷款的利息费用，加起来超过10M。四个产成品若是Beryl，则产品净利润10M左右，且生产Beryl的手工线是无法负担Crystal的订单。因此生产线必须马上更新。在资金周转良好的情况下，最好通过长期贷款来支撑生产线的更新费用。投资一条全自动生产线需要花费15M，一年的折旧费用和维护费用加起来大约为6M，并逐年递减。而一条全自动线是可以一年出产三个产成品，根据项目不同其净利润也不同，但却是一条手工线的三倍利润，例如Ruby产品，前期利润在5M左右，后期逐渐增加，一条全自动线就能在一年带回超过15M的利润，扣除各项费用后，投产后2年便能收回该生产线的投资成本并开始盈利。半自动线相比较起来就差一点，主要受产能影响，其回本速度很慢，而柔性线在前中期都很有用，虽然投资高，但在转产及经营两种项目时便发挥了很好的灵活性，可以及时补足其他生产线能力不足的状况。因此前中期投资柔性线是很有必要的。而后期确定企业主打产品后便可利用足够多的全自动线带来的巨大生产能力，完成更多的订单，获取更多的利益。从市场投资回报率分析，本地市场，可以通过投放广告来获得订单，并打响品牌。之后我们可以选择开发市场，区域市场（开发1年），国内市场（开发2年），亚洲市场（开发3年），国际市场（开发4年）。各个市场都是通过广告竞标获得订单，从而打响品牌。我们在选择开发市场的时候一定要考虑到每个时期各个市场不同产品的需求量和销量的变化，更重要的是单价预测的变化。这直接关系到企业年末的盈利问题。针对企业自身的产品定位选择更好的市场，从而带来更大的利益。每个市场每年投资仅1M，而从各产品单价预测图上可以看出，Beryl和Crystal的单价在本地市场、区域市场、国内市场和亚洲市场后期逐渐减少，而产品投资回报率最高的Ruby产品的单价却是一直在逐年增高，且销售量也在逐年增高，因此投资区域，国内和亚洲市场对生产Ruby产品的回报率和Saphire产品的回报率是非常高的，而投资国际市场只有生产Beryl可以得到较多订单，盈利也会增加，但依然远远比不上投资其他市场生产Ruby的回报率。而且生产Crystal在国际市场上的销售量并不稳定，要在第7年才会明显上升。

因此，公司负债过高，对企业是一种沉重的负担，而且，由于占用资金所需付出的利息成本，也增加了企业的压力。这是一个毋庸置疑的事实！但我们更加坚信，从银行贷款所付出的那点微薄的利息，可以为企业带来更多的投资回报。通过贷款，我们获得了足够的资金用以扩展生产——购置新厂房、更新生产线，使得我们在中后期供不应求的市场中，得以发挥最大的生产力去满足市场需求，保持产品的高销售与零库存，杠杆效应不容忽视。

第二节　理论分析

一、上市公司常用的融资方式的分析与比较

（一）上市公司常用的融资方式的分类及特征

1. 上市公司常用的融资方式的分类

公司融资的概念有广义和狭义之分。广义的融资概念指的是公司资金的融入与融出，既包括资金的来源，也包括资金的运用。狭义的融资概念仅指公司资金的融入，具体是指公司根据自身生产经营现状及资金的运用情况，通过一定的渠道，采用一定的方式，筹集资金的行为。融资方式是公司获取资金的具体方式，分为内源融资和外源融资。内源融资是公司在创办与运作的过程中不断将积累转化为投资，进行再生产的行为。在市场经济体制中，公司的内源融资是由初始投资形成的股本、折旧基金以及留存收益（包括各种形式的公积金、公益金和未分配利润等）构成的。外源融资是公司通过一定的方式向公司之外的经济主体筹集资金，包括股权融资、债权融资。其中，上市公司常用的股权融资方式有，首次公开发行（IPO）、增发、配股等，常用的债权融资方式有银行借款、普通公司债券融资以及可转换债券融资。上述融资方式可用图 8.1 表示。

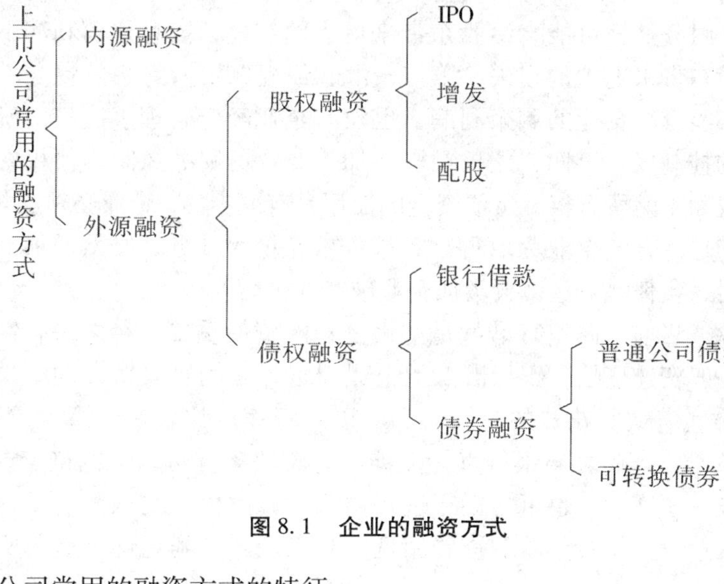

图 8.1　企业的融资方式

2. 上市公司常用的融资方式的特征

（1）内源融资

在西方国家，公司首选的融资方式是内源融资，这是因为内源融资本身具有一些特点，这些使得内源融资在西方国家备受青睐。内源融资具有如下特征：①由于内源融资来源于公司的自有资金，上市公司在使用时具有很大的自主性，基本不受外部环

境影响，所以内源融资具有融资便利性的优点。②内源融资以权益资金为主，不需要实际对外支付利息或者股息，不会给公司带来不能偿付的风险，融资风险低。③内源融资不需要直接向外支付资金使用费，节约了筹资费用。④内源融资来源于公司的自有资金的积累，很大程度上受到公司盈利能力的影响，融资规模可能会受到比较大的限制。

（2）股权融资

股权融资是公司向投资者筹集资金并赋予投资者所有者或股东地位的一种融资方式，股票融资是公司筹集长期资金，进行股权融资的主要方式，其中增发、配股又是我国上市公司热衷的融资方式。股票融资的特征是：① 企业的股票是同企业的存续期相始终的，因而通过股票融资，所筹资金具有永久性，无到期日，没有还本压力，用款限制相对较松。②一次筹资金额较大。③没有固定的股利负担，股利的支付与否和支付多少视公司的经营情况及利润分配政策而定。④能够提高上市公司的知名度，可为上市公司带来较大的宣传效应。⑤要以出让公司部分产权为代价，可能会分散公司的控制权。⑥在我国，股票上市的门槛较高，并且要支付较高的信息披露成本。

（3）债权融资

举债经营是现代企业广泛采用的经营方式，适度的负债经营能够提高企业合理运用所筹集资金的使用效果，创造更多的经济效益。债权融资是与股权融资性质不同的融资方式，其特征为：第一，债权融资具有节税功能。债务利息在纳税前支付，可以少交纳所得税。第二，债权融资具有财务杠杆效应。财务杠杆效应指的是企业在运用负债方式筹资时所产生的普通股每股收益变动率大于息税前利润变动率的现象。当息税前利润增长时，财务杠杆可能会给股东带来更大的利益；当息税前利润下降时，财务杠杆可能会给股东带来更大的损失。第三，由于债权融资所筹集的资金不是企业的资本金，债权人不能分享企业的剩余利润，也没有企业经营管理表决权，所以债权融资不会分散企业的控制权。第四，债权融资会加大企业的财务风险。债权融资获得的只是资金的使用权而不是所有权，负债资金的使用是有成本的，企业必须支付利息，并且债务到期时须归还本金。企业为取得财务杠杆效益增大债务，必然增加利息费用，当企业经营不善时，负债融资过多会增加企业破产的机会。

①银行借款。目前，向银行借款是上市公司融资的重要途径之一。银行借款融资的特征：第一，筹资速度快，银行借款是企业与银行之间直接协商的结果，借款的手续比较简单，得到借款所花费的时间短，所以筹资速度比较快。第二，具有便利性。向银行申请借款时，企业可与银行直接交涉，有关的条件可以谈判确定，而在借款期间，如果情况发生了变化，也可与银行进行协商，修改借款的数量和条件，因此银行借款比较便利。第三，银行借款融资费用低、利息低，且利息还可享受所得税前扣除的好处，融资成本也相对较低。第四，借款数量有限，具有一定的风险。通过银行借款筹资，只能从银行筹措到一部分资金，借款的数量有限，而且银行借款的财务风险较大。第五，银行借款的限制性条款比较多，制约了企业的生产经营和借款的作用。为控制信用风险，银行通常对借款企业提出一些有助于保证贷款按时足额偿还的条件，比如，银行为了保持借款企业的资金的流动性和偿还能力，规定了借款企业流动资金

的保持量；为了限制借款企业的现金外流，对其支付现金股利和再购入股票的行为作了一定的限制；为了保持借款企业正常的生产经营能力，规定借款企业不准在正常情况下出售较多的资产；等等，这些限制性条款的存在制约了企业对借款资金的使用。根据借款期限的长短，银行借款融资可以分为短期借款融资和长期借款融资。短期借款是企业为了解决生产经营活动对短期资本的需求而向银行申请借入的款项。短期借款融资具有筹资速度快、容易取得、资金的使用较为灵活、富有弹性、利率较低等特点。长期借款是指借入时间超过一年以上的借款，长期借款融资速度慢、不易取得而且融资不富有弹性，虽然融资成本高，但融资风险较小。

②普通公司债券。公司债券是指由公司发行并承诺在一定时间内还本付息的债权债务凭证，是上市公司债权融资的主要方式之一。公司债券融资有如下特征：第一，公司债券是面向社会公众募集的资金，募集资金对象广泛，债权人分散，市场大，易于获得较大规模的资金。第二，通过发行债券募集的资金，一般可以自由使用，不受债权人的具体限制；资金的稳定性较强，使用期限较长。第三，发行公司债券的限制条款较多，且融资的财务风险较高。

③可转换公司债券 。可转换债券是西方国家广为流行的融资工具。我国于 20 世纪 90 年代初期尝试运用可转换债券融资，目前，可转换债券已成为上市公司的一种常用的融资工具。可转换公司债券是一种介于债券和股票之间，兼具债券和股票性质的混合性融资工具，它是指发行人依照法定程序发行，在一定时间内依据约定的条件将部分或全部债权转换成股份的公司债券。可转换公司债券作为一种公司债券，具有普通公司债券的一般特征，即需要定期偿还本金和支付利息，除此之外，可转换公司债券还具有自己的一些典型的特征：第一，可转换公司债券具有债券和股票性质。由于可转换公司债券具有转换前属债券，转换后属股票的二阶段特征，那么对于投资者而言，转换前投资者是债权人，获得利息，转换后是股东，获得红利或资本收益。当股市低迷时，投资者可选择享受利息收益，而当股市看好时，投资者可选择享受红利或资本收益。这一特性，使得可转换公司债券备受投资者的欢迎，因此上市公司通过可转换公司债券融资能够顺利进行。第二，融资成本较低，风险较小。一方面，由于可转换公司债券附有一定的转股权，因此可转换公司债券的票面利率一般低于普通公司债券的利率，有时甚至低于同期银行存款利率，因而融资成本较低。另一方面，可转换公司债券在到期之前可以转换成股票，可以将负债转换为权益，从而降低公司支付利息和到期还本的压力，减少公司的财务风险。第三，可转换公司债券在一定程度上能够缓和、协调投资者、股东和管理者的利益冲突，从而优化资本结构。

（二）上市公司常用的融资方式的比较

1. 融资成本

融资成本是指企业筹集和使用资金必须支付的各种费用，包括用资费用和筹资费用，其中每一种融资方式又有各自不同的融资成本。一般情况下，各种主要融资方式的融资成本由低到高排列为内源融资、银行融资、债券融资、股票融资。对可转换公司债券而言，由于可转换公司债券附有普通债券和银行借款没有的转股权，可转换公司债券的利率一般低于普通债券和银行借款的利率，所以可转换公司债券的融资成本一般低于借款、普通公司债。所以在一般情况下，各种融资方式的成本从低到高的顺序是：内源融资、可转换公司债券、银行借款、普通债券、股票。

2. 融资规模

通过银行借款融资，往往会受到银行信贷规模的控制，一次所筹集的资金量有限。而发行股票、债券、可转换公司债券，向社会公众募集资金，虽然在法律上也有一定的限制，但与银行借款相比，一次可筹得较大规模的资金。

3. 融资风险

银行借款、债券属于债权性质的融资方式，所筹集资金到期必须还本付息，融资风险较大。可转换公司债券在到期之前能够转换成股票，将负债转换为权益，从而降低了公司支付利息和到期还本的压力，与银行借款、普通公司债券相比，融资风险较小。而股票融资无到期还本付息的压力，在经营困难时也不必发放股利，融资风险更小。

4. 融资主体自由度

融资主体自由度是指融资主体受外界约束的程度，这里的约束包括法律、规章制度和体制等。在各种融资方式中，内源融资是公司的自有资金，受外界的约束程度最小。由于债务人存在借款不能按期归还的风险，所以债权性融资受债权人的约束较大，银行对银行借款融资规定了严格的约束条件，如抵押物的形态、企业流动资金保有量、募集资金投向等，而债券发行的契约书中往往也规定了一些限制条款。股权融资所筹集的资金，属公司的权益资本，虽受到股东“用脚投票”的制约，但与债权融资相比，对所募集的资金的支配程度更大。

5. 融资期限

股票融资所筹集的资金是企业的资本金，具有永久性，无到期日。由于银行一般不愿冒太大的风险，一般不愿出借巨额的长期借款，所以银行借款期限较短。而与银行借款相比，债券融资是面向社会公众募集的，还款期限相对较长。

6. 融资速度

银行借款的融资手续比较简单，得到借款所花费的时间短，所以筹资速度比较快。而股票、债券、可转换公司债券的发行受到严格的审批，手续复杂，筹资速度比较慢。

二、融资成本计算

一般意义而言，融资成本是资金所有权与资金使用权分离的产物，融资成本的实质是资金使用者支付给资金所有者的报酬。由于企业融资是一种市场交易行为，有交易就会有交易费用，资金使用者为了能够获得资金使用权，就必须支付相关的费用。如委托金融机构代理发行股票、债券而支付的注册费和代理费，向银行借款支付的手续费，等等。

因此，企业融资成本实际上包括：融资费用和资金使用费。融资费用是企业在筹资过程中发生的各种费用；资金使用费是指企业因使用资金而向其提供者支付的报酬，如股票融资向股东支付股息、红利，发行债券和借款的利息，借用资产支付的租金，等等。需要指出的是，上述融资成本的含义仅仅只是企业融资的财务成本，或称显性成本。除了财务成本外，企业融资还存在着机会成本或称隐性成本。机会成本是指把某种资源用于某种特定用途而放弃的其他各种用途中的最高收益。我们在分析企业融资成本时，机会成本是一个必须考虑的因素，特别是在分析企业自有资金的使用时，机会成本非常关键。因为，企业使用自有资金一般是“无偿”的，它无须实际对外支付融资成本。但是，如果从社会各种投资或资本所取得平均收益的角度看，自有资金也应在使用后取得相应的报酬，这和其他融资方式应该是没有区别的，所不同的只是自有资金不需对外支付，而其他融资方式必需对外支付。

一般情况下，融资成本指标以融资成本率来表示：融资成本率 = 资金使用费 ÷（融资总额 - 融资费用）。这里的融资成本即是资金成本，是一般企业在融资过程中着重分析的对象。但从现代财务管理理念看，这样的分析和评价不能完全满足现代理财的需要，我们应该从更深层次的意义考虑融资的几个其他相关成本。

首先，企业融资的机会成本。就企业内源融资来说，一般是“无偿”使用的，它无需实际对外支付融资成本（这里主要指财务成本）。但是，如果从社会各种投资或资本所取得平均收益的角度看，内源融资的留存收益也应于使用后取得相应的报酬，这和其他融资方式应该是没有区别的，所不同的只是内源融资不需对外支付，而其他融资方式必须对外支付以留存收益为代表的企业内源融资的融资成本，这应该是普通股的盈利率，只不过它没有融资费用而已。

其次，风险成本，企业融资的风险成本主要指破产成本和财务困境成本。企业债务融资的破产风险是企业融资的主要风险，与企业破产相关的企业价值损失就是破产成本，也就是企业融资的风险成本。财务困境成本包括法律、管理和咨询费用。其间接成本包括因财务困境影响到企业经营能力，减少对企业产品需求，以及没有债权人许可不能作决策，管理层花费的时间和精力等。

最后，企业融资还必须支付代理成本。资金的使用者和提供者之间会产生委托—代理关系，这就要求委托人为了约束代理人行为而必须进行监督和激励，如此产生的监督成本和约束成本便是所谓的代理成本。另外，资金的使用者还可能进行偏离委托人利益最大化的投资行为，从而产生整体的效率损失。

（一）债务融资成本的计算

对上市公司来说，债务融资应该是一种通过银行或其他金融机构进行的长期债券融资。以 K_D 表示负债的税前成本。投资者一般把债权投资视为一种无风险的投资，因此企业在计算债务成本时，可直接采用债务合同规定的利率。如可直接按照 3 ~5 年中长期银行贷款基准利率计算。

（二）股权融资成本的计算

用 K_E 表示股权的成本。权益投资者往往面临比债权投资者更多的不可控因素，相应要求较高的回报率。其计算也因风险因素的引入而变得复杂，现行存在多种估算股权资本成本的模型，一般最常用的是资本资产定价模型，计算公式为：

$$K_E = K_f + \beta\ (K_M - K_f)$$

其中：

K_f 是无风险收益率，国外一般采用短期国库券利率或银行存款利率。

β 反映该公司股票相对于整个市场（一般用股票市场指数来代替）的系统风险。β 系数越大，说明该公司股票相对于整个市场的风险越高、波动越大。该值可通过公司股票收益率对同期股票市场指数（如上证综指）的收益率回归计算得来。

（三）融资总成本的计算

上市公司的总成本是债务融资与股权融资成本的加权平均，即加权平均资本成本（WACC）。加权平均资本成本是投资者根据市场状况所预定的投资收益率，根据各资本组成要素的成本和在资本结构中的比重加权而得，反映债权投资和股权投资的机会成本。具体公式如下：

$$WACC = \frac{D}{D+E}\ (1-T)\ K_D + \frac{E}{D+E}K_E$$

其中：

D，E 分别表示公司负债总额的市场价值和所有者权益的市场价值。由于资本成本反映的是市场对公司的预期收益的评估，因此计算资本组成要素的权重时，使用它们的市场价值比账面价值更准确、更接近实际。

T：所得税税率。

（四）实际计算中的若干技术性处理

1. 无风险收益率的确定

在我国目前的股市条件下，关于无风险收益率的选择实际上并没有什么统一的标准，从上市公司的角度考虑，在实际计算中一般我们采用当年在上海证券交易所挂牌交易的期限最长的国债的内部收益率（折成年收益率）或者是同业拆借利率。

2. 市场风险溢价的估计

在明确了无风险收益率的计算依据之后，计算市场风险溢价的关键就是如何确定股票市场的市场组合收益率，实际中我们可以采用自上市公司实施股权融资之后的 3 年时间内上证综合指数累计收益率（折成年收益率）。

三、厂房、生产线、产品及市场的投资比较分析

关于企业的投资选择问题，在这里我们用沙盘盘面给大家做具体分析。

（一）产品的投资回报率

投资回报率 = 产品净利润/产品成本

1. 四种产品的成本

（1）显性成本

Beryl：2M；Crystal：4M（全自动或者柔性线），5M（手工线）；Ruby：4M（全自动或者柔性线），5M（半自动），6M（手工线）；Sapphire：5M（全自动或者柔性线），

6M（半自动），8M（手工线）。

（2）隐性成本

除生产 Crystal 需要两条生产线同时生产外，其他的产品均只需要一条独立生产线便可以生产出产品。Crystal 生产占用的至少两条生产线还会给其他产品的产量带来约束。比如说，既要生产 Crystal 又要生产 Ruby 的企业，为了完成订单，购置新厂房、新生产线的可能性很大，这又无形中增加了 Crystal 的隐形成本。以上是根据生产线和厂房来分析的隐性成本。还有一项隐形成本便是技术研发。Crystal 的研发需要 4M，时间是一年；Ruby 的研发需要 12M，时间是一年半；Sapphire 的研发需要 16M，时间是 2 年。花费的财力是很显而易见的，还有时间的分配，我们认为也可以计入“隐性成本”。企业只有一定的流动资金，不能够满足每一个方面的需要，对于产品研发也是。应该结合未来 6 年内的市场需求来决定什么时候投资哪种产品研发，哪种产品研发是一个花钱费时间的陷阱。从市场预测可以看出，Beryl 在未来 3 年的本地市场、国内市场、亚洲市场和国际市场的销量都很好，暂时不用考虑生产线的改产；Crystal、Ruby 在 3 年后的各个市场前景都比较好，而且售价几乎在同一区域里，我们认为可以选其一进行生产；至于 Sapphire，在后几年销量开始增加，但是价格区域其实和 Crystal 和 Ruby 的价格区域在同一水平，因此我们认为像 Sapphire 这样成本很高，但是需求量不高，售价也没有什么特别竞争力的产品，可以选择不投资。从这段的分析我们又可以得出，生产产品还伴随着市场开发的投资，同时还有技术认证的投资。这些都是我们看不出来的成本。

2. 四种产品带来的利润

（1）价格分析

Beryl：平均售价在 5M 左右，最高的售价（国际市场，伴随着市场投资和技术认证的成本）7M，最低售价为 3M；Crystal：平均售价在 10M 左右，最高售价（国际市场）13M，最低售价 8M；Ruby：平均售价在 10M 左右，最高售价（第六年基本达到顶点）12M，最低售价 8M；Sapphire：平均售价在 11M 左右，最高售价（后几年不断攀升）13M，最低售价 9M。

（2）产量预测

产品的产量是与生产线的先进程度挂钩的，用 Beryl 举例，手工线一年只能生产一个，半自动最多生产两个，而全自动和柔性线一年则可以生产 4 个，再假设企业拥有 4 条相同的生产线，前者总共能生产出 4 个 Beryl，再者能生产出 8 个，后者能生产出 16 个。可是，我们生产的产品并不是全部都能卖出去，这要根据订单的情况来定，这又是需要考虑的一方面。

从表 8.1 来看，四种产品中投资回报率较高的有 Beryl 和 Ruby，从发展眼光来看，Ruby 的市场更为广阔。

表 8.1　　四种产品投资的成本利润比较

	显性成本	隐性成本	利润
Beryl	2M		平均售价在 5M 左右，最高的售价（国际市场，伴随着市场投资和技术认证的成本）7M，最低售价为 3M
Crystal	4M（半/全自动，柔性线） 5M（手工线）	由于 Crystal 是 Beryl 的改进版，Crystal 的生产需要 Beryl。因此 Crystal 的生产需要两条生产线完成，占用的生产线还会约束其他产品的生产。如果企业既要生产 Crystal 又要生产 Ruby，为了完成订单，增加生产线或者增置厂房的可能性很大。Crystal 的研发需要 4M，时间是一年。	平均售价在 10M 左右 最高售价（国际市场）13M 最低售价 8M
Ruby	4M（全自动或者柔性线） 5M（半自动） 6M（手工线）。	Ruby 的研发需要 12M，时间是一年半。	平均售价在 10M 左右， 最高售价（第 6 年基本达到顶点）12M，最低售价 8M
Sapphire	5M（全自动或者柔性线） 6M（半自动） 8M（手工线）。	Sapphire 的研发需要 16M，时间是 2 年。但是需求量不高	平均售价在 11M 左右， 最高售价（后几年不断攀升）13M， 最低售价 9M

（二）厂房的投资回报率

厂房可以购买获得，也可以租赁。我们现有的厂房 A，价值 40M，如果变卖，贴现得到 36M，每年以租厂房维持生产，租金是每年 6M。6 年下来只需花费租金 36M，但是却可以使流动资金更加充裕。第一年变卖厂房的投资回报率为 0，第二年变卖厂房的投资回报率是 17%，第三年变卖厂房的投资回报率是 34%，依此类推，变卖已有的投资回报率逐年上升。

如果是要增加生产线，就需要购置或者租赁新的厂房，可以由生产规模来选择可供应 3 条生产线的 B 厂房还是可供应 1 条生产线的 C 厂房。如果购买 B 厂房，需要一次性投资 30M，而租赁则是每年需要租金 4M，6 年下来只需要 24M；C 厂房，需要一次性投资 15M 或者是每年支付租金 2M，共计 12M。租金回报率 =（税后租金 - 每月物管费）×12。B 厂房总价值的租金回报率为：20%；C 厂房总价值的租金回报率：13%。

（三）生产线的回报率

在沙盘实战中有机会投资以下几种生产线：手工生产线，半自动生产线，全自动生产线，柔性线。

其中手工生产线的加工周期是三个季度，半自动生产线的加工周期是两个季度，全自动生产线和柔性线的加工周期是一个季度。并且手工线，半自动线，全自动线只能生产一种产品，如果要转产则需要交付一定的转产费并耗费相应的转产周期。而柔性线则可以生产任何产品。因此它们的购价差别很大。

设备投资与改造是提高产能，避免企业掉入产能陷阱的重要手段。企业如果要长期发展下去，就必须把产能提高，这样在以后接到订单也有足够的生产能力去完成它。在投资生产线时我们应当考虑市场上对各种产品的需求状况，企业目前的产能和新产品的研发时间。如果我们要提高产量拿到更多的订单，就应该投资新的生产线。

1 条手工线一个年度只能出产 1 个产成品，4 条手工线一年就产 4 个产成品，而企业每年要上缴的广告费，原材料购买，加工费，各种折旧和维护费以及长短贷款的利息费用，加起来至少超过 10M。4 个产成品若是 Beryl，则产品净利润 10M 左右，且生产 Beryl 的手工线是无法负担 Crystal 的订单要求的。因此前期作为投资年是正确的选择。

生产线必须马上更新成全自动，最好有 1 条柔性线，也可选择逐渐转换完成，在资金周转良好的情况下，最好通过长期贷款来支撑生产线的更新费用。投资 1 条全自动生产线需要花费 15M，一年的折旧费用和维护费用加起来 5 ~ 6M 左右并逐年递减。而 1 条全自动线是可以一年出产 3 个产成品，根据项目不同其净利润也不同，但却是 1 条手工线的三倍利润，例如 Ruby 产品，前期利润在 5M 左右，后期逐渐增加，1 条全自动线就能在一年带回 15M 以上的利润，扣除各项费用后，投产后 1 ~ 2 年便能收回该生产线的投资成本并开始盈利。半自动线相比较起来就差一点，主要受产能影响，其回本速度就很慢了，而柔性线在前期、中期都很有用，虽然投资高，但在转产及经营两种项目时便发挥了很好的灵活性，可以及时补足其他生产线能力不足的状况。因此前期、中期投资柔性线是很有必要的。而后期确定企业主打产品后便可利用足够多的全自动线带来巨大的生产能力，完成更多的订单，获取更多的利益。

第三节　经典案例——华为 3COM 项目

一、华为 3COM 项目简介

（一）华为 3COM 公司介绍

华为 3COM 公司成立于 2003 年 11 月，是华为公司和 3COM 公司的合资公司，总部设在杭州，在全国 30 个省市设立了分支机构，在香港设立了分公司，在英国、德国、日本和美国设立了代表处。华为 3COM 公司致力于数据通信产品的研究、开发、生产、销售与服务，为所有规模的企业、公共机构和家庭用户提供从核心骨干网到桌面终端的全系列 IP 产品和解决方案。公司拥有员工 2000 余人。2003 年 1 月 23 日，国际巨头第一大网络设备制造商思科公司向美国德州马歇尔地方法院提起诉讼，指称华为侵犯其知识产权，包括思科（Internet work Operating System，简称 IOS）软件代码。思科同时也指控华为复制其技术文件和其他有版权的资料，并侵犯了多项专利。这拉开了思科与华为的知识产权之争。业内人士介绍，为了扭转这种不利局面，就在与思科进行知识产权官司的同时，华为开始思考如何打开国际市场。

2003 年 3 月 20 日，华为宣布与 3COM 成立合资公司“华为 3COM”，共同研发、生产及销售数据通讯产品。当年 11 月这个合资公司正式成立，其中 3COM 投资 1.6 亿美元现金，其在中国与日本的业务另作价 10 万美元，入股 49%。华为以其现有交换机、路由器业务，加上销售、市场、工程资源及人员，作价 1.782 亿美元，入股 51%。华为拥有其合资公司华为 3COM 51% 的股权，3COM 拥有其余 49% 股份，双方将旗下华为 3COM 落户于杭州高新技术产业开发区，华为以中低端数据通信产品线入局 H3C。

（二）关于华为技术公司

华为技术有限公司成立于 1988 年，是由员工持股的高科技民营企业。华为从事通信网络技术与产品的研究、开发、生产与销售，专门为电信运营商提供光网络、固定网、移动网和增值业务领域的网络解决方案，是中国电信市场的主要供应商之一，并已成功进入全球电信市场。华为在印度、美国、瑞典、俄罗斯以及中国的北京、上海和南京等地设立了 24 个研究所，在 61 000 多名员工中，48% 从事研发工作。华为在全球建立了 100 多个分支机构，营销及服务网络遍及全球，能够为客户提供快速、优质的服务。目前，华为的产品和解决方案已经应用于全球 100 多个国家，以及 31 个全球前 50 强的运营商，服务全球的 10 多亿用户。

2002 年，华为的销售收入为 175 亿元人民币，2003 年，华为的销售额为 221 亿元人民币；同比增长超过 25%。尽管 2001—2002 年，全球电信基础设施的投资下降了 50%，华为的国际销售额还是增长了 68%，从 2001 年的 3.28 亿美元上升到 2002 年的 5.52 亿美元。华为技术是一个非常被看好的、有巨大潜力的公司。

（三）关于 3COM 公司

自从 1979 年 3COM 公司成立和创建以太网标准以来，3COM 公司具有前瞻性的渗透性网络理念，受到了全世界的广泛认同和支持。服务供应商纷纷转向 IP 技术来提供新业务，并因此极大地降低了运营成本。

在过去的 20 年内，3COM 公司的发明者和工程师团队共获得了 917 项美国专利，正在申报的其他专利技术多达 873 项。2001 年，3COM 公司在所有批准的美国专利排行榜上名列第 76 位，明显超过了其他主要网络竞争对手。3COM 公司以雄厚的知识产权为基础，推出了一代又一代的创新产品，始终保持着市场占有率最大。2002 年 12 月到 2003 年 8 月，其销售收入为 5.82 亿美元，折合 46.6 亿元人民币。

二、项目概述

2003 年上半年，在华为 3COM 筹建的时候，合资公司就明确了它的生产策略是不对生产进行投资，不进行产品外包生产，公司的重点是在研发和市场渠道的推广。华为 3COM 自己的产品是委托捷普科技（Jabil）生产的。华为 3COM 公司的供应链领导要在捷普科技（Jabil），伟创力科技（Flextronics），旭电科技（Solectron），飞旭电子（Flash Electronics）等公司之间选择两家作为他们的产品制造供应商。产品的加工价格将是最重要的决定因素。华为 3COM 要求加工费率定价不能超过物料价值的 10%。该项目外包的主要产品是中低端的网络产品，包括交换机，路由器等。产品的外包规模大约在每年5000万美元。交换机的市场的销售是以项目竞标为主，通常要求极短的交货周期，因此华为3COM要求这些EMS厂提供Hub服务，以保证快速响应。Hub，又称为VMI（Vendor Manage Inventory），指的是供应商按客户的预测进行备货，将产品送到指定的仓库，产品的所有权归供应商所有，只有当客户有需求时，从Hub仓库中转移到客户自己的仓库，产品的所有权才归客户，客户按赎期进行付款。这是供应链管理的趋势。目的是提高供应的弹性，降低库存，提高库存周转率。通过加强供需链环境下的库存管理与控制，提高供需链的系统性和集成性，增强企业的敏捷性和响应性，对EMS企业来说，提供Hub服务，则增加了库存，降低了库存周转率。但是EMS企业也可以要求上游供应商提供类似的服务，提高供货弹性，降低库存。华为3COM要求的付款条件是收货后30天付款。供应商的平均付款天数是75天。项目的库存周转率大约为8次。根据库存周转率的定义可以算出，库存周转8次说明库存的平均周转天数为45天。

三、项目投资分析

（一）成本分析

1. 原材料费用

由于客户在设计阶段就已经将产品上的元件的规格选好了，并且通过了一定的测试和试验。通常客户的工程小组会给出物料清单（Bill of Material，简称BOM）和批准的元件制造商清单（Approved Manufacturer List，简称AML）。

2. 原材料报废

原材料报废和产品设计、工艺流程密切相关，还和投放批量有直接联系。在现代产品设计中，通常推行生产能力设计（Design for Manufacture，简称DFM）以实现最优投入产出比。不同的公司，设计水平差距很大。华为3COM公司的产品从华为剥离出来，这些产品在深圳华为已经生产了一段时间，产品的可制造性应该是比较成熟的。但该产品的工艺流程相对复杂，要经历波峰焊、压接、老化等工序。并且产品的投放批量比较小，是典型的小批量，多品种的生产方式。考虑到以上因素，我们以业界的平均水平对原材料进行估值，该费用的估值为华为3COM项目销售额的0.3%。

3. 直接人工成本

直接人工成本定义为参与产品生产的一线员工的费用，如操作人员，质量检验人员的费用，主要是工资，奖金和加班费用，以及公司为这些员工付出的保险等费用。员工人数是决定该费用的主要因素。员工人数的确定是工业工程师（Industrial Engineer，简称IE）通过测试工时等到的。工业工程师会按照客户的产量的要求计算出标准时间。然后按工艺流程计算每个工序需要的人手。然后统计出总人数。这里我们找了一个类似的项目，有着类似的工艺流程，给予一个直接人工成本经验值：该费用的估值为华为3COM项目销售额的1.5%。

4. 物料负担

物料负担，指物料存货的经营成本，不含财务成本。经营成本包括占据的库存费用、库存保险、原器件过期引起的损失、库存会计和其他库存管理费用。财务成本主要指存货投资的融资成本。在 EMS 行业的供应链中，通常要求供应商的付款赎期为 90 天或 90 天以上。而通常向客户要求 30 天或 45 天的付款赎期。这样可以充分利用这段赎期的差异，减少财务成本。因此这里暂不考虑财务成本。对于物料负担，通过公司其他项目的测算，该费用的估值为华为 3COM 项目销售额的 0.25%。

5. 制造管理费用（不计生产设备折旧）

制造管理费用比较复杂，包含了各种费用。有以下主要科目：主要费用科目的主要内容为非生产一线人员的工资和福利；临时的、第三方服务费用；员工活动费用如员工培训，开会，招聘等费用；员工因工出差费用；非生产设备折旧；工厂设施费用；通信费用；软硬件购买、维护等费用。按经验估计为华为 3COM 项目销售额的 4.0%。

6. 生产设备折旧

生产设备折旧是制造费用中的固定费用，也是最大的一笔固定费用。生产设备折旧是 EMS 企业将生产设备实物资产原值在规定的年限内按一定的比例分摊，其分摊值计入成本，为 EMS 企业的一项非现金支出。通常由直线折旧法和加速折旧法两种折旧法决定折旧年限和折旧方式。

（1）直线折旧法

折旧年限 = 资产有效使用年限；

折旧方式：平均分摊，如果折旧年限为 5 年，则每年的折旧率为 1/5。

（2）加速折旧法

加折旧年限 < 资产有效使用年限；

折旧方式：折旧前期的折旧率大于后期的折旧率。

加速折旧会推迟企业所得税的交纳，有利于企业资产的更新和技术进步。

按折旧法规的相关规定，结合目前的技术发展状况，公司将设备折旧年限定为 5 年直线折旧。

按照项目的要求公司要投入 2 条 SMT 生产线，分二期投入。公司还要投入一台波峰焊设备，一台 ICT 设备，一台压接设备，一间老化房，一条流水生产线以及若干电脑。预计总投入大约在 200 万美元。

7. 市场运作、管理费用

该费用通常占公司总销售额的 0.5% ~1%。这里我们取 0.8% 作为成本计算的依据。以上这些成本也称为目标成本或标准成本，在项目引进后要对实际发生的费用进行复核，要使成本控制在目标成本之内。

前面提到，产品的加工费率定价不能超过物料价值的 10%，所以原材料费用将超过产品销售额的 91%（1/（1 +10%））。在后面的讨论中我们以销售额作为计算比率的依据，这和以原材料价值作为计算基础有很大的出入。要引起注意。

产品的加工费率（Value Add Margin，简称 VAM），是产品加工费与销售额的比率，产品加工费包含了产品的加工成本，以及相应的利润。因此可以得到销售额（REV）和产品加工费率（VAM）以及原材料费用（CBOM）的关系。

REV = CBOM + VAM

VAM = VAM% ×REV

CBOM = REV - VAM = REV（1 - VAM%）

根据上面的分析，扣除原材料成本和生产设备折旧，其他费用大约是销售额的7.35%。考虑设备折旧，其利润空间远小于1.65%。这些费用和销售额密切相关。由于公司一年的采购额远超过华为3COM公司，公司估计在物料采购成本上要比华为3COM有优势，可以节约物料采购额的1%～3%。我们称为采购价格差异（Purchase Price Variance，简称PPV）。这里为了比率的分母一致，我们取采购价格差异（PPV）为销售额的1%。在成本中该金额为收入，而不是费用，因此我们计为：PPV = -1%。

（二）项目现金流量分析

1. 现金流量的预测分析

EMS项目现金流量的数据的估算需要市场营销部门、生产部门、财务等相关部门的共同参与，预测项目未来可能的销售量、售价、原料成本、人工费用，等等。

表8.2是进行现金流量预测的一个基本分析。

I：设为期初投资，200万美元

REV：设为年销售额，5000万美元

税率前3年按15%计算，后2年按30%计算。外资企业享有“两免三减半”的优惠政策，即头一两年的所得税为零，而第三至第五年的所得税率为15%。按最新的税法，依照2007年3月《中华人民共和国税收征收管理法》的规定，外企将征收25%的所得税。

表8.2 华为3COM项目预测现金流量表分析

年	0	1	2	3	4	5
I	-2000					
REV		50 000	50 000	50 000	50 000	50 000
CBOM 原材料费用		45 000	45 000	45 000	45 000	45 000
SP 原材料报废		150	150	150	150	150
DL 直接人工成本		750	750	750	750	750
ME 物料负担		125	125	125	125	125
MOH 制造管理费用		2 000	2 000	2 000	2 000	2 000
D 生产设备折旧		400	400	400	400	400
PPV 采购价格差异		500	500	500	500	500
SGA 市场运作管理费用		400	400	400	400	400
EBIT 息前税前利润		1 175	1 175	1 175	1 175	1 175
纳税额		176.25	176.25	176.25	176.25	176.25
税后收入		998.75	998.75	998.75	998.75	998.75

税前收益（Earning Before Interest and Tax，简称 EBIT）是确定投资项目现金流入量的重要依据，但在表 8.2 中可以看到，EBIT 不仅扣除了各个成本和费用，同时也扣除了资产的分摊值（折旧费）。在作资本预算时，该资产期初的一次性的投资额已作为现金流出量予以考虑，这样税前收益就应该加上同期的折旧额；否则，会造成两次的重复计算。利用会计利润表确定税后现金流量（Total Cash Flow，简称 TCF）时，应将 EBIT 加上同期的折旧额（D），以消除抵扣的折旧额，再减去纳税额。即 TCF = EBIT + D - 纳税额，如表 8.3 所示。

表 8.3　调整后的项目预测现金流量表

年	0	1	2	3	4	5
I	-2000					
D		400	400	400	400	400
EBIT		1175	1175	1175	1175	1175
纳税额		176.25	176.25	176.25	176.25	176.25
税后收入		998.75	998.75	998.75	998.75	998.75
TCF		1398.75	1398.75	1398.75	1398.75	1398.75

2. 运营资本对现金流量的影响

上一小节只是将固定资产投资带来的潜在的现金流量作了一个分析。但是没有实际的运营是无法实现这些现金流量的。EMS 项目还需要按照客户的 BOM 先进行原材料的采购，制造成产品，销售给客户，收到货款后才可以形成真正的现金流量。因此生产设备的投资都伴随着运营资本的投资。因原材料采购而形成的库存，形成销售后应收的款项都称为流动资产。而要付给供应商的账款，应付的工资等称为流动负债。运营资本（Net Working Capital，简称 NWC）指的是流动资产与流动负债的差值。在 EMS 项目中，运营资本的多少主要由 5 个因素决定：

（1）项目销售额（REV）；

（2）客户的付款赎期，或称为应收账款的赎期（DAR）

（3）库存的周转次数（ITO）

（4）供应商的付款赎期，或称为应付账款的赎期（APD）

（5）支持销售额的原材料库存（CBOM）

这里应收账款、库存为流动资产。应付账款为流动负债。

从整年的平均来看，平均的应收账款（AR）满足以下公式：

$$AR = \frac{REV}{365} \times D_{AR}$$

从整年的平均来看，年平均库存（INV）满足以下公式：

$$INV = \frac{CBOM}{ITO}$$

从整年的平均来看，平均应付账款（AP）满足以下公式：

$$AP = \frac{CBOM}{365} \times D_{AP}$$

前述，华为3COM要求的付款条件是收货后30天付款，供应商的平均付款期限是75天，项目的库存周转率大约为8次。考虑到我们要为客户提供Hub服务，我们将应收账款的赎期延长了15天，应此我们得到：$D_{AR}=45$ 天，ITO=8次，$D_{AP}=75$ 天。

表8.4　　流动资产和流动负债变动表

年	0	1	2	3	4	5
REV		50 000	50 000	50 000	50 000	50 000
CBOM		45 500	45 500	45 500	45 500	45 500
AR		6164	7397	8877	10 652	12 782
INV		5688	6825	8190	9828	11 794
AP		-9349	-11 219	-13 463	-16 156	-19 387
Total		2503	3003	3604	4324	5189
NWC		2503	501	601	721	865

注：运营资本投资（NWC）等于当年运营资本增量与上一年运营资本增量之差。

根据表8.3和表8.4，可以得到项目净现金流量的计算表，见表8.5。

表8.5　　项目净现金流量的计算表　　单位：千美元

年	0	1	2	3	4	5
I	-2000					
TCF		1399	1399	1399	1223	1223
NWC		2503	0	0	0	0
净现金流量	-2000	-1104	1399	1399	1233	1233

（三）项目收益分析

通过前面的分析，我们取得了税后现金流量，下面我们将对未来现金流量的价值进行评估，进行收益分析。

1. 净现值法的收益分析

资本具有时间价值，利率是对货币时间价值的度量。一定数量的资本在给定的利率下投资，经过确定的时间长度后所能达到的价值，称为终值。反过来，未来一定数量的资本折算成现在的价值，称为现值。这是净现值法的来源。净现值判据的经济含义是：把不同时间上发生的净现金流量，通过某个规定的利率，统一折算为现值（0年），然后求其代数和，用一个单一的数字来反映工程项目方案的经济性。项目的净现值（NPV）等于项目所有现金流量的现值代数和，其计算公式如下：

$$NPV = -I + \sum_{t=1}^{n} \frac{CF_t}{(1+r_t)^t}$$

其中，CF_t 表示第 t 年的项目现金流量，负的表示现金流出，正的表示现金流入；n 表示项目的有限使用年限；r 是贴现率；I 表示项目的期初投资。

2. 净现值法的判定过程

令 r = 8%，NPV = −2000 + （−1015） + 1182 + 1086 + 872 + 802 = 927

按照项目评判的净现值法则，对于独立项目，若 NPV > 0，表示项目所有现金流入的现值之和大于所有现金流出量的现值之和，增加了企业的总价值，则接受该项目；若 NPV < 0，表示项目所有现金流入量的现值之和小于所有现金流出量的现值之和，减少了企业的总价值，则拒绝该项目。现在项目的净现值大于 0，因此我们接受该项目。

（四）项目的回收期分析

项目的回收期（Payback Period，简称 PP）指的是收回最初投资所需要时间的长度。用现金流量的现值计算可以考虑货币的时间价值。可以使用下列公式：设 CIF_t 是常规性投资项目第 t 年的现金流入，I 是期初投资额。

若 $\sum_{t=1}^{n} CIF_t = I$，则 pp = n 年

若 $\sum_{t=1}^{n} CIF_t < I$，但 $\sum_{t=1}^{n+1} CIF_t > I$，则 $pp = n + \dfrac{I - \sum_{t=1}^{n} CIF_t}{CIF_{n+1}}$

根据上面数据，我们可以得到 n = 3，pp = 3 + （2000 − 1253）/872 = 3.9 年。即该项目的投资回收期为 3.9 年。在 EMS 行业的项目中，设备的投资回报周期通常是比较长的。一般介于 2 ~ 5 年之间。华为 3COM 项目的投资回收期可以被接受。

（五）项目的收益率分析

使净现值等于零的贴现率称为项目的内部收益率（IRR）。即在求净现值公式中，r 为未知量，令 NPV = 0，将现金流量代入式中，则：

$$NPV = -I + \sum_{t=1}^{n} \frac{CF_t}{(1 + r_t)^t} = 0$$

得到 r = 19.17%，该数值表示该项目的投资的内部收益率为 19.17%，该收益率含了资金的时间成本。目前在资本市场上，资本融资成本为 12%，因此该收益率在可以接受的范围内。

思考与练习

1. 计算本企业的资本投资回收期

（1）厂房回收年数

____

____

____

（2）生产线回收年数

2. 用 NPV 法计算企业项目选择

3. 融资的考虑——请从本企业实际出发总结以下问题

（1）负债多，给企业的不利影响

（2）负债少，有利方面

第九章　杜邦分析

第一节　经营陷阱

21 世纪的企业已经或正在步入战略经营管理时代，企业盈利能力的分析也变得越来越重要。而在对企业盈利能力进行分析时，很多企业只看固定的财务指标，存在以偏概全的现象。下面我们就来看看在对企业进行评价时的一些误区。

一、销售收入

一般而言，对企业销售活动的盈利能力分析是企业盈利能力分析的重点。在企业利润的形成中，营业利润是主要来源，而营业利润的高低关键取决于产品销售的增长幅度。产品销售额的增减变化，直接反映了企业生产经营状况和经济效益的好坏。因此，许多财务分析人员往往比较关注销售额对企业盈利能力的影响，试图只根据销售额的增减变化情况对企业的盈利能力进行分析和评价。然而，影响企业销售利润的因素还有产品成本、产品结构、产品质量等因素，影响企业整体盈利能力的因素还有对外投资情况、资金的来源构成等，所以仅从销售额来评价企业的盈利能力是不够的，有时不能客观地评价企业的盈利能力。

二、利润构成

有些企业则只关心企业的利润。企业的利润主要由主营业务利润、投资收益和非经常项目收入共同构成。一般来说，主营业务利润和投资收益占公司利润很大比重，主营业务利润是形成企业利润的基础。非经常项目对企业的盈利能力也有一定的贡献，但在企业总体利润中不应该占太大比例。在对企业的盈利能力进行分析时，很多财务分析人员往往只注重对企业利润总量的分析，而忽视对企业利润构成的分析，忽视利润结构对企业盈利能力的影响。实际上，有时企业的利润总额很多，如果从总量上看企业的盈利能力很好，但是如果企业的利润主要来源于一些非经常性项目，或者不是由企业主营业务活动创造的，那么这样的利润结构往往存在较大的风险，也不能反映出企业的真实盈利能力。

三、资本结构及资本效率

资本结构是影响企业盈利能力的重要因素之一，企业负债经营程度的高低对企业的盈利能力有直接的影响。当企业的资产报酬率高于企业借款利息率时，企业负债经营可以提高企业的获利能力，否则企业负债经营会降低企业的获利能力。有些企业只注重增加资本投入、扩大企业投资规模，而忽视了资本结构是否合理，若企业的资本结构不合理，就会妨碍企业利润的增长。在对企业的盈利能力进行分析的过程中，许多财务人员也忽视了资本结构变动对企业盈利能力的影响，只注重对企业借入资本或只对企业的自有资本进行独立分析，而没有综合考虑二者之间结构是否合理，不能正确分析企业的盈利能力。另外，资本对于每个企业来说都是必不可少的，资本运转效率的高低不仅关系着企业营运能力的好坏，也影响到企业盈利能力的高低。通常情况下，资本的运转效率越高，企业的营运能力就越好，企业的盈利能力也就越强，所以说企业盈利能力与资产效率是相辅相成的。若忽视了企业资本效率对企业盈利能力的影响，也就忽视了从提高企业资产管理效率角度提升企业盈利能力的重要性。这将不利于企业通过加强内部管理，提高资产管理效率进而推动盈利能力。

四、经营模式

企业的经营模式就是企业如何赚取利润的途径和方式，是指企业将内外部资源要素通过巧妙而有机地整合，为企业创造价值的模式。独特的经营模式往往是企业获得超额利润的法宝，也会成为企业的核心竞争力。一个企业即使拥有先进的技术和人才，但若没有一个较好的经营模式，也很难生存。因此，要想发现企业盈利的源泉，找到企业盈利的根本动力，财务人员就必须关注该企业的经营模式，分析该企业获得盈利的深层机制，而不是简单地从企业的行业特征上进行判断和分析。

五、利润及利润质量

对企业盈利能力高低的判断，取决于企业提供的利润信息，企业利润的多少，直接影响企业的盈利能力。一般来说，在资产规模不变的情况下，企业的利润越多，企业的盈利能力相应就越好。因此，很多财务人员在对企业盈利能力进行分析时，非常重视利润数量的多少。然而，企业的利润额由于受会计政策的主观选择，资产的质量、利润的确认与计量等因素的影响，可能存在质量风险等问题。只看重利润的多少，不关心利润的质量，这在很大程度上忽视了利润信息及盈利能力的真实性，从而有可能导致财务分析主体的决策缺乏准确性。

六、历史与未来

在财务分析时，一些财务人员都是以企业年度决算产生的财务会计报告为基础计算各种盈利能力指标，来评价分析企业的盈利能力。在这种盈利能力分析中，人们所计算、评价的数据反映的是过去会计期间的收入、费用情况，都是来源于企业过去的生产经营活动，属于历史资料。而对一个企业的盈利能力进行分析评价，不仅要分析它过去的盈利能力，还要预测分析它未来的盈利能力。企业未来的盈利能力不仅与前期的积累、前期盈利能力的强弱有关，还与企业未来面临的内外部环境有关。因此，如果仅以历史资料评价企业的盈利能力，很难对企业的盈利能力做出一个完整、准确的判断。

综上所述，评价企业盈利能力的高低不是一个简单的指标判断问题，需要我们对一些财务指标进行一些综合分析，下面我们就进入到综合财务分析的经典方法——杜邦分析法。

第二节　理论分析

一、权益回报率的分解

（一）杜邦分析方法

1．传统的指标分析法的缺陷

在第六章财务指标的分析中，我们介绍了用不同的比率计算来评价企业，如销售净利率，资产报酬率，资本报酬率，每股盈余，市盈率等，这些比率评价方法从不同角度来评价企业，不过比率评价指标体系也存在着一些问题，主要有以下几点：

（1）没有一套具有权威性的指标体系，众说纷纭。目前对财务指标的使用尚没有一套具有权威性的指标体系，1995 年财政部发布的十项指标显然已不具备实用性，另外国家经贸委、国家体改委也都有相应的指标出台，但未在理论界和实务界取得共识。相关文献中可以看到无数的评价指标，说明理论界对企业进行综合评价应包括哪些具体指标确实有不同的看法。

（2）现有的常用指标绝大部分都是利用资产负债表和利润表的有关数字计算得到的，对现金流量表的利用不够。

（3）运用指标来进行财务分析，将注意力完全集中在量化的数字上，忽略了非量化的资料分析。

（4）财务分析是一项事后工作，只能面向企业的过去，而不能预测企业的将来。

2．杜邦分析法简介

财务管理是公司管理的核心之一，如何实现股东财富最大化或公司价值最大化又是财务管理的中心目标。任何一个公司的生存与发展都依赖于该公司能否创造价值。公司的经理们负有实现企业价值最大化的责任。出于向投资者（股东）解释经营成果和提高经营管理水平的需要，他们需要一套实用、有效的财务指标体系，以便据此评价和判断企业的经营绩效、经营风险、财务状况、获利能力和经营成果。杜邦财务分析体系（The DuPont System）就是一种比较实用的财务比率分析体系。这种分析方法首先由美国杜邦公司创造出来，故称之为杜邦财务分析体系。杜邦财务分析体系的基本原理是将财务指标作为一个系统，将财务分析与评价作为一个系统工程，全面地分析企业的偿债能力、营运能力、盈利能力及其相互之间的关系，在全面财务分析的基础上进行全面的财务评价，使分析者对公司的财务状况有深入而相互联系的认识，以有效地进行财务决策。其基本特点是系统、简明、清晰；在杜邦财务分析体系的左边部分，主要分析企业的营运能力和盈利能力，并展示企业的营运能力和盈利能力两者之间的内在联系；在杜邦财务分析体系的右边部分，主要分析企业的偿债能力、财务结构、资本结构和资产结构，亦展示出其内在的联系。其共同作用的结果是导致权益报酬率的变动。因此，权益报酬率是杜邦财务分析体系的核心，是一个综合性最强的指标，反映着企业财务管理目标的实现情况。

杜邦财务分析体系的作用在于通过自上而下的分析，可以了解企业财务状况全貌，各项指标之间的内在联系和财务状况变动的因素及其存在的主要问题，为经营者提供了解决企业财务问题的思路；同时也为企业提供了财务目标的分解控制途径。自下而上的运用，可以考察企业经营活动中各项财务指标的实际情况，为企业的财务控制和财务考核提供基本的路径和范围，有利于企业财务管理中责、权、利的进一步明确，为企业建立有效的内部财务管理体系奠定基础。因此，杜邦财务分析体系是企业财务管理的重要指标体系，在我国企业的经营管理中应结合企业的具体情况加以利用。

（二）杜邦分析方法解析

杜邦分析法中各因素之间的关系如图9.1所示。

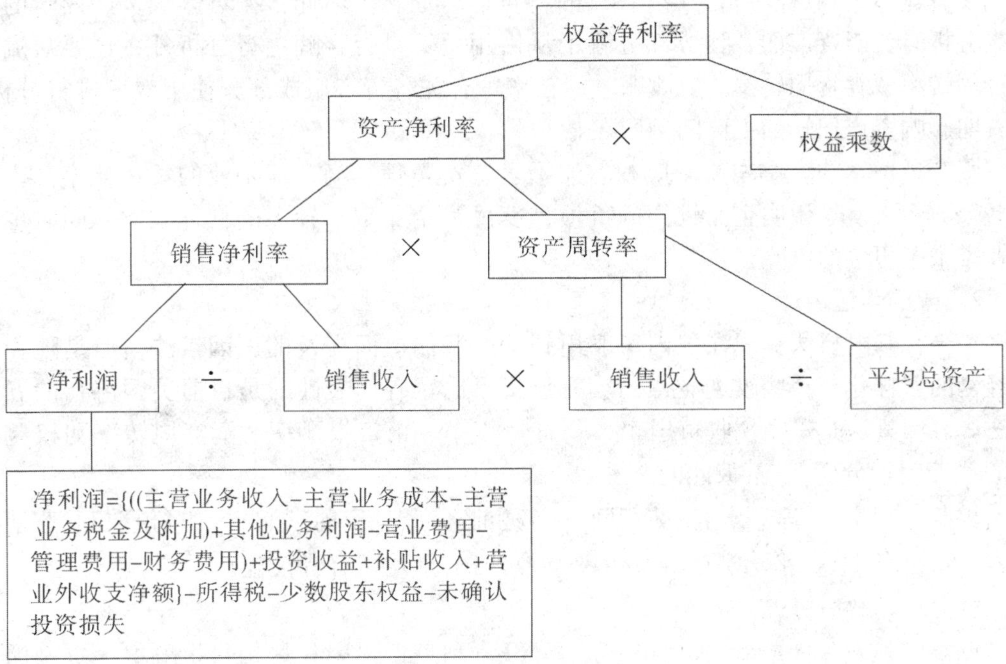

图9.1 杜邦分析图

1. 三因素法

权益净利率是所有比率中最具综合性和代表性的指标：

权益净利率 = 资产净利率 × 权益乘数

资产净利率 = 销售净利率 × 资产周转率

权益乘数 = 1 + （1 − 资产负债率）

资产负债率 = 负债总额/资产总额

销售净利率 = 净利/销售收入

总资产周转率 = 销售收入/资产总额

净利 = 销售收入 - 全部成本 + 其他利润 - 所得税

全部成本 = 制造成本 + 管理费用 + 销售费用 + 财务费用

资产总额 = 长期资产 + 流动资产

流动资产 = 现金有价证券 + 应收账款 + 存货 + 其他流动资产

所以，权益净利率 = 销售净利率 × 资产周转率 × 权益乘数

从上式可以看出，决定权益净利率的高低由三个因素决定，即销售净利率、资产周转率和资产负债率。通过该式，可以把权益净利率这样一个综合性指标升降的原因具体化，能更明确说明变化的原因。

销售净利率的高低受销售收入和总成本的影响，总成本是销售成本与各种费用及税金之和。通过对这些项目的分析，了解企业净利增减及销售净利率升降的变动原因。

资产周转率是反映企业运用资产以产生销售收入能力的指标。对资产周转率的分析必须对影响资产周转的各因素进行分析。企业的总资产由长期资产和流动资产构成，它们又有具体的构成项目，又以各自的特点运行周转。因此，在对影响资产周转的各因素分析时，对资产的各构成部分除了从占用量上是否合理进行分析外，还要对流动资产周转率、存货周转率、应收账款周转率等有关各资产组成部分使用效率进行分析，以查明影响资产周转的主要问题所在。

资产负债率的大小主要影响权益乘数。资产负债率高，即企业的负债比率高，则权益乘数较大。这说明企业较高的负债程度可为企业带来较多的杠杆收益，同时也给企业带来了更多的风险。

2. 五因素法

关于杜邦分析法，现在国内一般用到的是我们上面提及的三因素法，但是随着企业经营的多样化，一些改进显得比较有意义。比较有代表性的是目前美国流行的五因素法。五因素法是采用税收负担率、利息负担率、销售报酬率、资产周转率和权益乘数的“五因素分析”，其彼此的关系如下：

权益净利率 =（净利润/税前利润）×（税前利润/息税前利润）×（息税前利润/销售收入）×（销售收入/平均资产额）×（平均资产额/平均所有者权益）

将上式分解后可得：

权益净利率 = （1 - 税收负担率） × （1 - 利息负担率） × 销售报酬率 × 资产周转率 × 权益乘数

税收负担率 = 所得税额/税前利润

利息负担率 = 利息额/息税前利润

销售报酬率 = 息税前利润/销售收入

资产周转率 = 销售收入/平均资产总额

权益乘数 = 平均资产总额/平均所有者权益 = 1/ （1 - 资产负债率）

企业所得税是所有税种中优惠政策最多、变化最大的一种税。通过税收负担这个单独的因素可以直接地反映企业所得税变化对权益净利率的影响程度。企业财务费用指标十分重要，它与资本结构的合理性有着直接的联系。资本结构合理的标志是在企

业资金需要量一定的情况下企业价值最大而资金成本最低，因此，利息费用的高低及其对企业利润的影响作为反映企业资本结构是否合理的预报器。

（三）杜邦分析法的局限性

通过上面的介绍，我们知道杜邦财务分析体系正是通过几个主要的指标把企业的资产、负债、所有者权益以及收入、成本、利润放在一起，对企业的资本结构、资金运作、销售能力以及获利能力进行综合评价。该方法从评价企业绩效最具综合性和代表性的净资产收益率指标出发，层层分解，直到企业最基本生产要素的使用，成本与费用的构成和企业风险，从而满足经营者通过财务分析进行绩效评价的需要，在经营目标发生变动时查明其原因并加以修正。因此杜邦分析体系是通过综合性指标“权益净利率”的分解图（图9.1）来完成的，因此以权益净利率的高低来判定企业经营业绩的大小与财务状况的好坏成为一段时期的评价标准。然而，企业为了迎合考评或其他利益目的，在净利润的计算上不择手段。特别是一些上市公司为了能达到目标，可以采用一切可能的方式来包装利润。例如：通过各种会计政策变更增加利润；利用权益法下的信用销售，生成巨额应收账款来增加利润；关联交易也成为转移利润的常用手法。由此看来，人们怀疑“净利润”指标的收益质量也就不足为奇了。在这种情况下，如果仍以“权益净利率”指标的高低来判断企业财务状况的好坏就不再全面了。也就是说，我们不能认为一个80%的净利润来自股市投资收益的企业会有什么长远的发展。

综上所述，杜邦分析体系的缺陷主要表现在：

（1）没有进行企业发展能力的分析，不利于企业的可持续发展。一般而言，对企业财务能力的分析应该包括企业的偿债能力、营运能力、盈利能力和发展能力，而传统的杜邦分析体系只包括前三者。随着市场竞争的日益激烈，企业越来越重视企业自身的发展潜力及可持续发展。因此，传统杜邦财务分析体系作为一个综合财务分析体系，却没有包含反映企业发展能力的指标及其分解指标，显得不合时宜。

（2）用净利润衡量企业收益不够科学，不能完全反映企业真实的盈利状况。由于净利润容易受到资本结构和所得税政策的影响，因此在进行经营绩效评价时，不能据此准确衡量企业经营决策效果。同时，净利润既包括企业经营业务产生的收益，也包括财务决策的收益。从管理的角度出发，有时必须对收益的性质进行区分，否则会降低据此计算的销售净利率的质量。

（3）忽视了对现金流量的分析，财务分析结果的可信度降低。众所周知，资产负债表、利润表和现金流量表是企业进行财务分析的三张重要报表，它们从不同角度反映企业的财务状况、经营成果和现金流量，因此在一个完善的财务分析体系中，三者缺一不可。传统的杜邦分析体系所用的财务指标主要来自于资产负债表和利润表，没有考虑现金流量表。前两个报表属于静态表，仅从静态的角度分析企业的经营业绩，具有一定的局限性，特别是如今利润表粉饰现象日益严重，这样很容易使信息使用者作出错误的决策。而现金流量表是根据收付实现制编制的，可以减少人为控制数据的可能性，增强了财务分析结果的可信度，据此可以对企业经营资产的效率和创造现金利润的真正能力作出评价。

二、各个驱动因素的进一步解释

杜邦分析体系图（图9.1）揭示了与股东权益收益率密切相关的主要财务指标，下面我们以三因素法为例，解释密切相关的主要财务指标的特点：

（1）股东权益收益率是综合性最强的财务比率，也是杜邦财务分析体系的核心。由于股东权益收益率反映了企业股东投入资本的获利能力，不论是股东还是经营者都十分关心其升降变化及其原因。销售净利率、总资产周转率和权益乘数是影响股东权益收益率高低的主要因素，销售净利率取决于企业的经营管理，总资产周转率取决于投资管理，权益乘数取决于筹资管理，由此就把股东权益报酬率这一综合指标发生升降的原因具体化了，比只用一项综合指标更能说明问题。

（2）销售净利率反映了企业净利润与销售收入的关系，它的高低取决于销售收入与成本总额的高低。要想提高销售净利率，一是要扩大销售收入，二是要降低成本费用。扩大销售收入具有特殊的重要意义，既有利于提高销售净利率，又可提高总资产周转率，这样自然会使总资产报酬率升高。降低成本费用是提高销售净利率的一个重要手段，从杜邦分析图（图9.1）可以看出成本费用的基本结构是否合理，从而找出降低成本费用的途径和加强成本费用控制的办法。如果企业财务费用支出过高，就要进一步分析其负债比率是否过高；如果管理费用过高，就要进一步分析其资产周转情况，等等。从图9.1中还可以看出，提高利润率的另一途经是提高其他利润，想办法增加其他业务利润，适时适量进行投资取得收益，千方百计降低营业外支出等。为了详细了解企业成本费用的发生情况，在具体列示成本总额时，还可根据重要性原则，将那些影响较大的费用单独列示（利息费用等）以便为寻求降低成本的途径提供依据。

（3）总资产周转率反映了企业运用资产以产生销售收入的能力，影响总资产周转率的一个重要因素是资产总额。它由流动资产与长期资产组成，它们的结构合理与否将直接影响资产的周转速度。除此之外，还应通过对流动资产周转率、应收账款周转率、存货周转率等有关各资产组成部分的使用效率的分析，判断影响总资产周转的主要问题出在哪里。一般来说，流动资产直接体现企业的偿债能力和变现能力，而长期资产则体现该企业的经营规模、发展潜力，两者之间应保持一种合理的比率关系。如果流动资产中货币资金所占的比重过大，就应分析企业是否有现金闲置现象，现金持有量是否合理。如果流动资产中存货或应收账款过多，就应当分析企业的存货周转率与应收账款周转率。

（4）权益乘数反映了企业的筹资情况，即企业资金来源结构如何。权益乘数主要受资产负债率指标的影响。负债比率越大，权益乘数越高，说明企业的负债程度比较高，给企业带来了较多的杠杆利益，同时，也带来了较多的风险；反之，说明企业的负债程度比较低，意味着企业利用财务杠杆的能力较强，但债权人的权益却能得到较大的保障。对权益乘数的分析要联系销售收入分析企业的资产使用是否合理，联系权益结构分析企业的偿债能力。在资产总额不变的情况下，开展合理的负债经营，可以减少股东权益所占的份额，从而达到提高股东权益净利率的目的。同时，也应分析企业净利润与利息费用之间的关系，如果企业承担利息费用太多，就应当考虑企业的权益乘数或负债比率是否合理。不合理的筹资结构会影响到企业股东的收益。

第三节 经典案例——南宁糖业股份有限公司杜邦分析

一、南宁糖业股份有限公司简介

南宁糖业股份有限公司（简称：南宁糖业，股市代码：000911）其前身为南宁统一糖业有限责任公司，1999 年 4 月改制为南宁糖业股份有限公司，现由南宁制糖造纸厂、明阳糖厂、蒲庙纸厂、伶俐糖厂、香山糖厂、东江糖厂 6 个大中型制糖、造纸厂组建而成。公司位于祖国大西南，江河运输、陆运、空运便捷和出海大枢纽的广西壮族自治区首府南宁市。公司具有对外进出口经营权，是广西外贸商品进出口基地，是国家重点扶持的 512 家国有重点企业之一，为国家认定的大型一档企业。公司拥有 7000 多名员工，其中各类专业技术人员 1100 多人，具有中高级职称资格的有 600 多人。公司注册资产 2.4080 亿元。

目前公司生产能力为：日榨甘蔗 3.02 万吨，年产机制糖 50 万吨，机制纸 5 万吨，食用酒精 3 万吨以及各类综合利用产品共 8 大类。公司产糖量占广西食糖总量的 10%，全国食糖总量的 4%，近年来公司的生产和利润一直保持着稳定的增长势头，2002 年实现利润 1 亿元。公司现都已通过 ISO9001、ISO2000 质量体系认证。南宁糖业在南宁市经济发展中占有举足轻重的地位，因连续 3 年荣获南宁市“经济效益杯”金杯奖，被授予“明星企业”称号。公司拥有稳定的客户和广大的营销网络，产品远销欧洲、中东、东南亚等国家和地区，被国内外著名的百事可乐、可口可乐、健力宝等厂商列为原料定点厂。经营范围：主营：机制糖、酒精、文化用纸、蔗渣浆；兼营：原糖加工、复合肥、蔗渣碎粒板、制糖设备的制造及安装、货物运输、焦糖色、出口本企业自产的纸张、糖、酒精、进口本企业生产、科研所需的原辅助材料、机械设备、仪器仪表及零配件、对外经济合作、卫生纸、餐巾纸等。

二、南宁糖业股份有限公司 2001—2005 年杜邦分解

（一）南宁糖业股份有限公司 2001—2005 年重要财务指标

表 9.1　　南宁糖业股份有限公司 2001—2005 年重要财务指标

名称	2001 年	2002 年	2003 年	2004 年	2005 年
股东权益收益率（%）	6.76	8.39	14.46	15.08	3.28
总资产收益率（%）	3.71	4.37	7.09	7.08	1.28
权益乘数	1.82	1.92	2.04	2.13	2.56
主营业务利润率（%）	4.95	4.12	7.46	8.63	2.1
主营业务成本率（%）	79.68	79.28	80.77	77.16	82.47

表9.1（续）

名称	2001年	2002年	2003年	2004年	2005年
期间费用率（%）	14.46	13.05	12.79	12.41	15.84
总资产周转率（%）	0.75	1.06	0.95	0.82	0.61
流动资产周转率（%）	1.76	3.27	3.24	2.95	2.22
固定资产周转率（%）	1.63	1.93	1.68	1.39	0.98
应收账款周转率（%）	14.72	14.42	10.24	8.14	8.54
存货周转率（%）	11.16	17.07	17.0	12.1	8.6

注：具体指标的计算方法请参照第六章财务指标计算

（二）南宁糖业股份有限公司2001—2005年杜邦分解图

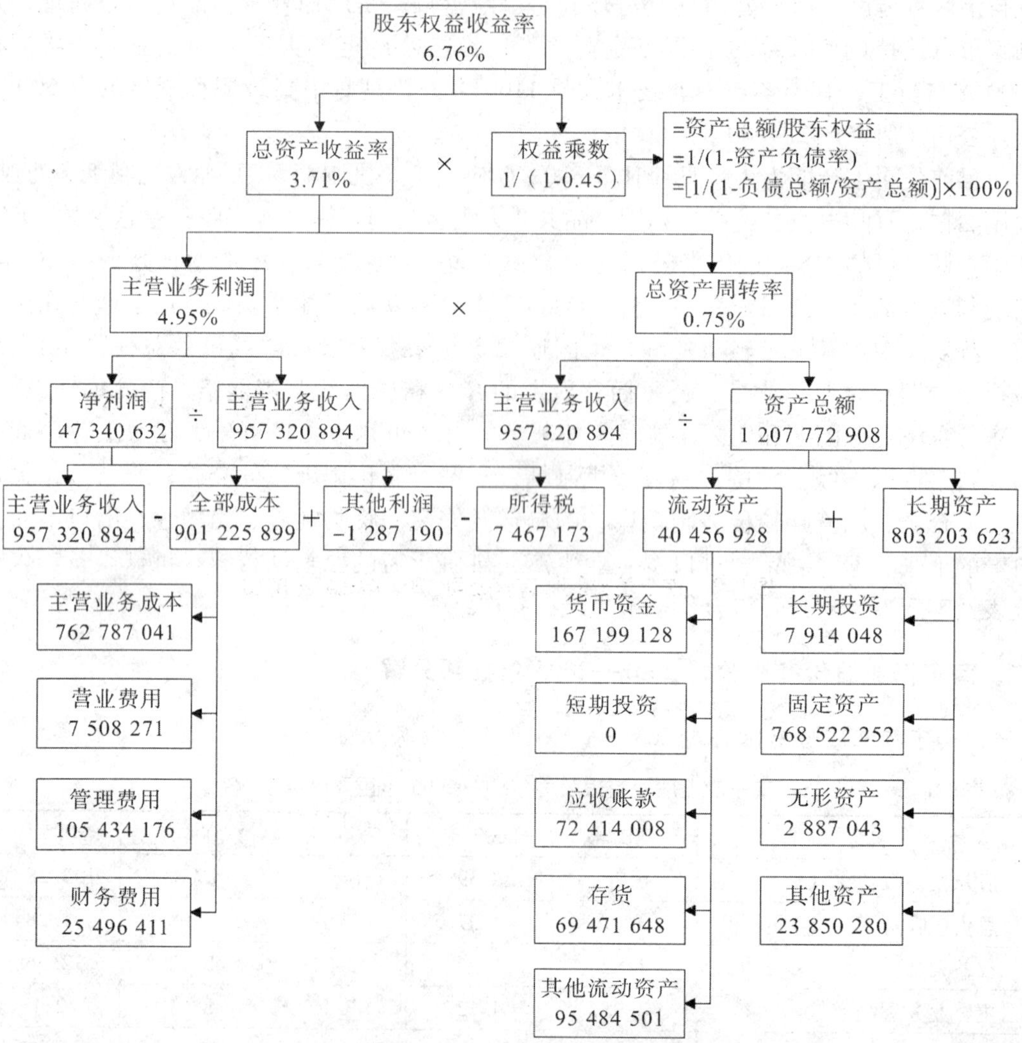

图9.2 南宁糖业股份有限公司2001年杜邦分解图

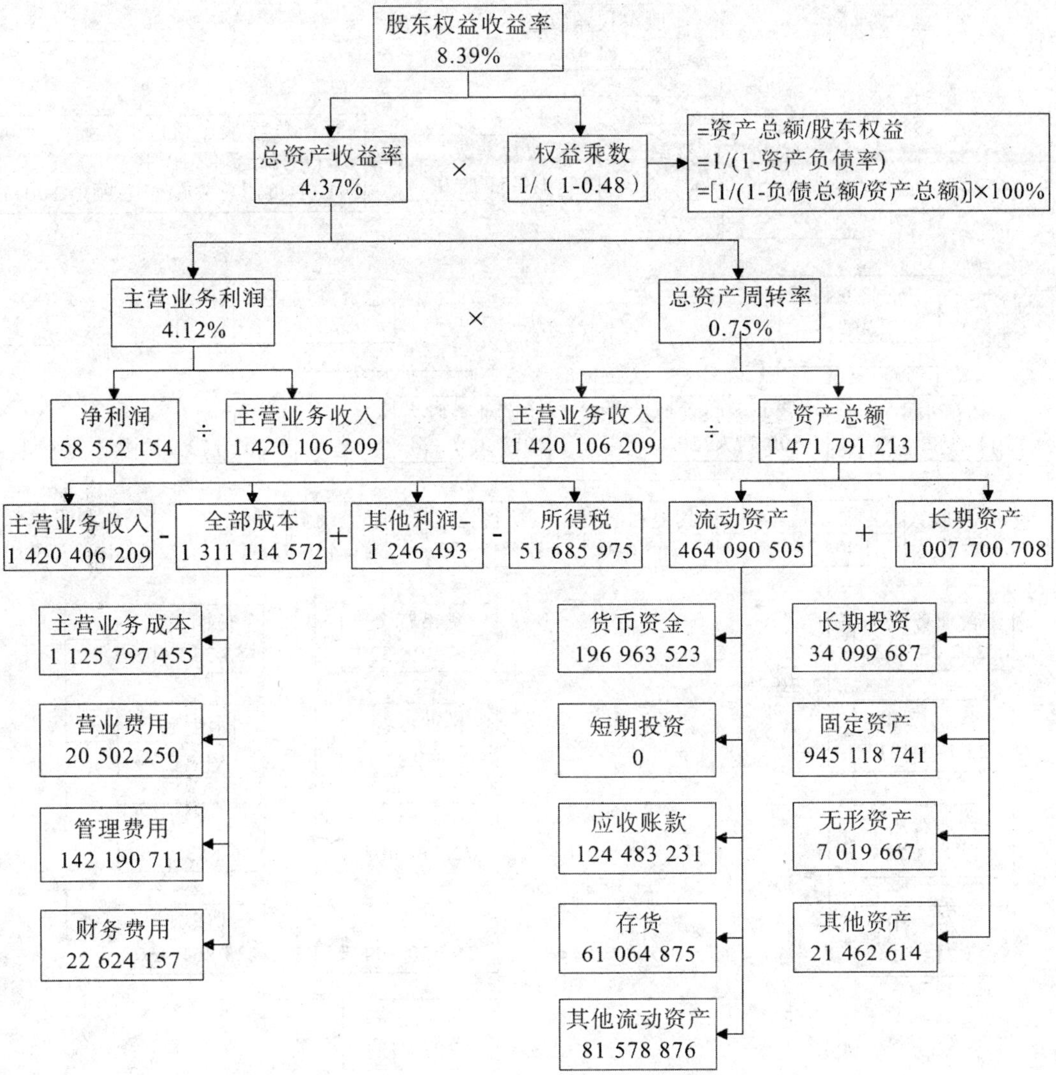

图 9.3　南宁糖业股份有限公司 2002 年杜邦分析图

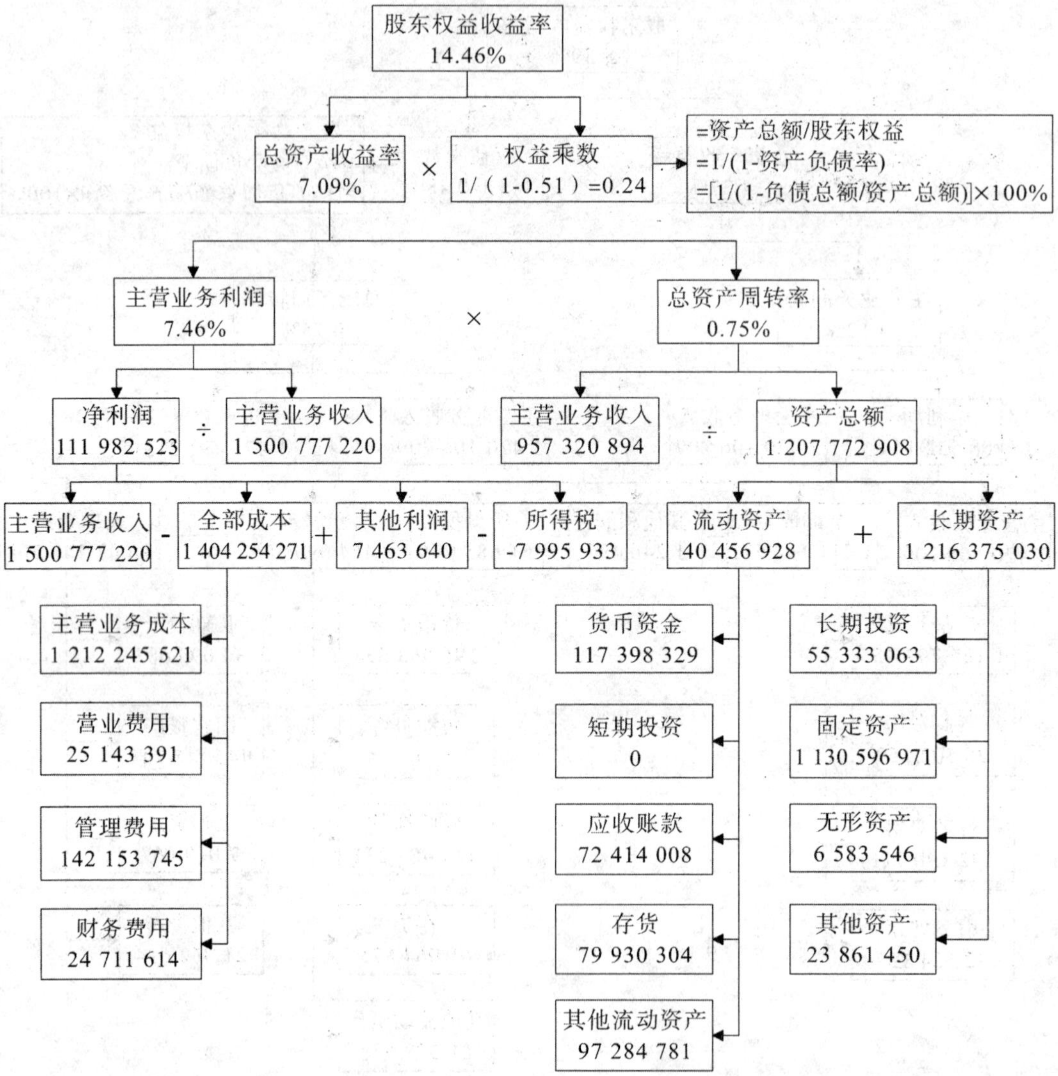

图 9.4　南宁糖业股份有限公司 2003 年杜邦分解图

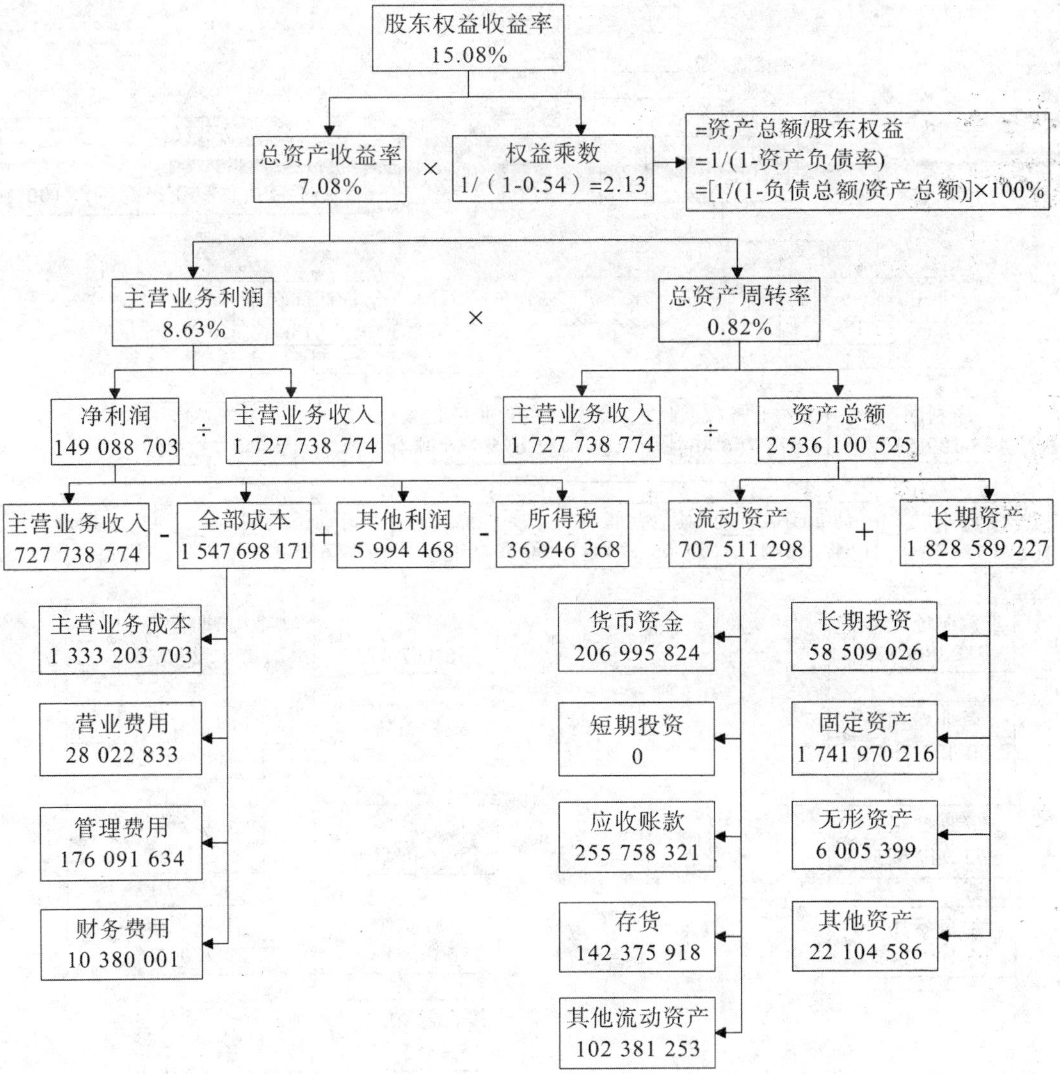

图 9.5　南宁糖业股份有限公司 2004 年杜邦分析图

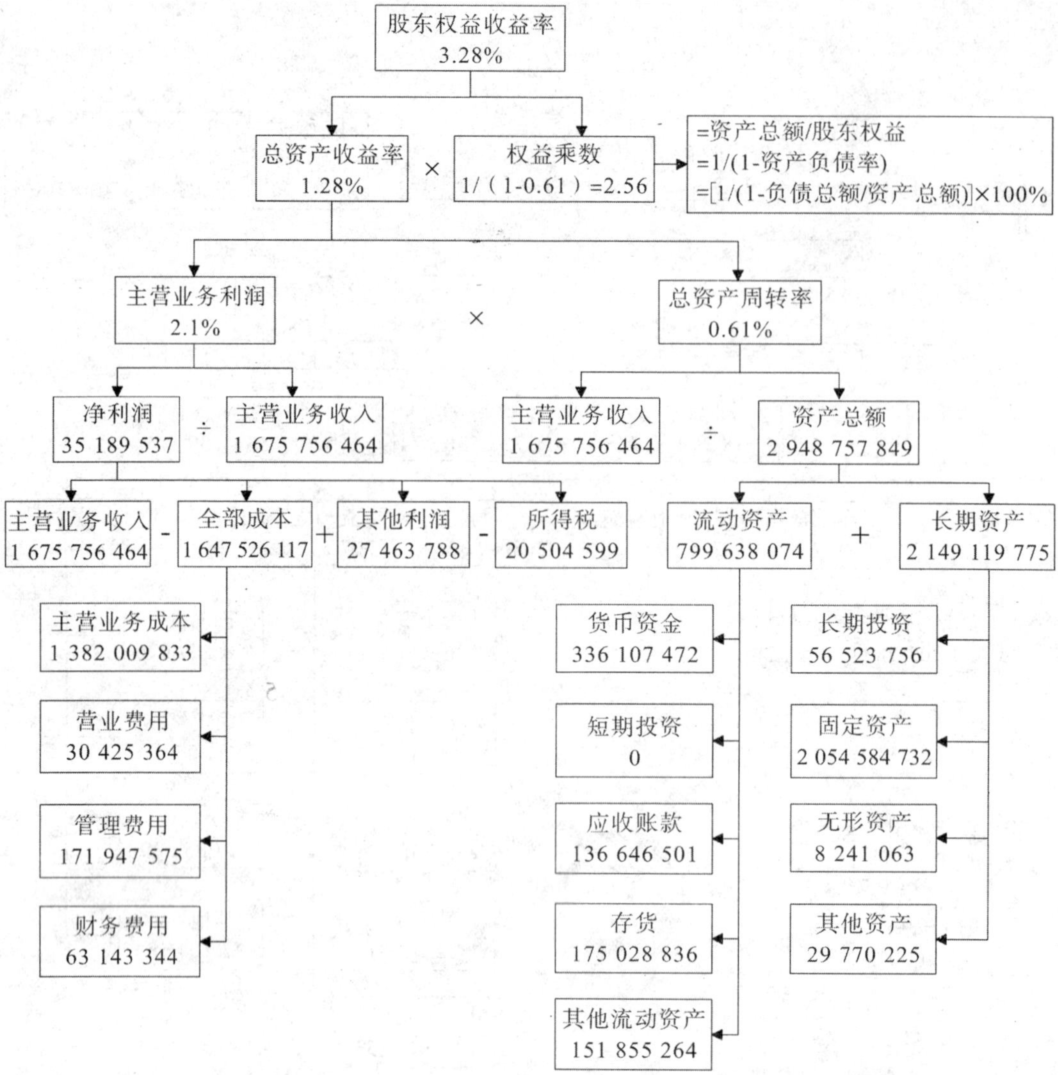

图 9.6　南宁糖业股份有限公司 2005 年杜邦分解图

三、杜邦分析与评价

（一）股东权益收益率分析

股东权益收益率 = 总资产收益率 × 权益乘数

从表 9.1 中可以看出，南宁糖业股份有限公司股东权益收益率在 2001—2004 年持续增长，但经过 2003 年和 2004 年两年的高速增长后，2005 年急剧下降。将股东权益收益率分解为总资产收益率和权益乘数，可以找到产生问题的原因。通过分解可以看出，南宁糖业股份有限公司股东权益收益率的变动是由资产利用效率（总资产收益率）和资本结构（权益乘数）的变动两方面原因共同作用的结果。从表 9.1 中可以看到，权益乘数在 2001—2005 年不断上升，但变动幅度不大；而总资产收益率在 2001—2003

年持续上升，并且在2003年上升幅度很大，2004年与2003年持平，2005年急剧下降且幅度很大。因此，南宁糖业股份有限公司股东权益收益率的变动虽然是由总资产收益率和权益乘数的共同变动引起的，其主要变动原因是总资产收益率变动，次要原因是权益乘数的变动。下面先分析总资产收益率变动的原因。

（二）总资产收益率分析

总资产收益率 = 主营业务利润率 × 总资产周转率

由表9.1可以看出，总资产收益率变动是由主营业务利润率和总资产周转率两个因素共同变动引起的。除2002年外，总资产周转率变动幅度不大，而主营业务利润率的变化幅度较大，因此，主营业务利润率的变动是导致总资产收益率变动的关键因素。下面重点对南宁糖业股份有限公司的盈利水平（主营业务利润率）和资产利用水平（总资产周转率）作进一步的分析。

（三）主营业务利润率分析

主营业务利润率主要受主营业务成本率和期间费用率的影响，从表9.1中可以看出，主营业务成本率在2001—2003年基本维持在稳定的水平上，2004年有一定的下降，但2005年却又有一定幅度的上涨并且达到5年中的最大值；期间费用率在2001—2004年一直呈小幅下降，但在2005年却有一定幅度的上涨并且在达到5年中的最大值。要分析主营业务利润率变化的原因，须对照杜邦分解图作全面的分析。

（1）主营业务收入

2001—2004年南宁糖业股份有限公司的主营业务收入稳步增长，2002—2004年的增长率分别为：48.34%、5.68%、15.12%。但2005年的主营业务收入比2004年略有下降，下降了4.64%。

（2）成本费用

2001—2005年南宁糖业股份有限公司的成本费用一直在稳定增长，2002—2005年的增长率分别为：45.48%、7.1%、10.21%、6.45%。在这里要注意的是2005年的主营业务收入比2004年下降了，而成本费用并没有随着收入的下降而下降，相反却仍在增长。

（3）营业外利润

从2001—2005年南宁糖业股份有限公司的其他利润很不稳定，其变动百分比分别为：196.84%、498.77%、-19.68%、358.15%。

（4）所得税

南宁糖业股份有限公司的所得税在2003年出现负数，主要原因是由于所得税税率下降及2002年的所得税退缴。从以上对主营业务收入、成本费用、其他利润和所得税的分解可以知道南宁糖业股份有限公司的主营业务利润率变化的主要原因是由于成本费用的持续增长引起的。进一步具体分析：2002年主营业务利润率比2001年略有下降，是因为所得税负的增加；2003年主营业务利润率比2002年上升了81%，主要是因为所得税退缴和税率下调所至；2004年主营业务利润率比2003年略有上升是因为主营业务收入的增长幅度大于成本费用的增长；2005年主营业务利润率比2004年下降了

76%，原因是主营业务收入的减少而成本费用却反而增加所至。

由此可以看出，南宁糖业股份有限公司要想保持公司持续盈利水平并有所增长，就必须加强公司的盈利能力的管理，主要是扩大销售量，增加销售收入，同时要降低成本费用，合理安排成本结构。

（四）总资产周转率分析

总资产周转率的变动主要是由流动资产周转率和固定资产周转率两者共同引起的，而流动资产周转率通常是通过应收账款周转率和存货周转率的分析来说明。从表 9.1 中可以看出，南宁糖业股份有限公司的流动资产周转率和固定资产周转率的变化趋势相同：2002 年比 2001 年的周转率高，之后 2003—2005 年连续 3 年下降，这说明公司的资产管理效率在不断下降，应引起重视，切实加强资产管理能力，提高资产利用效率，加快资产周转率，从而提高盈利能力。

前面对南宁糖业股份有限公司的主营业务利润率分析时已经分析了其主营业务收入是呈上升趋势的，因此，总资产周转率的下降是因为总产量的增加，并且总产量的增加速度要高于主营业务收入的增长速度。从 2001—2005 年的杜邦分解图可以看出，2002—2005 年总资产比上一年分别增长 21.9%、14.1%、51%、16.3%。在总资产中，长期资产所占比重较高，2001—2005 年，长期资产占资产总量比重分别为 67%、68%、72%、72%、73%，而在长期资产中，固定资产所占的比重相当高，分别为 96%、94%、93%、95%、96%，同时固定资产的增长速度也是相当高，2002—2005 年比上一年增长比率分别为 23%、20%、54%、18%。在流动资产中，货币资金、应收账款和存货三项资产所占的比重较高，这三项资产之和所占流动资产比重均在 75% 以上。2001—2005 年，货币资金占流动资产比重分别为 41%、42%、25%、29%、42%，应收账款占流动资产比重分别为 18%、27%、36%、36%、17%，存货占流动资产比重分别为 17%、13%、17%、20%、22%。

以上一连串的数据分析说明，南宁糖业股份有限公司要提高总资产周转率，就要重点提高固定资产周转率、应收账款周转率、存货周转率，同时提高货币资金的利用率，充分发挥货币资金的作用。这就要求对公司的资产结构进行优化，重点是对固定资产扩张的控制，防止固定资产扩张过度。

从以上的数据分析还可以看出，总资产周转率较慢并呈下降的趋势，主要是因为固定资产周转率慢和固定资产投资过快的原因。这说明南宁糖业股份有限公司存在资产浪费和闲置的现象，现有的固定资产存量多，利用率低，营运效率不高，主要是因为存量资产主要分布在各二级单位，对生产能力、营运状况缺乏通盘考虑，表现为短缺与闲置同在，高投入与低效益并存，重复购置与能力过剩时有发生。今后要找出长期闲置和利用程度较低的资产，通过组织现有资产的正常调剂，同时广泛开展租赁业务等办法来盘活存量资产。

（五）杜邦分析总结

通过杜邦财务分析系统可以看出，南宁糖业股份有限公司的资产规模在不断地扩大，虽然其主营业务收入也相应地取得增长，但成本费用增加过快影响了其主营业务利润率的增长，进而影响股东权益收益率的增长，要改变这种状况，一方面，要扩大产销量，努力提高营业收入，另一方面，要加强成本费用的控制，降低成本费用。总资产的周转速度也影响着股东权益收益率。南宁糖业股份有限公司由于资产扩张过快，造成资产的浪费和闲置，利用程度不高和营运效率低下，从而影响总资产的周转速度。货币资金、应收账款、存货和固定资产所占比重过高，资产结构不合理也造成了总资产周转速度慢，进而影响股东权益收益率。

2005 年，南宁糖业股份有限公司的盈利能力指标和资产营运能力指标都降到了最低点，除了原材料价格上涨的因素外，与公司的管理水平不高有相当大的关系。由于公司所处行业具有一定的特殊性，而管理层却没有应急措施来应对原材料价格上涨所带来的影响。同时，总资产周转率从 2002 年起便逐年下降，管理层却没能及时止住下滑的势头，从而影响股东权益收益率的提高。因此，公司管理者应加强管理，努力提高管理水平，保持公司的竞争力和可持续发展力。

思考与练习

学习上节案例，分析各企业的盈利状况并用杜邦分析法解释原因。

1. 请根据企业现实情况填写下列杜邦体系。

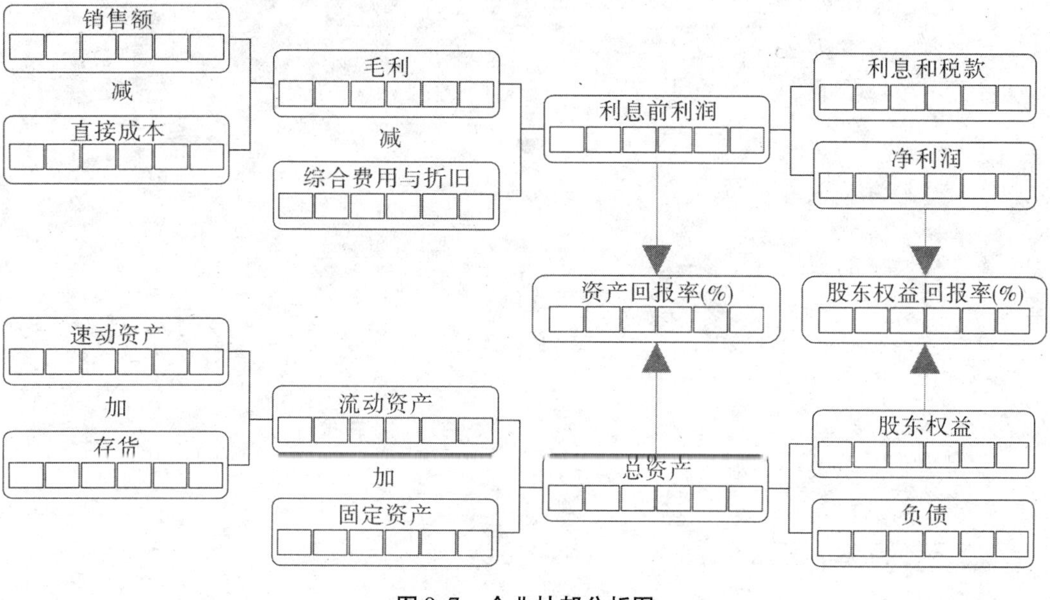

图 9.7 企业杜邦分析图

2. 杜邦模型的讨论

（1）通过上面杜邦体系的分解，总结企业的问题所在

(2) 提高资产回报率的方法

(3) 提高股东权益回报率的方法

第十章　基于经济增加值的企业评价

第一节　经营陷阱

我们在评价一个企业经营状况时，可以选用传统业绩评价体系。传统业绩评价体系是以财务指标为主，常见的财务指标有盈利指标、营运指标和偿债指标等。作为“会计特有的语言”的财务指标是综合性、结果性指标，但无法反映生产经营过程。比如基于利润表的盈利指标资本收益率的评价。如某公司的现有资本收益率为15%，追加投资为股权投资，投资成本率为8%，在进行投资决策时，他们可能会放弃收益率低于15%的投资项目，而此时如果追加投资后的加权资本成本率小于8%，这意味着管理层放弃了一次增加股东财富的机会；如果追加投资后的加权资本成本率高于8%，该项目投资收益率大于15%，按照资本收益率这个指标，管理层应该接受这个项目，但实际上却损害了股东利益。另外，在高风险的行业对收益率的要求会比较高，实际上，并不能推出高资本收益率的为股东创造的价值多于低资本收益率的公司。所以采用这种指标不利于企业长远发展。同样，基于现金流量表的指标也存在着短期化弊端，经营者也可以通过控制研发费用、维修费用、减少存货采购量等来调整其数额。另外，传统的业绩计量指标并不能确认和计量权益资本成本，这实质上虚增了企业利润，也可能导致投资者做出错误的决策。因此，我们需要一种考虑权益资本成本的评价体系，这个就是经济附加值。

第二节　理论分析

一、经济增加值的定义与企业业绩传统评价比较

（一）经济增加值的定义

1982年，美国人M. Stern与G. Bennett Stewart合伙成立了Stern Stewart & Co. 财务咨询公司，推出能够反映企业资本成本和资本效益的经济增加值（Economic Value Added，简称EVA）指标。从最基本的意义上讲，经济增加值EVA是公司业绩度量指标，与其他度量指标不同之处在于：EVA考虑了给企业带来利润的所有资金成本。EVA衡量的是公司资本收益和资本成本之间的差额，从股东角度重新定义公司的利润，考虑公司投入的所有资本，包括权益资本的成本，并且在计算中尽量消除会计信息对

企业真实情况的扭曲。EVA 被提出后，在不到 10 年的时间内就得到了包括公司、投资机构和管理咨询专家的认可，被《财富》评价为"当今最热门的财务创意"。它的有效性是因为它是建立在一定的经济学和会计学的基础上的。

1. 经济学基础

著名管理学家彼得·德鲁克曾做过这样的评价："EVA 绝不是一个新概念，EVA 只不过是对经济学家的'剩余收益'概念的发展，并具有可操作性和高度的灵活性。"经济学家亚当·斯密认为：利润是扣除包括资本成本在内的总成本后的一种剩余。经济学家哈密尔顿认为一个公司要为股东创造财富，就必须获得比其债务资本成本和权益资本成本更高的报酬。其后，古典经济学家阿尔弗雷德·马歇尔在《经济学原理》中就提出了经济收益或"剩余收益"的概念。他写道："（所有者或经营者）按现行利率扣除其资本利息之后，所留下的利润可称其为经营或管理的收益。"即公司在任意期间内创造的经济利润不仅必须考虑到会计账簿中记录的费用支出，还要考虑经营中所用资本的机会成本。经济学家们将公司经营的总成本分为两部分：一部分作为显性成本，指在计算会计利润时所扣除的全部成本和费用；另一部分是资本的机会成本，这是隐性成本，公司的真正盈利在于其创造的总收益必须弥补全部的成本，这样的盈利才能给公司带来真实价值的增长。诺贝尔奖的获得者，经济学家默顿·米勒和佛朗哥·莫迪里亚尼在 1958—1961 年发表的论文中提出了企业价值的经济模型，奠定了现代价值评估理论的经济学基础。该理论提出：价值驱动因素是经济利润与风险直接联系的必要投资回报；公司市场价值是投资人理性行为的结果：资本结构的风险与公司经营风险具有不同性质，是一种财务风险。这其中已经隐含了 EVA 理论的雏形。

2. 会计学基础

EVA 源于剩余收入，剩余收入（Residual Income，简称 RI）是一种专门用于评价公司各业务部门业绩的财务指标。而剩余收益指标 RI 又是由传统会计指标衍生得出的，因此 EVA 实际上是由反映企业不同方面的会计数据计算得出的，它源于会计数据，又高于会计数据。EVA 是由经营现金净流量，营业利润，剩余收入推出，并通过适当的调整，从而具有其他会计指标无法比拟的丰富的信息含量，比这些指标更准确全面地反映了企业的经营业绩。

（二）经济增加值与传统企业业绩评价的比较

传统业绩评价体系是以财务指标为主的业绩评价体系，这是因为财务指标具有可计量性和可比性，便于进行行业内部比较和历史数据比较，经过独立注册会计师审计后比较可信等优点。常见的财务指标有盈利指标、营运指标和偿债指标等。作为"会计特有的语言"的财务指针是综合、结果性指标，无法反映生产经营过程；而且财务指针资料源于根据会计核算准则的财务报表，扭曲了企业的经营业绩。随着市场竞争的日益加剧，传统业绩评价体系由于其固有的缺陷而受到越来越多的挑战。比如基于利润表的盈利指标可操控性强，经营者可以通过调整会计政策，控制研发费用、维修费用等来予以调整，所以采用这种指标不利于企业长远发展。基于现金流量表的盈利指标是以收付实现制为基础，较少受到会计政策变动的影响，比利润基础的盈利指标要客观，另外现金是企业的血液，经营现金流量更是体现了企业自身的造血功能。但是，基于现金流量表的指标也存在着短期化弊端，经营者也可以通过控制研发费用、维修费用、减少存货采购量等来调整其数额。另外，传统的业绩计量指标不确认和计量权益资本成本，这实质上虚增了企业利润，也可能导致投资者做出错误的决策。以下针对几个常用于评价企业经营业绩的财务指标做简单的评价。

1．净利润指标

净利润（Net Income，简称 NI）是按照现行会计制度计算出的，根据稳健性原则提取的各项准备金、公司在当期一次性摊销掉的研发费用和市场开发费用，都会导致公司当期利润的减少，这在一定程度上扭曲了公司的真实经营情况。如果以 NI 评价管理层的业绩就会导致这样的后果：管理层追求短期利润，最典型的例子就是减少战略性支出，牺牲公司长远利益。最终后果是损害了股东的利益。

2．净现值指标

NPV 是净现值（Net Present Value）的英文缩写，现值（Present Value）指一个投资项目的现在的价值。使用 NPV 决策的标准是，当净现值为正时，说明该投资项目能为公司创造新增价值，应接受该投资项目；反之，当净现值为负时，则拒绝该专案。NPV 的决策标准正体现了这样一个原则，即公司投资的任何一个项目，都应该创造出超出其初始投资的价值，否则该项目就没有投资价值。NPV 也可以应用于公司价值的评估。其原理与计算项目的净现值原理一样。把公司看成是由若干项目组成的，这若干个项目也可以看成是若干个价值创造中心。所有价值创造中心未来新创价值的折现即是公司的市场增加价值（MVA）。美中不足的是 NPV 是一个时点概念，而不是流量概念，它衡量的是在某一时点上的公司价值。

3．资本收益率指标

资本收益率即收益与对应资本投入的比率，主要应用于业绩评估和投资决策，是较为普遍使用的指标。由于计算资本收益率时采用不同的公式，所以叫法也各不相同。比如投资收益率、投入资本收益率、净资产收益率、资产收益率等。从资本收益率的计算公式可以看出，该指针可以衡量单位资本的收益情况。因为收益即分子是忽略股权资本成本的收益，所以资本收益率存在和会计利润一样的缺陷。这样的缺陷使得它不仅应用在项目的取舍方面有局限性，而且用在衡量公司业绩方面不太准确。另外，使用该指标引导管理层进行投资经营活动时，往往会导致管理层偏离股东财富最大化这个目标。

4．每股盈余指标

每股盈余（Earnings Per Share，简称 EPS）也是用来衡量公司业绩的主要指标。它的局限性与资本收益率类似，因为收益即分子是忽略股权资本成本的收益，只能体现扣除股东要求收益之前的收益状况，存在和会计利润一样的缺陷。

二、经济增加值计算

简单地说，EVA 等于税后经营利润减去债务成本和股本成本，是所有成本被扣除后的剩余收入。它考虑了所有投入资金的成本，而非单纯的会计利润概念。EVA 最大的特点就是考虑了公司的全部资本成本，它既扣除了在财务报表中反映的债务的直接成本，又扣除了权益的间接成本，真正反映了为投资者创造的价值。

EVA 的基本计算公式为：EVA = NOPAT - IC × WACC

即公司每年创造的经济增加值等于税后净营业利润与全部资本成本之间的差额，经济增加值 = 税后净营业利润 - 资本成本。其中资本成本既包括债务资本成本，也包括股本资本的成本。由此可知，经济增加值的计算结果取决于三个基本变量：税后净营业利润（NOPAT）、资本总额（IC）和加权平均资本成本（WACC）。下面我们就来详细讨论一下指标。

（1）税后净营业利润（NOPAT）等于税后净利润加上利息支出部分（如果税后净利润的计算中已扣除少数股东损益，也应加回），亦即公司的销售收入减去除利息支出以外的全部经营成本和费用（包括所得税费用）后的净值。因此，它实际上是在不涉及资本结构的情况下，公司经营所获得的税后利润，也即全部资本的税后投资收益，反映了公司资产的盈利能力。除此之外，还需要对部分会计报表科目的处理方法进行调整，以纠正会计报表信息对真实业绩的扭曲，主要是那些能够资本化的“成本费用”，当期发生的研究与开发费用，本期摊销的商誉，各种减值准备等。

（2）资本总额（IC）是指所有投资者投入公司的全部账面价值的资金，包括债务资本和股本资本。其中债务资本是指债权人提供的短期和长期贷款，不包括应付账款、应付票据和其他应付款等商业信用负债。股本资本不仅包括普通股，还包括少数股东权益。因此资本总额还可以理解为公司的全部资产减去商业信用负债后的净值。在实务中既可以采用年初的资本总额，也可以采用年初与年末资本总额的平均值。同样，计算资本总额时也需要对部分会计报表科目的处理方法进行调整，以纠正对公司真实投入资本的扭曲。

（3）加权平均资本成本（WACC）是投资者根据市场状况所预定的投资收益率，根据各资本组成要素的成本和在资本结构中的比重加权而得，反映债权投资和股权投资的机会成本。具体公式如下：

$$WACC = \frac{D}{D+E}(1-T)K_D + \frac{E}{D+E}K_E$$

其中：

D，E 分别表示公司负债总额的市场价值和所有者权益的市场价值。由于资本成本反映的是市场对公司预期收益的评估，因此计算资本组成要素的权重时，使用它们的市场价值比账面价值更准确、更接近实际。

T：所得税税率。

K_D：负债的税前成本。投资者一般把债权投资视为一种无风险的投资，因此企业在计算债务成本时，可直接采用债务合同规定的利率。目前，我国企业债务形式主要是银行贷款，而我国银行贷款利率尚未放开，不同企业贷款利率基本相同，因此可采用中国人民银行公布的贷款利率作为债务税前资本成本，不必进行调整。

K_E：所有者权益的成本。权益投资者往往面临比债权投资者更多的不可控因素，因此，要求较高的回报率。其计算也因风险因素的引入而变得复杂，现行存在多种估算股权资本成本的模型，一般最常用的是资本资产定价模型，其计算公式为：

$$K_E = K_f + \beta\ (K_M - K_f)$$

其中：

K_f 是无风险收益率，国外一般采用短期国库券利率或银行存款利率。

β 反映该公司股票相对于整个市场（一般用股票市场指数来代替）的系统风险。β 系数越大，说明该公司股票相对于整个市场的风险越高、波动越大。该值可通过公司股票收益率对同期股票市场指数（如上证综指）的收益率回归计算得来。

K_M是市场报酬率或平均股票报酬率，(K_M-K_f) 是整个证券市场的投资组合相对于无风险收益率的溢价。

三、经济增加值在企业分析中的运用

（一）经济增加值的运用原则

对于企业每年经营后的 EVA，若 EVA > O，表示企业获得的收益高于获得此项收益而投入的资本成本，即企业为股东创造了新价值；相反，若 EVA < O，表示股东的财富在减少，企业的价值在毁损。如果 EVA = O，则说明企业的利润仅能满足债权人和投资者预期获得的收益，投资者的财富既未增加也未减少。

例 10.1：假设某建设项目总投资 1 亿元人民币，其中公司自有资金 60%，其余为银行贷款，假设市场无风险投资收益率为 5%，银行中长期贷款利率为 8%，则此项目占用资本的加权平均资产成本率为 60% ×5% +40% ×8% =6.2%。只有当此项目的年收益大于 620 万元时，EVA >0，此项目才真正为股东创造了价值。

EVA =（资本回报率 - 资本成本率）×资本

=（销售利润率×资本周转率 - 资本成本率）×资本

=（NOPAT/销售收入×销售收入/资本总额 - 资本成本率）×资本

= [（销售收入 - 销售成本 - 管理费用 - 销售费用 - 所得税）/销售收入×销售收入/（经营运资本 + 长期资本）- 资本成本率] ×资本

= [（销售收入 - 销售成本 - 管理费用 - 销售费用 - 所得税）/销售收入×销售收入/（流动资产 - 无息流动负债 + 长期资本）- 资本成本率] ×资本

= [（销售收入 - 销售成本 - 管理费用 - 销售费用 - 所得税）/销售收入×销售收入/（现金 + 应收账款 + 存货 - 应付账款 - 预付款 + 长期资本）- 资本成本率] ×资本

通过 EVA 基本计算公式，我们可以看出，EVA 的计算结果取决于三个基本变量：税后净营业利润、资本总额和加权平均资本成本。对公式进行变形，将 EVA 指标和销售利润率、资本周转率建立联系，将销售利润率、资本周转率再进一步分解，可以看出，公司经营占用的资本规模、取得的经营业绩以及为此而发生的成本费用水平将决定 EVA 计算结果的高低。所以，改善 EVA 计算指标，可以从以下三个方向着手：

（1）改善经营业绩，提高税后净营业利润，通过更有效地经营现有的业务和资本提高已有资产的收益。例如增加销售收入、合理控制成本的投入、降低期间费用的发生，提高现有业务的利润率。

（2）促进经营业绩增长，对产生正 EVA 的项目进行投资，剥离产生负 EVA 的经营项目。如投资预期回报率超出公司资本成本的项目或在收益高于资本成本的条件下，增加投资，扩大企业规模。

（3）管理公司资产，可以减少收益低于资本成本的资产占用，对毁损价值的资产进行处置或提高资本运用效率，即加快流动资金的运转、加速资本回流而达到解放沉淀资本的目的。

（二）经济增加值对企业评价的意义

1. 以经济增加值为核心的企业管理理念的创新

目前，国内企业长期习惯用财务报表中指标，如税后净利润、每股收益和净资产收益率等评估企业业绩，这并不能真正反映企业经营效果或为股东创造价值。一方面，传统指标的计算没有扣除股本资本的成本（或投入资本的机会成本），导致成本的计算不完全，因此无法判断公司为股东创造的价值的准确数量，可能隐含着对投资者的低回报和投入资本的实质缩水；另一方面，传统指标的计算以会计报表信息为基础，而会计报表信息对公司业绩的反映本身就存在部分失真。而 EVA 考虑了带来企业利润的所有资金成本。

资本成本是指经营所用资本的成本，是为补偿公司投资者、债权人所必要的最低收益。资本成本反映了资本市场对公司未来获利能力和风险水平的预期。企业经营的回报率只有高于资本成本率，股东投入资本获得的回报才能超过股东资本的机会成本，只有在这种情况下，股东才会真正有利可图，企业才有生存的价值。如果资本回报率低于资本成本率，股东的财富就被消耗掉了。在一个成熟的资本市场上，这意味着公司将失去在股票市场上再融资的能力，因为资本将会转向回报率超过资本成本率的项目或公司。目前的会计处理方法反映了债务成本，却忽略了股权资本的成本。在会计报表上，投资者的股权资本投入对公司来说是无成本的。EVA 则认为股东必须赚取至少等于资本市场上类似投资的收益率，资本获得的收益至少要能补偿投资者承担的风险。EVA 就是企业税后净经营利润扣除资本成本（债务成本和股本成本）后的余额。在 EVA 准则下，投资收益率高低并非企业经营状况好坏和价值创造能力的评估标准。EVA 把包括机会成本在内的所有资本成本都考虑在内，它显示出企业创造或损失的财富量，是对企业真实经济利润的一个评定，或者说 EVA 大致显示了股东和投资方在公司的所得与他们投资在其他可比风险上所要求的最低回报相比，盈余或亏损的数额。在目前的中国企业，尤其是国有企业，基本上没有资本成本的概念，大多数人都认为，股东的钱是白拿的，认为国有资本是一种“免费资本”，可以无节制、无条件地利用，是根本不需要偿还的。于是，国内很多企业都千军万马一条路，拼命想上市圈钱，而一些企业收缩股本、扩大负债就反而显得荒谬了。但是，资本是有成本的，而且所费不低，按照美国一些运作良好的大企业的经验，经常高达 12% ~15%。公司进行的每一项需要现金投入的经营或投资活动，都必须时刻关注其产出能否弥补资金的成本。

当把这一观点贯彻到所有的经营方面并以此为主要的取舍基准时，企业就完成了一个战略上的转变：从规模导向转到价值导向。EVA 这种全新的财务管理理念认为只有收回资金成本之后的 EVA 才是真正的利润，公认的会计账面利润不是真正的利润；若 EVA 为负数，即便是会计报告有盈利，也是亏损，也被认为是企业在侵蚀股东财富。管理大师德鲁克解释说："我们称之为利润的东西，也就是企业为股东留下的金钱，通常根本不是利润。只要企业的利润低于资金成本，企业就是处于亏损状态，尽管企业仍要缴纳所得税，好像企业真的盈利一样。"

2. 以经济增加值为核心的财务管理框架

无论处于何种时间段的公司业绩，EVA 都可以做出最准确、最恰当的评价。在计算 EVA 的过程中，首先要对传统的会计数字进行一系列调整，以便消除会计扭曲，使业绩评价结果尽量与经济现况相吻合。比如，公司的研发支出往往是对未来产品或业务的一种投资，而现有的会计准则却要求公司把它当年一次性计入费用。为了反映研发行为的经济意义，EVA 将研发支出进行了资本化处理，不再一次性计入费用，而是作为可摊销的无形资产，在适当的时间（比如说 5 年）内分期摊销。EVA 通过专门的会计调整，可以准确地披露企业经营的经济效益。对会计报表进行合理的调整和计算，得到的 EVA，使税后净经营利润的定义建立于正确、经济的基础之上。例如，在计算会计利润时，研发、培训等费用是当年计提的，因此，从传统会计角度看，研发等活动是完全损害利润的。而在 EVA 计算中，研发等是作为投资来处理的，成本在投资期限内摊销，所占用的资金计入资本成本。EVA 的这种处理，一方面，意在鼓励研发、培训等能为企业带来长期效益的行为，另一方面从投资的角度对研发和培训的回报提出了要求。EVA 明确扣除所有资本（股权和债务）的机会成本，明确要求了股东权益的回报要求。传统的会计体系鼓励的是保守的，以确保能够收回债务为目的的经营行为，会计报表是债权人的财务报告。这种精神与股东的利益是不一致的，股东一般要求企业在战略上更富有进取心，在收益和风险之间寻求积极的平衡，在长短期利益上有综合的考虑。从结果上看，股东要求把他们投入的资本的收益直接、突出地体现出来。例如，在 EVA 计算里，应收账款作为对资金的占用是计成本的，而预收账款由于不要求回报而不计资本占用。这样，EVA 在收款方式上量化地明确了什么是"好的行为"，什么是"坏的行为"。由于 EVA 和奖金相联系，又能从经济上激励员工考虑收款问题，也必然成为以业绩为基础的激励机制的最佳衡量标准。EVA 的真正价值，在于公司可以把它作为财务管理体系的基础。建立在 EVA 基础之上的管理体系密切关注着股东财富的创造，并以此指导公司决策的制定和营运管理，使战略计划、资本分配、并购或出售等公司行为更加符合股东利益，并使年度计划甚至每天的运作计划更加有效。从 EVA 的角度看，提升公司价值有三条途径：①更有效地经营现有的业务和资本，提高经营收入；②投资预期回报率超出资本成本的项目；③出售对别人更有价值的资产，或者通过提高资金使用效率，加快资金流转速度，把资金沉淀从现存营运中解放出来。

3. 以经济增加值为核心的企业并购决策与战略

或者是迫于竞争的压力，或者是盲目扩张的冲动，购买企业成了众多公司战略发展规划的一部分。管理层为了实现宏伟的战略规划，往往不惜付出高出净资产甚至高出用现代价值评估的金科玉律——净现值所计算出的价格来实现并购计划。美国的研究显示：有2/3的并购案都会在不同程度上损害收购方的价值，就像巴菲特所说的："可悲的是，大多数的并购都呈现出一种不平衡的状态：被收购方的股东犹如找到了一座金矿，而收购方股东的财富却往往因此大幅度减少，这是因为收购方通常会失去比所获得的更多的内在价值。"许多公司往往用利润或者是每股收益是否提高来衡量并购的成功与否。但是，每股收益和利润总额的增长并不一定能提升价值，它的最大缺陷在于没有触及价值交换的实质，它只考虑了并购对会计利润的贡献，而却没有办法确定一桩并购案是否能创造价值，即是否能够获得超过资本成本的股东回报。

经济增加值能够从内在的经济意义上评估并购行为的可行性，以及溢价支付的合理性。经济增加值是一种经济利润的衡量标准，等于税后净营业利润（NOPAT）减除债权资本和股权资本的综合成本后的余额。经济增加值核算方法能防范经营和财务风险，并帮助投资者衡量回报数额及其持久性。对于能够使投资增值的公司，投资者将愿意投入比账面资本更高的溢价来获取股权。从这个角度来衡量并购价值，可以使收购方拨开利润总额和每股收益的迷雾，看到最实在的经济本质。

经济增加值分析方法还可以将一个公司的总市值明确分为当前营运价值和未来增长价值两部分。从战略角度分析，企业价值的最大化不仅有赖于当前营运价值的最大化，更加仰仗于当前营运价值和未来增长价值两者一致的最大化。未来增长价值的分析让管理层避免过于注重短期收益，鼓励他们分析商业策略、融资决策、财务管理以及奖励机制的长期影响。同时，未来增长价值的分析也给并购中的溢价支付问题提供了独特视角，即收购方从收购行为中必须获取足够的预期增长价值以弥补其付出的溢价。为了评估并购价格中隐含的未来增长价值，收购方必须首先确定目标公司的当前营运价值，即它从目前的营运活动中所能获得的经济增加值。然后，收购方需要弄清当前可实现的经济增加值究竟要增长多少才足以弥补支付给目标公司股东的溢价，从而将为实现这一增长目标而努力。最后，收购方必须对为弥补超出当前营运价值的溢价而必需取得的业绩进行分析，并判断其实现的可能性。经济增加值分析能帮助收购方了解价值交换的公平性，并购价值实现的可能性，以及如何做出准确的收购决策和获取合理的价值回报。EVA的引入，还会给企业带来一种清新的观念。在EVA制度下，所有营运功能都从同一基点出发，为公司各部门员工提供了一条有效沟通的渠道；由于公司经营的唯一目标是提升EVA，各部门就会自动加强合作，决策部门和营运部门会自动建立联系，部门之间互不信任的状况会得以根除。因此，EVA是一套有效的公司法人治理制度，这套制度自动引导和鼓励管理人员和普通员工为股东的利益思考和做事。

4. 以经济增加值为核心的经营者激励和薪酬制度

薪酬制度随着市场变化的不断改革是一种必然。在众多的薪酬制度改革中，把企业资金成本计算在企业利润之内的企业业绩考核办法，即EVA薪酬制度，在企业的分配体系中逐步抢占制高点。将EVA理论引入薪酬体系主要是为了让创造经济增加值的单位获得更多的EVA奖金，再以各岗位的差异为依据，实现单位员工分配。EVA薪酬制度的基本原则，是按照EVA的一个固定比例来计算管理人员的货币奖金，也就是把EVA的一个部分回报给管理人，同时其他员工也可从中获得一部分奖励。同时，EVA机制能很好地弥补目前企业的薪酬制度不利于创新的经营缺陷，它鼓励企业管理者追求更高的EVA，而且要想增加薪酬奖励，就必须不断地增创EVA，而增创EVA的途径又在很大程度上依赖技术进步。在EVA的结算中，采用新技术的利益大大高于企业的眼前利益。这样就有利于企业不断创新和技术进步，从而不断增强企业的创新能力，增强企业的竞争能力。

第三节 经典案例——青岛海尔的EVA评估

一、青岛海尔股份有限公司简介

在第六章已介绍了青岛海尔股份有限公司的基本情况。青岛海尔股份有限公司在保持高速增长的同时，狠抓产品质量，继在全国家电行业中率先通过ISO9001认证后，又先后通过了ISO14001环保认证、美国UL、加拿大CSA、德国VDE和GS、欧盟CE等近20项认证，这使海尔产品不出厂就可获得国际认证，是真正的世界级产品供应商。

公司上市之前，生产用资金主要靠企业自身积累及银行贷款，但随着公司的快速发展，其所能提供的资金已不能满足公司正常发展的需要。公司抓住1993年国家大力发展证券市场的机会，通过公开发行股票募集资金3.69亿元，分别投资于出口冰箱技术改造项目、出口冰箱配套设施改造项目、无氟冰箱技术引进项目、多规格定尺料精密冲裁中试基地项目、大型精密注塑中试基地项目、海尔工业园冲压基地项目、海尔工业园模具中试基地项目、中意合作生产洁厨具项目、风直冷蒸发器项目等。这些项目的实施使公司生产能力及技术含量有了大幅度提高，为以后冰箱生产规模奠定了基础。与此同时，改制上市也使公司从根本上转变了经营机制，企业的产权关系也更加明晰。股票上市后，公司严格按照有关要求，建立、健全了法人治理结构，理顺了股东大会、董事会、监事会、经理层的关系，并在公司内部形成了股东、员工、用户互动的价值链，使公司的发展目标与股东的投资回报有效地结合起来。股票上市后，充分发挥上市公司优势，积极利用资本市场整合市场资源，在公开发行股票后，又先后进行了四次再融资，整合了市场资源，极大的促进了公司的发展。1996年公司配股募集资金主要用于无氟冷柜项目的生产，该项目投产后使海尔在冷柜行业的生产能力大大增强，为海尔在21世纪初进一步拓展世界冷柜市场奠定了基础，并为公司保持无氟技术的领先地位以及向相关领域拓展，进一步提高公司的竞争力奠定了基础。1997年公司配股募集资金用于青岛海尔电冰箱有限公司二期工程、青岛海尔电冰箱（国际）有限公司二期工程以及小家电项目。这些项目的投入生产，使海尔公司在稳步扩大销售额，占据冰箱行业领先地位的同时，充分发挥海尔的名牌效应，形成小家电这一新的利润增长点。1999年公司配股募集资金将主要投向出口大型冰箱生产项目、出口洗碗机项目、出口燃气灶项目、建立国际物流中心、收购章丘电机厂、模糊控制电子模块项目。这些项目的投产有力地推动了公司的国际化进程，产生了良好的社会效应和经济效应。2001 年公司实施 A 股增发，利用募集资金及部分自有资金共 20 亿元，收购青岛海尔空调器有限总公司 74.45% 的股权。通过整合空调这一高盈利业务，为上市公司提供了强有力的支撑，有利于公司开展规模化经营，增强企业的国际竞争力，为入世后的进一步扩张创造条件。除此之外，还将完善白色家电概念，增强公司在行业中的地位，有助于实现产品多元化战略，降低经营风险。青岛海尔股份有限公司自发行股票至今，取得了突飞猛进的发展，公司将一如既往地以创中国的世界名牌为己任，积极实施国际化战略，保持高速稳定的发展，给投资者以满意的业绩回报。

二、计算青岛海尔股份有限公司的历史 EVA

（一）计算税后净营业利润

表 10.1　　青岛海尔调整后的税后净营业利润

单位（元）	2002 年	2003 年	2004 年	2005 年	2006 年
利润总额	536 981 442	494 276 673	509 806 648	325 772 925	463 053 103
净利润	397 059 657	368 952 846	369 435 583	239 126 624	313 913 735
+所得税	107 524 104	99 624 432	112 806 765	76 031 666	106 574 863
+利息费用	48 151 080	41 831 424	7 595 964	8 358 300	16 162 200
息前税前利润	552 734 841	510 408 702	489 838 312	323 516 490	436 650 798
平均所得税率	20.02%	20.16%	22.13%	23.34%	23.02%
息前税后利润	442 056 308	407 532 762	381 450 013	248 011 450	336 152 608
+少数股东损益	401 084 280	446 868 529	458 221 105	455 701 345	544 069 510
+本年商誉摊销					
+递延税款贷方余额增加					
+短期投资减值准备增加					
+长期投资减值准备增加					
+存货跌价准备增加	−687 294	1 414 179	−454 462	208 207	−4 234 287
+坏账准备增加	1 182 479	−1 488 613	14 855 489	−1 749 306	16 958 757
+固定资产减值准备增加					
+在建工程减值准备增加					
+委托贷款减值准备增加					
+研发投入					
−研发费用本年摊销					
税后净营业利润	843 635 774	854 326 857	854 072 145	702 171 696	892 946 588

（二）计算资本总额

表 10.2 青岛海尔调整后的历史资本总额

单位（元）	2002 年	2003 年	2004 年	2005 年	2006 年
普通股股权	5 259 307 516	5 388 965 877	5 718 519 047	5 598 703 944	5 785 942 642
+少数股东损益	401 084 280	446 868 529	458 221 105	455 701 345	544 069 510
+累计商誉摊销					
+递延税款贷方余额					
+短期投资减值准备					
+长期投资减值准备					
+存货跌价准备	3.066 555	4 480 541	4 026 079	4 234 287	
+坏账准备	45 446 555	43 957 943	58.813 432	57 064 125	74 022 882
+固定资产减值准备	15 350 000	15 350 000	15 350 000	15 350 000	15 350 000
+在建工程减值准备增加					
+委托贷款减值准备增加					
+研发费用资本化额					
-在建工程	536 686 268	37 741 805	22 935 073	29 773 730	135 409 611
+短期借款	906 800 000	645 000 000		7 000 000	223 000 000
+长期借款		138 360 000	138 360 000		39 800 000
+一年内到期的长期借款				138 360 000	
金融资产	582 252 986	849 123 666	715 084 948	670 233 583	1 626 377 382
资本总额	5 512 115 461	5 796 117 419	5 655 269 641	5 576 406 387	4 920 398 041

（三）计算加权平均资本成本

1. 计算资本结构

债务资本 = 短期借款 + 长期借款 + 一年内到期的长期贷款

权益资本 = 资本总额 - 债务资本

表 10.3 青岛海尔的历史资本结构

单位（元）	2002 年	2003 年	2004 年	2005 年	2006 年
资本总额	5 512 115 461	5 796 117 419	5 655 269 641	5 576 406 387	4 920 398 041
债务资本	906 800 000	783 360 000	138 360 000	145 360 000	262 800 000
权益资本	4 605 315 416	5 012 757 419	5 516 909 641	5 431 046 387	4 657 598 041
债务资本比重	16.45%	13.52%	2.45%	2.61%	5.34%
权益资本比重	83.55%	86.48%	97.55%	97.39%	94.66%

2. 计算实际债务资本成本

结合青岛海尔具体的债务结构，短期负债在各年所占的比例不尽相同，2005 年没有短期负债，但短期负债所占的比重较大，长期负债所占的比重较小。由于中国上市公司的负债主要是银行贷款，青岛海尔也是如此，因此采用央行一年期流动资金贷款利率和三年期的银行贷款利率的加权利率作为税前单位债务资本成本，如表10.4所示。

表10.4　　青岛海尔历史实际债务资本成本

	2002年	2003年	2004年	2005年	2006年
一年期短期贷款利率	5.31%	5.31%	5.31%	5.58%	6.12%
一年期短期贷款占总负债比重	100%	82.34%	0	4.82%	84.86%
三年期长期贷款年利率	5.49%	5.49%	5.49%	5.76%	6.3%
三年期长期贷款占总负债比重	0	17.66%	100%	95.18%	15.14%
税前债务成本	5.31%	5.34%	5.49%	5.75%	6.15%
平均所得税	20.02%	20.16%	22.13%	23.34%	23.02%
税后债务成本	4.25%	4.27%	4.28%	4.41%	4.73%

3. 计算权益资本成本

我们可以选择用资本资产定价模型来计算权益的成本，β值可以从CSMAR数据库中获得，这里我们给出更为直接的计算股权资本成本的方法。

股权资本成本 =（息税前利润—利息费用）x（1—所得税税率）/股票账面价值

表10.5　　青岛海尔历史权益资本成本

单位（元）	2002年	2003年	2004年	2005年	2006年
息税前利润	552 734 841	510 408 702	489 838 312	323 516 490	436 650 798
利息费用	48 151 080	41 831 424	7 595 964	8 358 300	16 162 200
平均所得税率	20.02%	20.16%	22.13%	23.34%	23.02%
普通股权	5 259 307 516	5 388 965 877	5 718 519 047	5 598 703 944	5 785 942 642
股权资本成本	7.67%	6. 94%	6.57%	4.32%	5.59%

4. 计算加权平均资本成本

表10.6　　青岛海尔历史加权平均资本成本

	2002年	2003年	2004年	2005年	2006年
股权资本成本	7.67%	6. 94%	6.57%	4.32%	5.59%
权益资本比重	83.55%	86.48%	97.55%	97.39%	94.66%
税后债务成本	4.25%	4.27%	4.28%	4.41%	4.73%
债务资本比重	16.45%	13.52%	2.45%	2.61%	5.34%
加权平均资本成本	7.11%	6.58%	6.51%	4.32%	5.54%

（四）计算青岛海尔股份有限公司的历史 EVA

表 10.7 青岛海尔历史 EVA

单位（元）	2002 年	2003 年	2004 年	2005 年	2006 年
调整后的税后营业利润	843 635 774	854 326 857	854 072 145	702 171 696	892 946 588
调整后的资本总额	5 512 115 461	5 796 117 419	5 655 269 641	5 576 406 387	4 920 398 041
加权平均资本成本	7.11%	6.58%	6.51%	4.32%	5.54%
EVA	451 724 364	472 942 330	485 914 091	461 270 940	627 245 093

思考与练习

1. 根据上节案例，计算各企业的 EVA：

表 10.8 企业的 EVA 计算

单位（元）	第一年	第二年	第三年	第四年	第五年	第六年	第七年
调整后的税后营业利润							
调整后的资本总额							
加权平均资本成本							
EVA							

附录 1：学员手册

起始年　实战经营

任务清单（根据提示，完成部分打钩）

每年年初：

⑴支付应付税（根据上年度结果）	□
⑵支付广告费	□
⑶登记销售订单	□

每个季度：	一季度	二季度	三季度	四季度
⑴申请短期贷款/更新短期贷款/短期贷款还本付息	□	□	□	□
⑵更新应付款/归还应付款	□	□	□	□
⑶更新原料订单/原材料入库	□	□	□	□
⑷下原料订单	□	□	□	□
⑸更新生产/完工入库	□	□	□	□
⑹投资新生产线/生产线转产/变卖生产线	□	□	□	□
⑺开始下一批生产	□	□	□	□
⑻产品研发投资	□	□	□	□
⑼更新应收款/应收款收现	□	□	□	□
⑽按订单交货	□	□	□	□
⑾支付行政管理费用	□	□	□	□

每年年末：

⑴申请长期贷款/更新长期贷款/长期贷款支付利息	□
⑵支付设备维修费	□
⑶支付租金（或购买建筑）	□
⑷折旧	□
⑸新市场开拓投资 /ISO 资格认证投资	□
⑹关账	□

起始年订单

项目							合计
市场							
产品名称							
账期							
交货期							
单价							
订单数量							
订单销售额							
成本							
毛利							

起始年的现金流量表

项目	1	2	3	4
应收款到期（+）				
变卖生产线（+）				
变卖原料（+）				
变卖厂房（+）				
短期贷款（+）				
高利贷贷款（+）				
长期贷款（+）				
收入总计				
支付上年应交税				
广告费				
贴现费用				
归还短期贷款及利息				
归还高利贷及利息				
原料采购支付现金				
成品采购支付现金				
转产费				
生产线投资				
加工费用				
产品研发				
行政管理费				
长期贷款及利息				
维修费				
租金				

项目	1	2	3	4
购买新建筑				
市场开拓投资				
ISO 认证投资				
其他				
支出总计				
现金余额				

起始年的财务报表

资产负债表

单位：百万

资产	年初数	期末数	负债及所有者权益	年初数	期末数
流动资产：			负债：		
现金			短期负债		
应收账款			应付账款		
原材料			应交税费		
产成品			长期负债		
在制品					
流动资产合计			负债合计		
固定资产：			所有者权益：		
土地建筑净值			股东资本		
机器设备净值			以前年度利润		
在建工程			当年净利润		
固定资产合计			所有者权益合计		
资产总计			负债及权益总计		

综合管理费用明细表 单位：百万

项目	金额
广告费	
转产费	
产品研发	
行政管理	
维修费	
租金	
市场开拓	
ISO 认证	
其他	
合计	

损益表

单位：百万

项目	去年	今年
一、销售收入	40	
减：成本	17	
二、毛利	23	
减：综合费用	8	
折旧	4	
财务净损益	1	
三、营业利润	10	
加：营业外净收益	0	
四、利润总额	10	
减：所得税	3	
五、净利润	7	

第一年　实战经营

任务清单（根据提示，完成部分打钩）

每年年初：

⑴支付应付税（根据上年度结果）	□
⑵支付广告费	□
⑶登记销售订单	□

每个季度：	一季度	二季度	三季度	四季度
⑴申请短期贷款/更新短期贷款/短期贷款还本付息	□	□	□	□
⑵更新应付款/归还应付款	□	□	□	□
⑶更新原料订单/原材料入库	□	□	□	□
⑷下原料订单	□	□	□	□
⑸更新生产/完工入库	□	□	□	□
⑹投资新生产线/生产线转产/变卖生产线	□	□	□	□
⑺开始下一批生产	□	□	□	□
⑻产品研发投资	□	□	□	□
⑼更新应收款/应收款收现	□	□	□	□
⑽按订单交货	□	□	□	□
⑾支付行政管理费用	□	□	□	□

每年年末：

⑴申请长期贷款/更新长期贷款/长期贷款支付利息	□
⑵支付设备维修费	□
⑶支付租金（或购买建筑）	□
⑷折旧	□
⑸新市场开拓投资 /ISO 资格认证投资	□
⑹关账	□

第一年订单

项目							合计
市场							
产品名称							
账期							
交货期							
单价							
订单数量							
订单销售额							
成本							
毛利							

第一年的现金流量表

项目	1	2	3	4
应收款到期（+）				
变卖生产线（+）				
变卖原料（+）				
变卖厂房（+）				
短期贷款（+）				
高利贷贷款（+）				
长期贷款（+）				
收入总计				
支付上年应交税				
广告费				
贴现费用				
归还短期贷款及利息				
归还高利贷及利息				
原料采购支付现金				
成品采购支付现金				
转产费				
生产线投资				
加工费用				
产品研发				
行政管理费				
长期贷款及利息				
维修费				
租金				

项目	1	2	3	4
购买新建筑				
市场开拓投资				
ISO 认证投资				
其他				
支出总计				
现金余额				

第一年的财务报表

资产负债表

单位：百万

资产	年初数	期末数	负债及所有者权益	年初数	期末数
流动资产：			负债：		
现金			短期负债		
应收账款			应付账款		
原材料			应交税费		
产成品			长期负债		
在制品					
流动资产合计			负债合计		
固定资产：			所有者权益：		
土地建筑净值			股东资本		
机器设备净值			以前年度利润		
在建工程			当年净利润		
固定资产合计			所有者权益合计		
资产总计			负债及权益总计		

综合管理费用明细表

单位：百万

项目	金额
广告费	
转产费	
产品研发	
行政管理	
维修费	
租金	
市场开拓	
ISO 认证	
其他	
合计	

损益表

单位：百万

项目	去年	今年
一、销售收入	40	
减：成本	17	
二、毛利	23	
减：综合费用	8	
折旧	4	
财务净损益	1	
三、营业利润	10	
加：营业外净收益	0	
四、利润总额	10	
减：所得税	3	
五、净利润	7	

第二年 实战经营

重要决策

一季度	二季度	三季度	四季度	年底

现金预算表

项目	1	2	3	4
期初现金（+）				
变卖生产线（+）				
变卖原料（+）				
变卖厂房（+）				
应收款到期（+）				
支付上年应交税				
广告费投入				
贴现费用				
利息（短期贷款）				
支付到期短期贷款				
原料采购支付现金				
转产费				
生产线投资				
生产费用				
产品研发投资				
支付行政管理费用				
利息（长期贷款）				
支付到期长期贷款				
维修费费用				
租金				
购买新建筑				
市场开拓投资				
ISO 认证投资				
其他				
现金余额				
需要新贷款				

产能预估

		1季度	2季度	3季度	4季度
生产线1	产品：				
生产线2	产品：				
生产线3	产品：				
生产线4	产品：				
生产线5	产品：				
生产线6	产品：				
生产线7	产品：				
生产线8	产品：				

生产计划与物料需求计划

产品：　　　　　　　　　　　　　　生产线类型：

项目	去年				今年			
	1季度	2季度	3季度	4季度	1季度	2季度	3季度	4季度
产出计划								
投产计划								
原材料需求								
原材料采购								

产品：　　　　　　　　　　　　　　生产线类型：

项目	去年				今年			
	1季度	2季度	3季度	4季度	1季度	2季度	3季度	4季度
产出计划								
投产计划								
原材料需求								
原材料采购								

产品：　　　　　　　　　　　　　　生产线类型：

项目	去年				今年			
	1季度	2季度	3季度	4季度	1季度	2季度	3季度	4季度
产出计划								
投产计划								
原材料需求								
原材料采购								

产品：　　　　　　　　　　　　　　　　生产线类型：

项目	去年				今年			
	1 季度	2 季度	3 季度	4 季度	1 季度	2 季度	3 季度	4 季度
产出计划								
投产计划								
原材料需求								
原材料采购								

产品：　　　　　　　　　　　　　　　　生产线类型：

项目	去年				今年			
	1 季度	2 季度	3 季度	4 季度	1 季度	2 季度	3 季度	4 季度
产出计划								
投产计划								
原材料需求								
原材料采购								

采购计划汇总

原材料	1 季度	2 季度	3 季度	4 季度
M1				
M2				
M3				
M4				

任务清单（根据提示，完成部分打钩）

每年年初：

(1)支付应付税（根据上年度结果） ☐

(2)支付广告费 ☐

(3)登记销售订单 ☐

每个季度：	一季度	二季度	三季度	四季度
(1)申请短期贷款/更新短期贷款/短期贷款还本付息	☐	☐	☐	☐
(2)更新应付款/归还应付款	☐	☐	☐	☐
(3)更新原料订单/原材料入库	☐	☐	☐	☐
(4)下原料订单	☐	☐	☐	☐
(5)更新生产/完工入库	☐	☐	☐	☐
(6)投资新生产线/生产线转产/变卖生产线	☐	☐	☐	☐
(7)开始下一批生产	☐	☐	☐	☐
(8)产品研发投资	☐	☐	☐	☐
(9)更新应收款/应收款收现	☐	☐	☐	☐
(10)按订单交货	☐	☐	☐	☐
(11)支付行政管理费用	☐	☐	☐	☐

每年年末：

(1)申请长期贷款/更新长期贷款/长期贷款支付利息 ☐

(2)支付设备维修费 ☐

(3)支付租金（或购买建筑） ☐

(4)折旧 ☐

(5)新市场开拓投资 /ISO 资格认证投资 ☐

(6)关账 ☐

第二年订单

项目							合计
市场							
产品名称							
账期							
交货期							
单价							
订单数量							
订单销售额							
成本							
毛利							

第二年的现金流量表

项目	1	2	3	4
应收款到期（+）				
变卖生产线（+）				
变卖原料（+）				
变卖厂房（+）				
短期贷款（+）				
高利贷贷款（+）				
长期贷款（+）				
收入总计				
支付上年应交税				
广告费				
贴现费用				
归还短期贷款及利息				
归还高利贷及利息				
原料采购支付现金				
成品采购支付现金				
转产费				
生产线投资				
加工费用				
产品研发				
行政管理费				
长期贷款及利息				
维修费				
租金				
购买新建筑				
市场开拓投资				
ISO 认证投资				
其他				
支出总计				
现金余额				

第二年的财务报表

资产负债表 单位：百万

资产	年初数	期末数	负债及所有者权益	年初数	期末数
流动资产：			负债：		
现金			短期负债		
应收账款			应付账款		
原材料			应交税费		
产成品			长期负债		
在制品					
流动资产合计			负债合计		
固定资产：			所有者权益：		
土地建筑净值			股东资本		
机器设备净值			以前年度利润		
在建工程			当年净利润		
固定资产合计			所有者权益合计		
资产总计			负债及权益总计		

综合管理费用明细表 单位：百万

项目	金额
广告费	
转产费	
产品研发	
行政管理	
维修费	
租金	
市场开拓	
ISO 认证	
其他	
合计	

损益表 单位：百万

项目	去年	今年
一、销售收入	40	
减：成本	17	
二、毛利	23	
减：综合费用	8	
折旧	4	
财务净损益	1	
三、营业利润	10	
加：营业外净收益	0	
四、利润总额	10	
减：所得税	3	
五、净利润	7	

第三年　实战经营

重要决策

一季度	二季度	三季度	四季度	年底

现金预算表

项目	1	2	3	4
期初现金（+）				
变卖生产线（+）				
变卖原料（+）				
变卖厂房（+）				
应收款到期（+）				
支付上年应交税				
广告费投入				
贴现费用				
利息（短期贷款）				
支付到期短期贷款				
原料采购支付现金				
转产费				
生产线投资				
生产费用				
产品研发投资				
支付行政管理费用				
利息（长期贷款）				
支付到期长期贷款				
维修费费用				
租金				
购买新建筑				
市场开拓投资				
ISO 认证投资				
其他				
现金余额				
需要新贷款				

产能预估

		1 季度	2 季度	3 季度	4 季度
生产线 1	产品：				
生产线 2	产品：				
生产线 3	产品：				
生产线 4	产品：				
生产线 5	产品：				
生产线 6	产品：				
生产线 7	产品：				
生产线 8	产品：				

生产计划与物料需求计划

产品：　　　　　　　　　　　　生产线类型：

项目	去年				今年			
	1 季度	2 季度	3 季度	4 季度	1 季度	2 季度	3 季度	4 季度
产出计划								
投产计划								
原材料需求								
原材料采购								

产品：　　　　　　　　　　　　生产线类型：

项目	去年				今年			
	1 季度	2 季度	3 季度	4 季度	1 季度	2 季度	3 季度	4 季度
产出计划								
投产计划								
原材料需求								
原材料采购								

产品：　　　　　　　　　　　　生产线类型：

项目	去年				今年			
	1 季度	2 季度	3 季度	4 季度	1 季度	2 季度	3 季度	4 季度
产出计划								
投产计划								
原材料需求								
原材料采购								

产品：　　　　　　　　　　　　　　　　生产线类型：

项目	去年				今年			
	1 季度	2 季度	3 季度	4 季度	1 季度	2 季度	3 季度	4 季度
产出计划								
投产计划								
原材料需求								
原材料采购								

产品：　　　　　　　　　　　　　　　　生产线类型：

项目	去年				今年			
	1 季度	2 季度	3 季度	4 季度	1 季度	2 季度	3 季度	4 季度
产出计划								
投产计划								
原材料需求								
原材料采购								

采购计划汇总

原材料	1 季度	2 季度	3 季度	4 季度
M1				
M2				
M3				
M4				

任务清单（根据提示，完成部分打钩）

每年年初：

(1)支付应付税（根据上年度结果）	□
(2)支付广告费	□
(3)登记销售订单	□

每个季度：	一季度	二季度	三季度	四季度
(1)申请短期贷款/更新短期贷款/短期贷款还本付息	□	□	□	□
(2)更新应付款/归还应付款	□	□	□	□
(3)更新原料订单/原材料入库	□	□	□	□
(4)下原料订单	□	□	□	□
(5)更新生产/完工入库	□	□	□	□
(6)投资新生产线/生产线转产/变卖生产线	□	□	□	□
(7)开始下一批生产	□	□	□	□
(8)产品研发投资	□	□	□	□
(9)更新应收款/应收款收现	□	□	□	□
(10)按订单交货	□	□	□	□
(11)支付行政管理费用	□	□	□	□

每年年末：

(1)申请长期贷款/更新长期贷款/长期贷款支付利息	□
(2)支付设备维修费	□
(3)支付租金（或购买建筑）	□
(4)折旧	□
(5)新市场开拓投资 /ISO 资格认证投资	□
(6)关账	□

第三年订单

项目							合计
市场							
产品名称							
账期							
交货期							
单价							
订单数量							
订单销售额							
成本							
毛利							

第三年的现金流量表

项目	1	2	3	4
应收款到期（+）				
变卖生产线（+）				
变卖原料（+）				
变卖厂房（+）				
短期贷款（+）				
高利贷贷款（+）				
长期贷款（+）				
收入总计				
支付上年应交税				
广告费				
贴现费用				
归还短期贷款及利息				
归还高利贷及利息				
原料采购支付现金				
成品采购支付现金				
转产费				
生产线投资				
加工费用				
产品研发				
行政管理费				
长期贷款及利息				
维修费				
租金				
购买新建筑				
市场开拓投资				
ISO 认证投资				
其他				
支出总计				
现金余额				

第三年的财务报表

资产负债表

单位：百万

资产	年初数	期末数	负债及所有者权益	年初数	期末数
流动资产：			负债：		
现金			短期负债		
应收账款			应付账款		
原材料			应交税费		
产成品			长期负债		
在制品					
流动资产合计			负债合计		
固定资产：			所有者权益：		
土地建筑净值			股东资本		
机器设备净值			以前年度利润		
在建工程			当年净利润		
固定资产合计			所有者权益合计		
资产总计			负债及权益总计		

综合管理费用明细表 单位：百万

项目	金额
广告费	
转产费	
产品研发	
行政管理	
维修费	
租金	
市场开拓	
ISO 认证	
其他	
合计	

损益表

单位：百万

项目	去年	今年
一、销售收入	40	
减：成本	17	
二、毛利	23	
减：综合费用	8	
折旧	4	
财务净损益	1	
三、营业利润	10	
加：营业外净收益	0	
四、利润总额	10	
减：所得税	3	
五、净利润	7	

投资的生产线的回收年数

设备初始投资：__________

设备产生年收入：__________

设备经济寿命周期：__________

每年支付：__________

回收期：__________

第四年　实战经营

重要决策

一季度	二季度	三季度	四季度	年底

现金预算表

项目	1	2	3	4
期初现金（+）				
变卖生产线（+）				
变卖原料（+）				
变卖厂房（+）				
应收款到期（+）				
支付上年应交税				
广告费投入				
贴现费用				
利息（短期贷款）				
支付到期短期贷款				
原料采购支付现金				
转产费				
生产线投资				
生产费用				
产品研发投资				
支付行政管理费用				
利息（长期贷款）				
支付到期长期贷款				
维修费费用				
租金				
购买新建筑				
市场开拓投资				
ISO 认证投资				
其他				
现金余额				
需要新贷款				

产能预估

		1 季度	2 季度	3 季度	4 季度
生产线 1	产品：				
生产线 2	产品：				
生产线 3	产品：				
生产线 4	产品：				
生产线 5	产品：				
生产线 6	产品：				
生产线 7	产品：				
生产线 8	产品：				

生产计划与物料需求计划

产品：　　　　　　　　　　　　　　　生产线类型：

项目	去年				今年			
	1 季度	2 季度	3 季度	4 季度	1 季度	2 季度	3 季度	4 季度
产出计划								
投产计划								
原材料需求								
原材料采购								

产品：　　　　　　　　　　　　　　　生产线类型：

项目	去年				今年			
	1 季度	2 季度	3 季度	4 季度	1 季度	2 季度	3 季度	4 季度
产出计划								
投产计划								
原材料需求								
原材料采购								

产品：　　　　　　　　　　　　　　　生产线类型：

项目	去年				今年			
	1 季度	2 季度	3 季度	4 季度	1 季度	2 季度	3 季度	4 季度
产出计划								
投产计划								
原材料需求								
原材料采购								

产品：　　　　　　　　　　　　　　　生产线类型：

项目	去年				今年			
	1季度	2季度	3季度	4季度	1季度	2季度	3季度	4季度
产出计划								
投产计划								
原材料需求								
原材料采购								

产品：　　　　　　　　　　　　　　　生产线类型：

项目	去年				今年			
	1季度	2季度	3季度	4季度	1季度	2季度	3季度	4季度
产出计划								
投产计划								
原材料需求								
原材料采购								

采购计划汇总

原材料	1季度	2季度	3季度	4季度
M1				
M2				
M3				
M4				

任务清单（根据提示，完成部分打钩）

每年年初：

⑴支付应付税（根据上年度结果）	□
⑵支付广告费	□
⑶登记销售订单	□

每个季度：	一季度	二季度	三季度	四季度
⑴申请短期贷款/更新短期贷款/短期贷款还本付息	□	□	□	□
⑵更新应付款/归还应付款	□	□	□	□
⑶更新原料订单/原材料入库	□	□	□	□
⑷下原料订单	□	□	□	□
⑸更新生产/完工入库	□	□	□	□
⑹投资新生产线/生产线转产/变卖生产线	□	□	□	□
⑺开始下一批生产	□	□	□	□
⑻产品研发投资	□	□	□	□
⑼更新应收款/应收款收现	□	□	□	□
⑽按订单交货	□	□	□	□
⑾支付行政管理费用	□	□	□	□

每年年末：

⑴申请长期贷款/更新长期贷款/长期贷款支付利息	□
⑵支付设备维修费	□
⑶支付租金（或购买建筑）	□
⑷折旧	□
⑸新市场开拓投资 /ISO 资格认证投资	□
⑹关账	□

第四年订单

项目							合计
市场							
产品名称							
账期							
交货期							
单价							
订单数量							
订单销售额							
成本							
毛利							

第四年的现金流量表

项目	1	2	3	4
应收款到期（+）				
变卖生产线（+）				
变卖原料（+）				
变卖厂房（+）				
短期贷款（+）				
高利贷贷款（+）				
长期贷款（+）				
收入总计				
支付上年应交税				
广告费				
贴现费用				
归还短期贷款及利息				
归还高利贷及利息				
原料采购支付现金				
成品采购支付现金				
转产费				
生产线投资				
加工费用				
产品研发				
行政管理费				
长期贷款及利息				
维修费				
租金				
购买新建筑				
市场开拓投资				
ISO 认证投资				
其他				
支出总计				
现金余额				

第四年的财务报表

资产负债表　　单位：百万

资产	年初数	期末数	负债及所有者权益	年初数	期末数
流动资产：			负债：		
现金			短期负债		
应收账款			应付账款		
原材料			应交税费		
产成品			长期负债		
在制品					
流动资产合计			负债合计		
固定资产：			所有者权益：		
土地建筑净值			股东资本		
机器设备净值			以前年度利润		
在建工程			当年净利润		
固定资产合计			所有者权益合计		
资产总计			负债及权益总计		

综合管理费用明细表　单位：百万

项目	金额
广告费	
转产费	
产品研发	
行政管理	
维修费	
租金	
市场开拓	
ISO 认证	
其他	
合计	

损益表　　单位：百万

项目	去年	今年
一、销售收入	40	
减：成本	17	
二、毛利	23	
减：综合费用	8	
折旧	4	
财务净损益	1	
三、营业利润	10	
加：营业外净收益	0	
四、利润总额	10	
减：所得税	3	
五、净利润	7	

杜邦模型

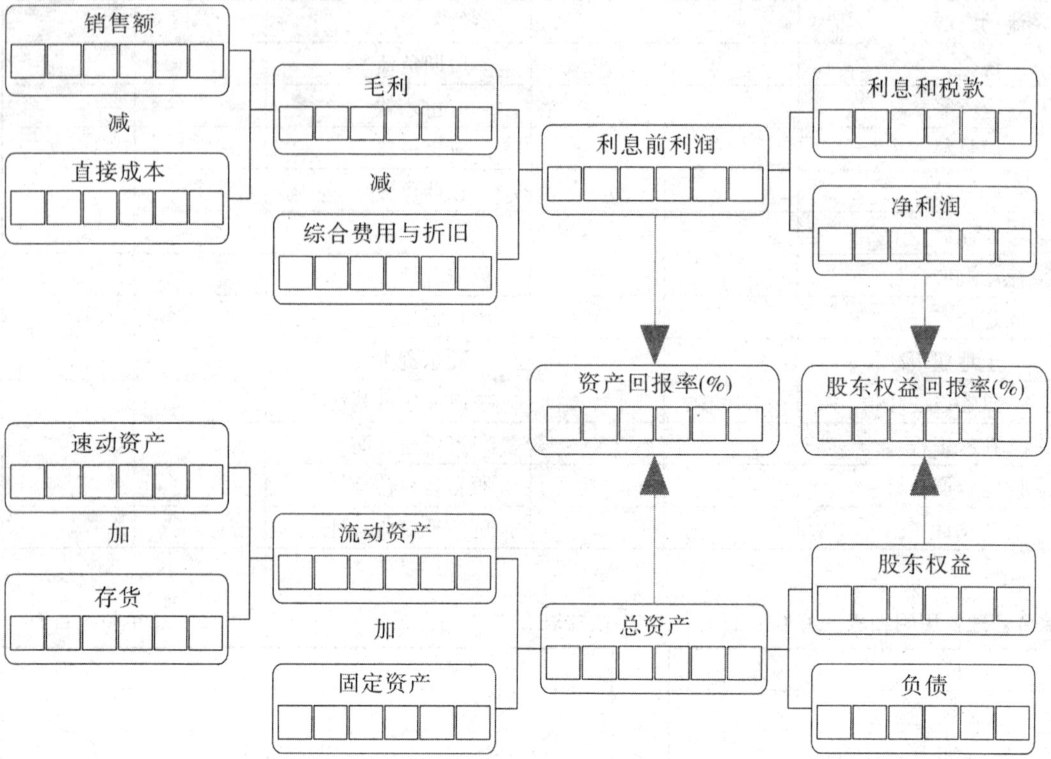
销售额
减
直接成本
毛利
减
综合费用与折旧
利息前利润
利息和税款
净利润
资产回报率(%)
股东权益回报率(%)
速动资产
加
存货
流动资产
加
固定资产
总资产
股东权益
负债

第五年　实战经营

重要决策

一季度	二季度	三季度	四季度	年底

现金预算表

项目	1	2	3	4
期初现金（+）				
变卖生产线（+）				
变卖原料（+）				
变卖厂房（+）				
应收款到期（+）				
支付上年应交税				
广告费投入				
贴现费用				
利息（短期贷款）				
支付到期短期贷款				
原料采购支付现金				
转产费				
生产线投资				
生产费用				
产品研发投资				
支付行政管理费用				
利息（长期贷款）				
支付到期长期贷款				
维修费费用				
租金				
购买新建筑				
市场开拓投资				
ISO 认证投资				
其他				
现金余额				
需要新贷款				

产能预估

		1季度	2季度	3季度	4季度
生产线1	产品：				
生产线2	产品：				
生产线3	产品：				
生产线4	产品：				
生产线5	产品：				
生产线6	产品：				
生产线7	产品：				
生产线8	产品：				

生产计划与物料需求计划

产品：　　　　　　　　　　　　　　　生产线类型：

项目	去年				今年			
	1季度	2季度	3季度	4季度	1季度	2季度	3季度	4季度
产出计划								
投产计划								
原材料需求								
原材料采购								

产品：　　　　　　　　　　　　　　　生产线类型：

项目	去年				今年			
	1季度	2季度	3季度	4季度	1季度	2季度	3季度	4季度
产出计划								
投产计划								
原材料需求								
原材料采购								

产品：　　　　　　　　　　　　　　　生产线类型：

项目	去年				今年			
	1季度	2季度	3季度	4季度	1季度	2季度	3季度	4季度
产出计划								
投产计划								
原材料需求								
原材料采购								

产品：　　　　　　　　　　　　　　　　　　　生产线类型：

项目	去年				今年			
	1季度	2季度	3季度	4季度	1季度	2季度	3季度	4季度
产出计划								
投产计划								
原材料需求								
原材料采购								

产品：　　　　　　　　　　　　　　　　　　　生产线类型：

项目	去年				今年			
	1季度	2季度	3季度	4季度	1季度	2季度	3季度	4季度
产出计划								
投产计划								
原材料需求								
原材料采购								

采购计划汇总

原材料	1季度	2季度	3季度	4季度
M1				
M2				
M3				
M4				

任务清单（根据提示，完成部分打钩）

每年年初：

(1)支付应付税（根据上年度结果）	□
(2)支付广告费	□
(3)登记销售订单	□

每个季度：	一季度	二季度	三季度	四季度
(1)申请短期贷款/更新短期贷款/短期贷款还本付息	□	□	□	□
(2)更新应付款/归还应付款	□	□	□	□
(3)更新原料订单/原材料入库	□	□	□	□
(4)下原料订单	□	□	□	□
(5)更新生产/完工入库	□	□	□	□
(6)投资新生产线/生产线转产/变卖生产线	□	□	□	□
(7)开始下一批生产	□	□	□	□
(8)产品研发投资	□	□	□	□
(9)更新应收款/应收款收现	□	□	□	□
(10)按订单交货	□	□	□	□
(11)支付行政管理费用	□	□	□	□

每年年末：

(1)申请长期贷款/更新长期贷款/长期贷款支付利息	□
(2)支付设备维修费	□
(3)支付租金（或购买建筑）	□
(4)折旧	□
(5)新市场开拓投资 /ISO 资格认证投资	□
(6)关账	□

第五年订单

项目							合计
市场							
产品名称							
账期							
交货期							
单价							
订单数量							
订单销售额							
成本							
毛利							

第五年的现金流量表

项目	1	2	3	4
应收款到期（+）				
变卖生产线（+）				
变卖原料（+）				
变卖厂房（+）				
短期贷款（+）				
高利贷贷款（+）				
长期贷款（+）				
收入总计				
支付上年应交税				
广告费				
贴现费用				
归还短期贷款及利息				
归还高利贷及利息				
原料采购支付现金				
成品采购支付现金				
转产费				
生产线投资				
加工费用				
产品研发				
行政管理费				
长期贷款及利息				
维修费				
租金				
购买新建筑				
市场开拓投资				
ISO 认证投资				
其他				
支出总计				
现金余额				

第五年的财务报表

资产负债表

单位：百万

资产	年初数	期末数	负债及所有者权益	年初数	期末数
流动资产：			负债：		
现金			短期负债		
应收账款			应付账款		
原材料			应交税费		
产成品			长期负债		
在制品					
流动资产合计			负债合计		
固定资产：			所有者权益：		
土地建筑净值			股东资本		
机器设备净值			以前年度利润		
在建工程			当年净利润		
固定资产合计			所有者权益合计		
资产总计			负债及权益总计		

综合管理费用明细表 单位：百万

项目	金额
广告费	
转产费	
产品研发	
行政管理	
维修费	
租金	
市场开拓	
ISO 认证	
其他	
合计	

损益表

单位：百万

项目	去年	今年
一、销售收入	40	
减：成本	17	
二、毛利	23	
减：综合费用	8	
折旧	4	
财务净损益	1	
三、营业利润	10	
加：营业外净收益	0	
四、利润总额	10	
减：所得税	3	
五、净利润	7	

ABC 成本计算

	Beryl	Crystal
直接成本（4 批）		
折旧（当年）		
工厂租金		
行政管理费用		
营销和销售费用		
资本成本（20%）		
ABC 成本（4 批）　=		
销售额		
ABC 成本　–		
年收益　=		

第六年　实战经营

重要决策

一季度	二季度	三季度	四季度	年底

现金预算表

项目	1	2	3	4
期初现金（+）				
变卖生产线（+）				
变卖原料（+）				
变卖厂房（+）				
应收款到期（+）				
支付上年应交税				
广告费投入				
贴现费用				
利息（短期贷款）				
支付到期短期贷款				
原料采购支付现金				
转产费				
生产线投资				
生产费用				
产品研发投资				
支付行政管理费用				
利息（长期贷款）				
支付到期长期贷款				
维修费费用				
租金				
购买新建筑				
市场开拓投资				
ISO 认证投资				
其他				
现金余额				
需要新贷款				

产能预估

		1季度	2季度	3季度	4季度
生产线1	产品：				
生产线2	产品：				
生产线3	产品：				
生产线4	产品：				
生产线5	产品：				
生产线6	产品：				
生产线7	产品：				
生产线8	产品：				

生产计划与物料需求计划

产品：　　　　　　　　　　　　　　生产线类型：

项目	去年				今年			
	1季度	2季度	3季度	4季度	1季度	2季度	3季度	4季度
产出计划								
投产计划								
原材料需求								
原材料采购								

产品：　　　　　　　　　　　　　　生产线类型：

项目	去年				今年			
	1季度	2季度	3季度	4季度	1季度	2季度	3季度	4季度
产出计划								
投产计划								
原材料需求								
原材料采购								

产品：　　　　　　　　　　　　　　生产线类型：

项目	去年				今年			
	1季度	2季度	3季度	4季度	1季度	2季度	3季度	4季度
产出计划								
投产计划								
原材料需求								
原材料采购								

产品：　　　　　　　　　　　　　　　　　　生产线类型：

项目	去年				今年			
	1 季度	2 季度	3 季度	4 季度	1 季度	2 季度	3 季度	4 季度
产出计划								
投产计划								
原材料需求								
原材料采购								

产品：　　　　　　　　　　　　　　　　　　生产线类型：

项目	去年				今年			
	1 季度	2 季度	3 季度	4 季度	1 季度	2 季度	3 季度	4 季度
产出计划								
投产计划								
原材料需求								
原材料采购								

采购计划汇总

原材料	1 季度	2 季度	3 季度	4 季度
M1				
M2				
M3				
M4				

任务清单（根据提示，完成部分打钩）

每年年初：

⑴支付应付税（根据上年度结果）	□
⑵支付广告费	□
⑶登记销售订单	□

每个季度：	一季度	二季度	三季度	四季度
⑴申请短期贷款/更新短期贷款/短期贷款还本付息	□	□	□	□
⑵更新应付款/归还应付款	□	□	□	□
⑶更新原料订单/原材料入库	□	□	□	□
⑷下原料订单	□	□	□	□
⑸更新生产/完工入库	□	□	□	□
⑹投资新生产线/生产线转产/变卖生产线	□	□	□	□
⑺开始下一批生产	□	□	□	□
⑻产品研发投资	□	□	□	□
⑼更新应收款/应收款收现	□	□	□	□
⑽按订单交货	□	□	□	□
⑾支付行政管理费用	□	□	□	□

每年年末：

⑴申请长期贷款/更新长期贷款/长期贷款支付利息	□
⑵支付设备维修费	□
⑶支付租金（或购买建筑）	□
⑷折旧	□
⑸新市场开拓投资 /ISO 资格认证投资	□
⑹关账	□

第六年订单

项目						合计
市场						
产品名称						
账期						
交货期						
单价						
订单数量						
订单销售额						
成本						
毛利						

第六年的现金流量表

项目	1	2	3	4
应收款到期（+）				
变卖生产线（+）				
变卖原料（+）				
变卖厂房（+）				
短期贷款（+）				
高利贷贷款（+）				
长期贷款（+）				
收入总计				
支付上年应交税				
广告费				
贴现费用				
归还短期贷款及利息				
归还高利贷及利息				
原料采购支付现金				
成品采购支付现金				
转产费				
生产线投资				
加工费用				
产品研发				
行政管理费				
长期贷款及利息				
维修费				
租金				
购买新建筑				
市场开拓投资				
ISO 认证投资				
其他				
支出总计				
现金余额				

第六年的财务报表

资产负债表

单位：百万

资产	年初数	期末数	负债及所有者权益	年初数	期末数
流动资产：			负债：		
现金			短期负债		
应收账款			应付账款		
原材料			应交税费		
产成品			长期负债		
在制品					
流动资产合计			负债合计		
固定资产：			所有者权益：		
土地建筑净值			股东资本		
机器设备净值			以前年度利润		
在建工程			当年净利润		
固定资产合计			所有者权益合计		
资产总计			负债及权益总计		

综合管理费用明细表 单位：百万

项目	金额
广告费	
转产费	
产品研发	
行政管理	
维修费	
租金	
市场开拓	
ISO 认证	
其他	
合计	

损益表

单位：百万

项目	去年	今年
一、销售收入	40	
减：成本	17	
二、毛利	23	
减：综合费用	8	
折旧	4	
财务净损益	1	
三、营业利润	10	
加：营业外净收益	0	
四、利润总额	10	
减：所得税	3	
五、净利润	7	

经济附加值的计算

第七年　实战经营

重要决策

一季度	二季度	三季度	四季度	年底

现金预算表

项目	1	2	3	4
期初现金（+）				
变卖生产线（+）				
变卖原料（+）				
变卖厂房（+）				
应收款到期（+）				
支付上年应交税				
广告费投入				
贴现费用				
利息（短期贷款）				
支付到期短期贷款				
原料采购支付现金				
转产费				
生产线投资				
生产费用				
产品研发投资				
支付行政管理费用				
利息（长期贷款）				
支付到期长期贷款				
维修费费用				
租金				
购买新建筑				
市场开拓投资				
ISO 认证投资				
其他				
现金余额				
需要新贷款				

产能预估

		1 季度	2 季度	3 季度	4 季度
生产线 1	产品：				
生产线 2	产品：				
生产线 3	产品：				
生产线 4	产品：				
生产线 5	产品：				
生产线 6	产品：				
生产线 7	产品：				
生产线 8	产品：				

生产计划与物料需求计划

产品：　　　　　　　　　　　　　　生产线类型：

项目	去年				今年			
	1 季度	2 季度	3 季度	4 季度	1 季度	2 季度	3 季度	4 季度
产出计划								
投产计划								
原材料需求								
原材料采购								

产品：　　　　　　　　　　　　　　生产线类型：

项目	去年				今年			
	1 季度	2 季度	3 季度	4 季度	1 季度	2 季度	3 季度	4 季度
产出计划								
投产计划								
原材料需求								
原材料采购								

产品：　　　　　　　　　　　　　　生产线类型：

项目	去年				今年			
	1 季度	2 季度	3 季度	4 季度	1 季度	2 季度	3 季度	4 季度
产出计划								
投产计划								
原材料需求								
原材料采购								

产品：　　　　　　　　　　　　　　生产线类型：

项目	去年				今年			
	1季度	2季度	3季度	4季度	1季度	2季度	3季度	4季度
产出计划								
投产计划								
原材料需求								
原材料采购								

产品：　　　　　　　　　　　　　　生产线类型：

项目	去年				今年			
	1季度	2季度	3季度	4季度	1季度	2季度	3季度	4季度
产出计划								
投产计划								
原材料需求								
原材料采购								

采购计划汇总

原材料	1季度	2季度	3季度	4季度
M1				
M2				
M3				
M4				

任务清单（根据提示，完成部分打钩）

每年年初：

(1)支付应付税（根据上年度结果）	□
(2)支付广告费	□
(3)登记销售订单	□

每个季度：	一季度	二季度	三季度	四季度
(1)申请短期贷款/更新短期贷款/短期贷款还本付息	□	□	□	□
(2)更新应付款/归还应付款	□	□	□	□
(3)更新原料订单/原材料入库	□	□	□	□
(4)下原料订单	□	□	□	□
(5)更新生产/完工入库	□	□	□	□
(6)投资新生产线/生产线转产/变卖生产线	□	□	□	□
(7)开始下一批生产	□	□	□	□
(8)产品研发投资	□	□	□	□
(9)更新应收款/应收款收现	□	□	□	□
(10)按订单交货	□	□	□	□
(11)支付行政管理费用	□	□	□	□

每年年末：

(1)申请长期贷款/更新长期贷款/长期贷款支付利息	□
(2)支付设备维修费	□
(3)支付租金（或购买建筑）	□
(4)折旧	□
(5)新市场开拓投资 /ISO 资格认证投资	□
(6)关账	□

第七年订单

项目						合计
市场						
产品名称						
账期						
交货期						
单价						
订单数量						
订单销售额						
成本						
毛利						

第七年的现金流量表

项目	1	2	3	4
应收款到期（+）				
变卖生产线（+）				
变卖原料（+）				
变卖厂房（+）				
短期贷款（+）				
高利贷贷款（+）				
长期贷款（+）				
收入总计				
支付上年应交税				
广告费				
贴现费用				
归还短期贷款及利息				
归还高利贷及利息				
原料采购支付现金				
成品采购支付现金				
转产费				
生产线投资				
加工费用				
产品研发				
行政管理费				
长期贷款及利息				
维修费				
租金				
购买新建筑				
市场开拓投资				
ISO 认证投资				
其他				
支出总计				
现金余额				

第七年的财务报表

资产负债表　　单位：百万

资产	年初数	期末数	负债及所有者权益	年初数	期末数
流动资产：			负债：		
现金			短期负债		
应收账款			应付账款		
原材料			应交税费		
产成品			长期负债		
在制品					
流动资产合计			负债合计		
固定资产：			所有者权益：		
土地建筑净值			股东资本		
机器设备净值			以前年度利润		
在建工程			当年净利润		
固定资产合计			所有者权益合计		
资产总计			负债及权益总计		

综合管理费用明细表　单位：百万

项目	金额
广告费	
转产费	
产品研发	
行政管理	
维修费	
租金	
市场开拓	
ISO 认证	
其他	
合计	

损益表　单位：百万

项目	去年	今年
一、销售收入	40	
减：成本	17	
二、毛利	23	
减：综合费用	8	
折旧	4	
财务净损益	1	
三、营业利润	10	
加：营业外净收益	0	
四、利润总额	10	
减：所得税	3	
五、净利润	7	

附录 2：ERP 沙盘综合评分标准

厂房：A =40，B =30，C =20

生产线：手工 =5，半自动 =10，全自动 =15，柔性 =20

贷款：高利贷 = -20，长期贷款 = -5，短期贷款 = -10

技术研发：Crystal =20，Ruby =30，Saphire =40

ISO：ISO 9000 =15，ISO 14000 =30

市场开拓：区域 =10；国内 =20，亚洲 =30，国际 =40

市场领先：每一个产品市场领先得分 10

最终市场排名				
组 名	Beryl	Crystal	Ruby	Saphire
本地市场				
区域市场				
国内市场				
亚洲市场				
国际市场				

经营合计得分（10%）：

股东权益得分：

各组总分 = 经营合计得分×10% +股东权益得分

参考文献

［1］高市，王晓霜，宣胜瑾. ERP 沙盘实战教程［M］. 大连：东北财经出版社，2008.

［2］尚晓歌. 战略管理部门在战略执行中的职能及其实现研究［D］. 暨南大学硕士论文，2007.

［3］陈焕然. 中小型二次电池制造业战略管理研究［D］. 华中科技大学硕士论文，2006.

［4］张毅. 海量信息产品（深圳）有限公司——从区域生产基地到世界级生产分销中心［D］. 暨南大学硕士论文，2002.

［5］胡运权，郭耀煌. 运筹学教程［M］. 北京：清华大学出版社，2002.

［6］朱南. 现代企业管理实用方法［M］. 成都：西南财经大学出版社，2006.

［7］于燕. 财务比率分析的局限性及对策探讨［J］. 商场现代化，2005（7）.

［8］潘华，高襟. 企业财务管理学［M］. 北京：中国人民公安大学出版社，2002.

［9］熊楚熊. 财务报表分析原论［M］. 上海：立信会计出版社，2000.

［10］王建华. MBA 现代财务管理精华读本［M］. 合肥：安徽人民出版社，2002.

［11］罗伯特 · C. 希金斯. 财务管理分析［M］. 北京：北京大学出版社，1998.

［12］刘震宇，贾茜. 财务比率分析的局限性及改进措施，西安财经学院学报，2006.

［13］王心平. 作业成本计算理论与应用研究. 大连：东北财经大学出版社，2001.

［14］王平心. 管理会计应用与发展的典型案例研究：ABC/ABM 在中国典型企业的应用研究［M］. 北京：北京经济科学出版社，2002.

［15］赵春生. 作业成本法与传统成本计算法之比较［J］. 市场论坛，2006（1）.

［16］斯蒂分 · H. 佩因曼. 财务报表分析与证券定价［M］. 北京. 中国财政经济出版社，2005：332－353.

［17］中国注册会计师协会. 财务成本管理［M］. 北京：中国财政经济出版社，2008.

［18］让 · 梯若尔. 公司金融理论［M］. 北京：中国人民大学出版社，2007.

［19］张纯. EVA 业绩评价体系研究［M］. 北京：中国财政经济出版社，2003.

［20］王少豪. 企业价值评估［M］. 北京：中国水利水电出版社，2005.

［21］胡玉明. 高级管理会计［M］. 厦门：厦门大学出版社，2005.

［22］胡文献，金式容，林峰. 基于上市公司的杜邦财务分析体系［J］. 华侨大学学报：哲学社会科学版，2004（2）：38－44.